城市轨道交通客流大数据
理论与应用

杨 军 著

科 学 出 版 社

北 京

内 容 简 介

本书是我国城市轨道交通客流大数据理论、技术和应用的最新研究成果,共分 5 章。第 1 章介绍了大数据的基本知识,阐述了城市轨道交通网络化运营的概念、特点、轨道交通客流大数据的产生背景和相关大数据技术。第 2 章从非结构化和结构化两个方面介绍了城市轨道交通客流数据分析挖掘的方法和应用。第 3 章提出了针对典型轨道交通客流特点的三种预测理论方法。第 4 章面向行人运动仿真和客流疏散引导评估需求,提出了两种行人运动模型。第 5 章探讨了客流大数据技术在城市轨道交通行业中的应用,并展望了其未来的挑战和发展前景。

本书理论联系实际,提供了客流大数据的基础理论和应用案例,具有较高的学术价值和实践指导意义,适合高等院校、科研院所从事相关学科领域研究的学者、研究生阅读,同时也可供轨道交通从业人员、感兴趣的各界人士阅读和参考。

图书在版编目(CIP)数据

城市轨道交通客流大数据理论与应用 / 杨军著. — 北京:科学出版社,2023.10

ISBN 978-7-03-076225-2

Ⅰ. ①城⋯ Ⅱ. ①杨⋯ Ⅲ. ①城市铁路－轨道交通－客流－数据处理 Ⅳ. ①U293.13

中国国家版本馆 CIP 数据核字(2023)第 157219 号

责任编辑:王 哲 / 责任校对:胡小洁
责任印制:师艳茹 / 封面设计:迷底书装

科 学 出 版 社 出版
北京东黄城根北街 16 号
邮政编码:100717
http://www.sciencep.com

中煤(北京)印务有限公司印刷
科学出版社发行 各地新华书店经销

*

2023 年 10 月第 一 版 开本:720×1 000 1/16
2024 年 8 月第二次印刷 印张:14 1/2 插页:1
字数:300 000

定价:119.00 元
(如有印装质量问题,我社负责调换)

前　言

城市轨道交通的历史可以追溯到 1861 年伦敦建成世界上第一条地铁,旨在解决城市长期的道路交通瘫痪问题。1969 年,北京建成中国历史上第一条地铁,标志着中国城市轨道交通的起步。目前,中国已成为全球城市轨道交通线路最多、运营里程最长、客流量最大的国家,共有 55 个城市开通了 308 条线路,运营里程达 10287.45 千米。

随着城市化进程的加速,城市轨道交通作为重要的公共交通方式,成为缓解地面交通容量不足和拥堵的必要手段,是现代大城市的"生命线工程"。然而,随着城市轨道交通线网规模的扩大,网络化运营迎来了规模巨大、构成复杂、波动性和随机性特征明显的"大客流"挑战。这些挑战给轨道交通系统管理者带来了严峻的运营组织和客流引导难题。为解决这些难题,精准掌握乘客出行需求,动态感知客流状态,并科学研判客流发展态势已经成为城市轨道交通管理者和研究人员共同关注的问题。

城市轨道交通客流大数据理论的研究和应用,有助于精准把握乘客出行需求和规律,为轨道交通系统管理者提供实时、准确、全面的客流信息,帮助其科学地组织运营和引导乘客出行,从而提高轨道交通系统的运行效率和服务质量。因此,城市轨道交通客流大数据理论已经成为当前大数据领域的一个研究热点,具有重要的实践意义和发展前景。

本书是作者及团队近年来在轨道交通客流大数据领域的研究成果,旨在为轨道交通从业人员和研究者提供参考。本书内容包括以下几个方面:首先介绍了大数据的基本知识,阐述了轨道交通网络化运营的概念、特点和轨道交通客流大数据的产生背景,并梳理了城市轨道交通大数据技术和分析挖掘方法。其次,从非结构化和结构化两个方向探讨了城市轨道交通客流数据分析挖掘的方法和应用。接下来,概述了常见的城市轨道交通客流预测理论方法,并提出了三种针对典型轨道交通客流特点的预测方法。然后,为满足行人运动仿真和客流疏散引导评估需求,提出了一种向量地场模型,并建立了排斥动态场的行人疏散地场模型,为模拟城市轨道交通车站内多向行人的运动和疏散提供了理论方法。最后,探讨了轨道交通客流大数据在轨道交通行业中的应用,并展望了其挑战和发展前景。

本书得到了国家重点研发计划项目"基于北京经验的河内公共交通智能票务关键技术"、国家重点研发计划课题(2022FY101405)、国家重点研发计划课题(2020YFC0833104)、北京市自然科学基金项目(L201015)、2023 年北京优秀青年工程师创新工作室 A 类项目"城市轨道交通客流智能感知技术与应用研究"、中国国家铁路集团有限公司科技研究开发计划项目(L2021X003)、北京市地铁运营有限公司"基于 AI 智能视频技术的车站客流综合应用研究"项目等的资助,这些项目的支持为本书理论积累以及内容完善提供了强有力的支撑。

特别感谢作者的研究生们,包括硕士研究生谢海珍、韩啸、唐英豪、宫梦婕、叶谈、董雪茹、陈佳悦、王燕、孙书龙、张潇澜、闫坤萍等,他们在本书的撰写过程中做了许多工作。感谢郑颖博士、刘泓江学士、金坤学士、樊汶林学士等的合作研究成果。

感谢北京市轨道交通指挥中心的朋友们。作者有幸在这里亲历了世界上第一个城市轨道交通大数据中心的设计、构建、运营筹备和大数据应用体系的建设,以及北京市轨道交通网络化运营从无到智能化的过程。这里的工作积累为本书的理论和应用奠定了基础。

此外,还感谢中铁信(北京)网络技术研究院冯卫东院长、王爱丽博士,北京交通大学金尚泰教授、朱力教授提供的思路和合作研究成果,他们提出了很多有价值的建议,对本书的内容形成起到了关键的引导和支撑作用。最后,特别感谢科学出版社的王哲编辑对本书出版的大力支持和帮助。期待本书能够推动轨道交通客流大数据理论的研究和应用,为城市公共交通的可持续发展尽绵薄之力。作者水平有限,希望读者能够提出宝贵意见以促进书籍内容的完善和提高。

杨 军

2023 年 9 月

于中国矿业大学(北京)

目　　录

彩图

第 1 章　轨道交通客流大数据概述

本章首先介绍了大数据的概念、特点、数据类型和相关技术，接下来阐述了世界和中国城市轨道交通的发展历程,然后探讨了轨道交通网络化运营的概念和特点，在网络化运营背景下，形成了具备"7V"特征的城市轨道交通客流大数据，最后介绍了轨道交通大数据存储技术、治理技术、分析挖掘技术和可视化技术，重点结合城市轨道交通客流大数据特点，归纳总结了城市轨道交通大数据分析挖掘的方法。

1.1　大数据概述

1.1.1　大数据概念

大数据(Big Data)是指规模超出人类可接受时间范围内的常规工具采集、处理、分析能力的海量数据资产。按照国际数据公司(International Data Corporation ，IDC)提出的"4V"模型，大数据应具有四个典型的特征，即数据容量大(Volume)、巨大价值(Value)、种类多(Variety)、处理速度快(Velocity)。近年来，大数据技术不断地发展和完善，大数据的特征演变为"5V"/"7V"模型，即大数据具有5(7)个典型的特征，即 Volume、Value、Variety、Velocity、Veracity(Visualization、Viscosity)。

容量(Volume)：数据的规模决定着数据包含的信息量；

价值(Value)：合理运用分析方法，以挖掘数据的潜在价值；

种类(Variety)：数据构成通常包括结构化数据、半结构化数据和非结构化数据；

速度(Velocity)：对海量数据快速采集、处理、分析、挖掘的能力；

真实性(Veracity)：现实、真实获取的反映事物客观发展变化的数据；

可视化(Visualization)：将大数据分析挖掘的结果以可视化的形式呈现；

黏性(Viscosity)：用户对数据包含信息和价值的依赖程度。

1.1.2　数据类型

从数据的信息构成特点来讲，通常分为三种类型，分别是结构化数据、非结构化数据和半结构化数据。

1．结构化数据

结构化数据是指采用标准化格式的数据，具有明确定义的结构，遵循持久的顺序，并且易于人类和程序访问。

简单说就是数据库可以存储的数据，也就是存储于数据库中，可以用二维表格形式表征的数据，表格每一列的数据类型相同，如表1.1所示。

结构化的数据便于人和计算机对数据进行存储、处理和查询，在结构化数据的访问和分析过程中，直接抽取有价值的信息，对于新增数据可以用固定的技术手段进行处理。

表 1.1　结构化数据示例

车站编号	车站名	车站类型	所属线路
0101	四惠东	换乘站	1 号线
0102	四惠	换乘站	1 号线
0103	大望路	普通站	1 号线
...	...	...	...

2．非结构化数据

非结构化数据是数据结构不规则或不完整，没有预定义的数据模型，不方便用数据库二维表来直接呈现的数据。常见非结构化数据包括办公文档、文本、各类报表、图片、图像和音/视频文件等，如图1.1所示。

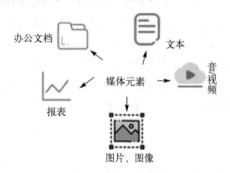

图 1.1　非结构化数据

非结构化的数据由于没有统一规范的结构化属性，在保存数据时还需要保存数据的原始结构，这就加大了对数据进行存储和处理的难度。进入 21 世纪以来，随着互联网和多媒体技术的快速发展，以音/视频、各类文档为代表的非结构化数据增长迅速，新的数据类型不断出现，传统的数据处理技术已经不能满足非结构化数据的处理需要，通过人工智能技术分析、挖掘非结构化数据，提取结构化信息成为了近年来的热门研究方向。

3．半结构化数据

介于结构化数据和非结构化数据之间，结构化的数据和非结构化的内容混杂在一起，如 XML、HTML 等，存储结构中既包括可以二维表形式存储的字段数据，又包括音/视频文件数据，如图 1.2 所示。

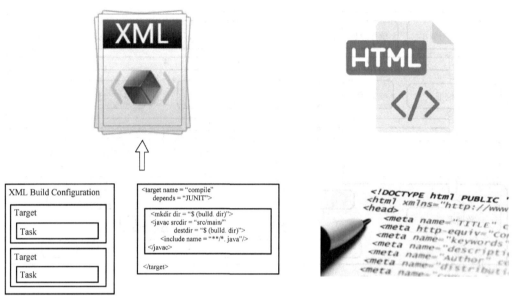

图 1.2　半结构化数据

1.1.3　大数据技术

　　大数据技术就是用于对海量多元数据进行采集、存储、处理、分析、挖掘、应用及可视化展示等的数理方法及信息技术手段，以数据价值的提炼、获取和应用为根本目的。近年来，大数据技术在金融、电信、移动互联网、交通、电力等领域得到了长足发展和广泛应用，在支撑行业信息共享、精细化管理、精准化管控、可预见性管理、科学决策等方面发挥着越来越大的作用。

　　大数据分析处理过程一般包括数据采集、数据处理、分析挖掘、数据应用与展示四个环节。从处理时效性要求来讲，分为离线数据分析和实时数据处理两种模态。数据采集环节面向数据库、移动互联网、Web 应用和物联网系统等数据源，实现多源异构数据的获取、预处理和传输等作业。数据处理环节完成数据建模、数据加载转换、数据治理和数据存储管理，通过概念模型、逻辑模型和物理模型等数据建模过程，形成行业数据模型，海量数据存储和管理通常基于数据库技术，通过数据加载转换和数据治理，基于数据模型形成行业数据指标体系。数据的分析挖掘基于数据库的数据指标和实时数据，通过各类分析挖掘模型和算法，形成以数据规律、规则和预案为表征的数据特征指标体系和特征库。数据应用与展示环节面向用户统计分析、业务应用、仿真评估、实时控制、预测预警、突发事件处置等业务管理和决策需求，通过数据指标和特征指标的精准赋能，完成大数据价值的交付和呈现。

大数据处理流程如图 1.3 所示，浅色为离线分析模态，深色为实时处理模态。

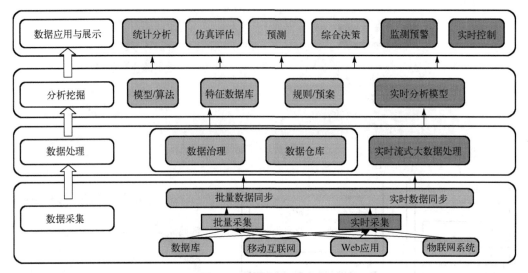

图 1.3　大数据处理流程

1.2　城市轨道交通发展概况

随着世界城镇化的进程，人类逐步向城市聚集，导致城市地面交通容量不足和交通拥堵现象，这一现象也是"大城市病"的重要特征，城市管理者们为缓解地面交通拥堵，将交通网络向地下、地面高架延伸和发展，形成了地铁、轻轨等城市轨道交通系统。城市轨道交通系统是采用专用轨道导向运行的城市公共客运交通系统，包括地铁系统、轻轨系统、单轨系统、有轨电车、磁浮系统、自动导向轨道系统、市域快速轨道系统等[1]。它具有运力大、速度快、安全准时、成本低、节约能源、乘坐舒适方便以及能缓解地面交通拥挤和有利于环境保护等优点，常被称为"绿色交通"，接下来本节介绍城市轨道交通在世界的发展历程和中国的发展概况。

1.2.1　世界城市轨道交通发展历程

纵观世界轨道交通的发展历程，按照时间顺序和阶段性特征可以分为四个阶段[2]。

1. 初步发展阶段(1863 年~1924 年)

1785 年蒸汽机投入使用后，人类进入蒸汽时代，引发第一次工业革命，随着蒸汽机的不断完善，蒸汽动力的应用使运输机械发生了巨大变革。伦敦作为当时世界上最大最繁荣的城市，长期处于交通瘫痪的状态，为解决运输问题，英国人皮尔逊为伦敦市设计了世界上最早的城市地铁系统，1863 年 1 月 10 日，世界上第一条由蒸汽机车牵引的地铁——伦敦大都会地铁在伦敦建成通车，从帕丁顿站到法灵顿站的线路，共有七个地铁站，全长约 6.4 千米。

世界上第一条地铁的诞生，为其他人口密集城市的公共交通发展提供了宝贵的经验，电力驱动机车研究成功后，世界上一些大城市相继建成地下铁路，1863 年～1899 年，英国的伦敦和格拉斯哥、美国的纽约和波士顿、匈牙利的布达佩斯、奥地利的维也纳以及法国的巴黎共 5 个国家的七座城市率先建成了地下铁道。1900 年～1924 年，美洲和欧洲又有九座城市先后修建了地下铁路，如美国的费城、德国的柏林、汉堡及西班牙的马德里等。还有许多城市建设了有轨电车。

轨道交通初步发展阶段，世界上相继建立地下铁路的国家及数量如图 1.4 所示。

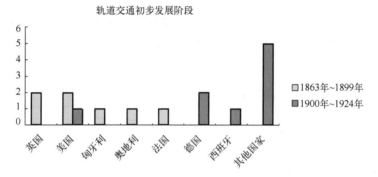

图 1.4　世界轨道交通初步发展阶段各国地铁建设情况表

2．停滞萎缩阶段（1924 年～1949 年）

轨道交通具有运力大、速度快的优点，但其投资大、建设周期长，再加上第二次世界大战爆发和汽车工业发展的影响，轨道交通的建设陷入困境，部分有轨电车线路被拆除，但由于地下空间对战争具有防御作用，部分处于战争状态的城市反而加速地铁的建设，如大阪、东京和莫斯科等。在此期间，日本东京首条地下铁路银座线于 1927 年 12 月开通，东京成为亚洲最早拥有地铁的城市，拉开了亚洲城市地铁建设的帷幕。

3．再发展阶段（1949 年～1969 年）

二战后，随着世界经济复苏，汽车工业发展迅猛，汽车过度增加，使城市道路异常堵塞，行车速度下降，严重时还会导致交通瘫痪，加之空气污染，噪声严重，大量消耗石油资源，市区汽车有时甚至难以找到停车之处。这些因素使得人们重新认识到，解决城市客运问题必须依靠电力驱动的城市轨道交通。轨道交通因此重新得到了重视，而且从欧美扩展到亚洲等国家，这期间有 17 个城市新建了地铁，平均每年建成 0.85 个。中国第一条地铁北京地铁 1 号线于 1965 年 7 月 1 日正式开工，1969 年 10 月 1 日建成通车。

4. **高速发展阶段(1970 年至今)**

世界各国城市化的趋势加快，导致人口高度集中，要求城市轨道交通高速发展以适应日益增加的客流运输需要，科学技术的进步也为城市轨道交通奠定了良好的发展基础。很多国家都确立了公共交通优先发展的战略，城市轨道交通在世界多国得以飞速发展，其中亚洲国家居多，如中国的天津、上海、广州、深圳、南京，朝鲜平壤，越南河内、胡志明，印度新德里、加尔各答等。城市轨道交通逐步成网，进入网络化运营阶段。

综上所述，城市轨道交通的发展至今已有一百多年的历史，从世界上第一条伦敦地铁到现在遍布世界上 55 个国家、170 余个城市，仍处于高速发展中，一些轨道交通比较发达的城市像北京、上海、伦敦、纽约、莫斯科等，已经进入网络化运营阶段，形成了规模效应，在方便公众出行、缓解城市交通拥堵等方面发挥了重要作用。

1.2.2　中国城市轨道交通发展概况

中国第一条城市轨道交通线路是 1969 年建成的北京地铁 1 号线，直到 1981 年 5 月才正式投入运营。在 2000 年以前，我国轨道交通发展处于时断时续的缓慢发展期，进入 20 世纪 80 年代，北京才开始建设第二条地铁线，1984 年 12 月天津地铁 1 号线投入运营，这个时期我国城市轨道交通线路在一定程度上缓解了地面交通拥堵，但尚未形成城市轨道交通网络。

2000 年以后，我国城市轨道交通进入快速发展阶段，除了北京、香港、广州、上海等早期建设城市轨道交通的一线城市线网规模快速增长外，其他经济发展速度较快的城市也相继开通了城市轨道交通线路。截至 2021 年底，我国共有 67 个城市的轨道交通线网规划获批，有城市轨道交通线网建设规划并在实施的城市为 56 个[3]。我国部分城市开通城市轨道交通线路时间如表 1.2 所示。

表 1.2　我国部分城市轨道交通开通时间一览表

城市	开通年份	城市	开通年份
北京	1969 年	武汉	2004 年
香港	1979 年	重庆	2004 年
天津	1984 年	深圳	2004 年
上海	1993 年	南京	2005 年
台北	1996 年	高雄	2008 年
广州	1997 年	成都	2010 年
大连	2002 年	西安	2011 年
长春	2002 年	杭州	2012 年

续表

城市	开通年份	城市	开通年份
苏州	2012 年	兰州	2015 年
昆明	2012 年	南昌	2015 年
郑州	2013 年	福州	2016 年
哈尔滨	2013 年	东莞	2016 年
长沙	2014 年	石家庄	2017 年
宁波	2014 年	贵阳	2017 年
无锡	2014 年	厦门	2017 年
青岛	2015 年	珠海	2017 年

根据交通运输部的数据，截至 2022 年 12 月 31 日，我国大陆地区(下文涉及的全国轨道交通数据均指中国大陆地区，不含港澳台)有 55 个城市开通城市轨道交通线路，共有投入运营的城市轨道交通线路 308 条，运营里程 10287.45 千米，车站5609 座。其中，2022 年全年，新增城市轨道交通运营线路 21 条，新增运营里程 847千米，新增南通和黄石 2 个城市首次开通运营城市轨道交通[4]。2022 年我国各城市城轨交通运营线路长度及线路条数，如图 1.5 所示。

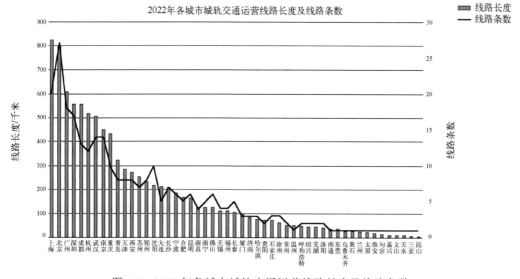

图 1.5　2022 年各城市城轨交通运营线路长度及线路条数

轨道交通线网快速建设和开通的同时，城市轨道交通客运量、城市轨道交通在公共交通客运量的占比均显著增加，2000 年全国城市轨道交通客运量为 1328000万人次，占全国城市公共交通客运量的 3.11%，如图 1.6 所示，2004 年～2019 年我国城市轨道交通客运量持续攀升，2020 年受新冠疫情的影响，城市轨道交通客运量显著减少，但城市轨道交通在公共交通客运量占比一直呈上升趋势，到 2021

年，全国城市轨道交通客运量达到了 2372692 万人次，占全国城市公共交通客运量的 32.66%。

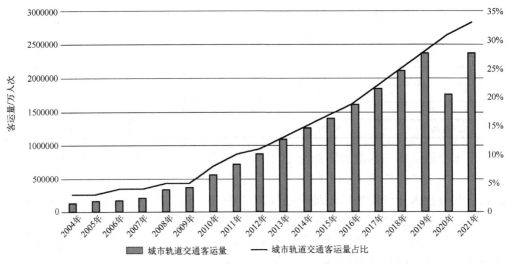

图 1.6   城市轨道交通客运量和城市轨道交通在公共交通客运量的占比

北京、上海、广州、深圳等大城市已经建成庞大的轨道交通网络，随着轨道交通线路的增加，在物理上形成了若干条线路相互交错衔接的网状系统，城市轨道交通进入了网络化运营阶段。

1.3   城市轨道交通网络化运营与客流大数据

1.3.1   城市轨道交通网络化运营及特点

城市轨道交通的发展过程可以分为单线运营阶段和网络化运营阶段。城市轨道交通发展初期阶段，以单条线路为单位进行列车的开行组织和客运组织，称为单线运营阶段，乘客通过车站出入口进出车站、乘降列车，以列车为载运工具实现在同一线路车站间旅行的目的。随着城市轨道交通线路数量的增多和运营里程的扩大，城市轨道交通呈现出多条线路在物理上经由换乘车站交织在一起形成的城市轨道交通线路网络，通过特定的运营模式和乘客服务系统，以换乘站为联通节点，在功能上实现乘客在线路间自由换乘、跨线出行和无缝衔接，在物理上形成了线路间互联互通的城市轨道交通运输系统，称为网络化运营。城市轨道交通网络化运营有三个主要特征。

1）物理成网，城市轨道交通可达性增强，轨道交通逐渐成为骨干交通方式

单线运营模式下，城市轨道交通运输的基本要素包括乘客、列车、车站、区间，

是一种典型的"点-线"结构，乘客只能在城市轨道交通沿线区域出行，覆盖不到的区域是无法通过乘坐城市轨道交通列车到达的，局限性比较大，因此乘坐城市轨道交通出行的乘客数量、所占公共交通出行人群的比例都比较少。

网络化运营模式下，轨道交通运输的基本要素包括乘客、列车、车站、区间、换乘车站，随着轨道交通线路增多、运营里程增高、覆盖城市区域增大，城市内多条轨道交通线路相互衔接，连通成网，形成了"点-线-面"的物理结构，通过换乘节点，乘客可以到达线网"面"上覆盖的任何节点，极大地增强了乘客乘坐城市轨道交通的可达性，城市轨道交通吸引客流能力增强，规模效益逐步体现出来，因而进入网络化运营阶段后，乘坐城市轨道交通出行的乘客数量、所占公共交通出行人群的比例会显著提高，根据北京交通发展研究院发布的交通年度报告《2021 年北京交通发展年报》数据，如图 1.7 所示，2020 年北京市晚高峰时段轨道交通出行占比 45.3%，超过了常规公交的 28.6% 和小客车出行的 38.0%，轨道交通逐渐成为城市交通中骨干的交通方式。

方式		早高峰 (7:00~9:00)	晚高峰 (17:00~19:00)
		占全天比例	占全天比例
	全方式出行	18.0%	26.7%
	轨道交通	23.6%	45.3%
	常规公交	19.6%	28.6%
	小客车	23.5%	38.0%
	出租车	15.1%	28.8%
	班车	34.3%	35.8%
	自行车	20.4%	32.9%
	步行	14.3%	18.1%

图 1.7　2020 年北京市分交通方式早晚高峰时段出行量占全天出行量的比例

2) 乘客出行路径选择自由度增加，运营组织复杂度提高

网络化运营条件下，尤其是中国目前比较流行的无障碍换乘模式下，乘客从一条线路换入另外一条线路时无须刷卡，直接通过换乘通道换入乘车，乘客去往同一个异线站点时，通常面临多条可达路径，受到旅行距离、旅行时间、换乘次数、拥挤程度、导航软件推荐算法等多种因素影响，出行路径选择的自由度和随机性增加。

随着城市轨道交通网络化运营的发展，乘客的出行路径选择多样性增加，这给乘客出行需求的预测带来了困难。在乘客出行需求把握不准的情况下，车站客运组织和列车开行频次也就很难精准匹配。相比单线运营条件下的运营组织，网络化运

营模式下的客流预测、客运组织、车站管理、行车组织和票务管理需要考虑的因素增多。客流量巨大且流向复杂,对列车运力需求增大,运营组织的难度指数级提高。既要考虑各线路本线进出客流的运输问题,还要考虑其他线路换入客流、途径客流的客运组织和行车组织问题。因此,单线运营模式下依靠专家人工经验、客流调查和客流简单统计预测所能支撑的运营管理模式,已经不能适应网络化运营管理的需要。在网络化运营模式下,需要采用更加科学的客流预测和运营管理手段,以应对复杂的客流情况。例如,可以采用数据挖掘、机器学习等技术,对历史数据进行分析和预测,得出更加准确的客流预测结果,从而为客运组织和运力调整提供更加精准的依据。此外,还需要提高车站管理、行车组织和票务管理等方面的管理水平,以确保网络化运营的高效和安全。

3) 需要有与网络化运营相适应的运营模式和智能化系统

进入网络化运营状态的城市轨道交通,面临着线网规模大、覆盖城市范围广、乘客数量多、出行选择多样化等诸多挑战。网络化运营条件下依靠人的感知器官和传统经验管理的方式已经不能满足网络化运营的需要,需要一种新型的运营管理模式。

城市轨道交通的基本目标是将乘客从出发地安全、准时、舒适地运送至目的地。在网络化运营条件下,城市轨道交通运营组织和管理部门需要精准动态预测乘客时空出行需求,根据乘客需求,做好乘客进出车站、乘坐列车、换乘、出站全过程的车站准备、列车开行计划制定、票务管理、客运秩序管理、列车运行调度和突发事件调度指挥等业务工作。此外,还需要维护、保养和维修车辆、供电系统、机电系统、售检票系统、站房、轨道、路基、隧道、桥梁等系统设备和设施,确保其高可用、高可靠运转。

为了解决网络化运营条件下的管理挑战,城市轨道交通运营组织和管理部门需要通过数字化技术和系统获取客流数据、列车运行数据、客运和行车相关设备的系统运行状态数据,并在此基础上构建城市轨道交通网络化运营业务管理信息化系统,支撑网络化运营管理和决策。这样才能动态精准掌握乘客出行需求和状态,实现乘客运输需求和运输资源的高效匹配,确保设备设施的高可靠运转,进而实现城市轨道交通的高效、安全、均衡运营。

自 2000 年以来,中国的城市轨道交通系统快速成网并逐步进入网络化运营状态。北京、上海、广州和深圳等城市率先进行线网系统建设,并构建了支撑网络化运营的智能化系统。其中,北京市轨道交通在 2005 年启动了"双中心"工程,设计构建了综合通信系统、线网指挥调度中心(Traffic Control Centre, TCC)和清分清算中心(AFC Clearing Center, ACC),并于 2008 年第 29 届夏季奥林匹克运动会召开前成功投入使用。"双中心"工程为全市轨道交通线网各条线路信息采集、传输提供了通信基础平台,TCC 系统初步具备线网行车、设备、客流信息的实时采集和统计分析功能,支撑线网指挥调度、预警和突发事件处置等网络化运营管理功能,ACC

系统整合线网各条线路自动售检票系统(Automatic Fare Collection, AFC),实现了线网清分清算、一票通票务管理等功能,支撑线网不同运营主体票务清分清算和票务管理业务。

此后,中国其他城市也相继开始建设支撑网络化运营的智能系统。例如,广州地铁于 2010 年启动轨道交通线网运营指挥中心系统建设,深圳地铁于 2011 年启动深圳市城市轨道交通线网指挥中心系统建设,上海地铁于 2012 年开始运营协调与应急指挥中心系统建设。这些智能化系统的建设,为城市轨道交通网络化运营提供了强有力的智能化系统支撑。

1.3.2　城市轨道交通客流大数据的形成

1. 城市轨道交通客流数据的形成手段

城市轨道交通网络化运营的产生离不开城市人口规模的增长和地面交通容量的不足,乘客是轨道交通服务对象和运输目的,在网络化运营管理中起着至关重要的作用。因此,研究乘客出行产生的客流数据获取手段、数据规律、乘客出行需求预测方法和客流状态推演方法,精准掌握乘客出行需求,是网络化运营管理工作的基础和核心。当前,城市轨道交通客流数据的采集方法主要有以下四种:基于压力传感器计数[5]、基于自动售检票系统、基于人工视频监控[6]、基于智能视频检测技术[7]。

基于压力传感器计数的客流检测方法通常用于检测轨道交通列车上的乘客数量。该方法利用置于城市轨道交通列车底部的空气压力传感器的形变系数和形变量来计算载客量。这种方法假定空气弹簧的形变量与列车承载质量呈线性关系,利用没有承载时的形变量和承载后的形变量计算列车自重、总重和载重。尽管该方法原理较为简单,但是压力传感器被乘客高频率地踩踏,导致设备容易发生故障,寿命较短。此外,在客流量较大的情况下,多名乘客同时踩踏传感器可能导致灵敏度降低,不能精准测算乘客数量。

利用自动售检票系统可以方便地获取城市轨道交通车站的进出站客流量,是目前较为常用的客流检测方法。然而,该方法无法实时、精确地统计地铁车站内部乘客分布情况,例如,换乘客流量、站厅各区域客流人数和站台各区域客流人数等信息。给提供全面有效支撑网络化运营管理带来一些限制和挑战,需要通过其他方法来获取这些信息以支撑客运管理和优化。

目前,地铁站内的各区域(自动售检票、安检、楼扶梯出入口、通道、站台乘客上下车和排队候车区、站厅等区域)基本布设了摄像头,采用人工视频监控的方式可实现对车站客流信息的监测。这种方法直观可靠,但需要专人盯守,效率较低,在网络化运营多线路、大客流情况下,这种依靠人工盯守的方法是行不通的。

　　为了解决这一问题，学者们开始研究采用基于智能视频检测技术的客流数据采集方法。该方法利用高清晰度的摄像头和视频分析系统，通过人群密度、运动轨迹、人脸识别等算法，实时检测乘客的数量、分布和行为特征，获取客流状态数据。相比于传统的人工监测方法，基于智能视频检测技术的方法可以实现自动化、高效的客流数据采集，同时可以有效减少人力成本和时间成本。智能视频检测技术[8]在目前客流状态检测中是比较前沿的研究方向。基于人工智能，智能视频检测技术能够对复杂视频图像场景中的目标物体进行动态检测和跟踪，并对目标的一系列行为进行实时检测和分析。

　　进入 21 世纪以来，随着机器学习、深度学习等人工智能技术的快速发展和应用，国内外高校、科研机构的学者们对目标检测、识别以及目标跟踪算法进行了深入研究[9-15]，智能视频检测技术进入了快速发展的时期。目标检测[16-19]的任务是从视频图像中精确且高效地识别、定位出大量预定义类别的物体实例。早期基于背景建模的运动目标检测算法只能大致框出目标位置（目标定位），无法输出目标类别。在Viola 等提出 Adaboost 级联检测方法后，目标检测算法快速进入了机器学习的时代。传统的机器学习方法一般使用滑动窗口的框架，主要包括以下三个步骤：

　　(1)利用不同尺寸的滑动窗口，框住图像的某一部分，将其作为候选区域；

　　(2)提取候选区域相关的视觉特征，比如人脸检测常用的 Harr 特征，行人检测和普通目标检测常用的 HOG 特征等；

　　(3)利用分类器进行识别，比如常用的支持向量机(Support Vector Machine，SVM)模型。

　　传统基于机器学习的目标检测方法在处理目标形态变化较大的情况时，人工设计的目标特征可能会存在鲁棒性不足的问题，导致无法达到人眼识别的精度。这是因为传统方法所使用的特征提取算法通常是手动设计的，具有较强的主观性和局限性，难以适应复杂多变的场景。

　　近年来，深度学习技术得到了广泛研究并取得了显著进展，尤其是卷积神经网络(Convolutional Neural Network，CNN)的出现，使得目标检测的精度得到了大幅提高。相对于传统方法，深度学习方法从图像原始数据入手，并利用多层非线性变换实现自动的特征提取与分类，极大地提升了目标检测的鲁棒性和准确性。

　　当前，基于深度学习的目标检测算法已成为客流状态检测中最先进和有效的技术之一，如 Faster R-CNN、YOLO、SSD 等。这些基于深度学习的目标检测算法具有高精度、快速、可扩展等优点，能够更加精准地识别和跟踪目标对象，有可能在智能客流检测方面得到广泛应用。

　　随着深度学习的广泛应用，目标检测算法的精确度和效率均得到了较大提升，但基于深度学习的目标检测仍面临改进与优化，如提高主流目标检测算法的性能、提高小目标物体检测精度、实现多类别物体检测、轻量化检测模型等关键技术的挑战。目前,基于静态图片的目标检测算法已经基本成熟,随后,学术界和工业界将研究热点转移至利用视频的时序信息来进一步提高目标检测精度。

目标跟踪[20-23]是利用一个视频或图像序列的上下文信息,对目标的外观和运动信息进行建模,从而对目标运动状态进行预测并标定目标位置。深度学习为构建更加鲁棒的目标跟踪模型提供了可能,因此将其应用于目标跟踪任务已成为必然趋势。然而,深度学习在目标跟踪领域的应用并非一帆风顺,其难点问题在于训练数据的缺失,目前基于深度学习的目标跟踪算法采用了以下几种思路来解决这个问题:利用辅助图片数据预训练深度模型,在线跟踪时微调;利用现有大规模分类数据集预训练的 CNN 分类网络提取特征;利用跟踪序列预训练,在线跟踪时微调;运用递归神经网络(如 RNN)进行目标跟踪。但面对复杂环境,设计出高精度、高鲁棒性和实时性的跟踪算法仍然有很多困难,如离线训练数据不足、很难实时在线训练和目标遮挡等。

综上所述,基于以上方法,轨道交通客流数据可以数字化的形式完成采集,基于压力传感器分析方法精度较低,基于自动售检票系统的分析方法在获取客流信息方法存在时间延迟且无法进行来向、去向分析,基于人工视频监控的方法没办法用于系统智能分析,基于视频的客流分析方法目前研究文献比较少,并且大都处于理论探索和实验阶段,存在准确性不高、实时性不强等问题[24],因此本书 2.1 节提出了一种基于视频的客流状态分析方法,以期探寻通过视频 AI 精准获取客流状态的手段。

2. 轨道交通客流数据的"7V"特征

从数据种类上看,基于压力传感器计数和基于自动售检票系统产生的数据以数字、文本、标志位等形式存在,可以方便地以二维表形式存储,属于结构化数据。而基于人工视频监控和基于智能视频检测技术获取的客流数据则以视频流媒体和视频文件作为初始输入数据,这类数据通常是非结构化数据。不过,通过人工智能分析后可以提取出结构化的客流状态数据。因此,轨道交通客流数据在种类上具有多样性,既包含结构化数据,也包含非结构化数据,具有"Variety"的特征。这也意味着,在处理轨道交通客流数据时,需要根据具体的数据类别采用不同的数据处理方法和技术手段,以便更好地挖掘和利用这些数据的价值。

从数据量上看,近 5 年来,轨道交通乘客在北京、上海等城市工作日日均产生的客流量就达 1000 万人次以上,单个大城市视频监控终端也达 10 万台以上,结构化和非结构化数据年均产生的总量超过了 1000TB。此外,还有网络化运营相关的线网基础数据、列车运行数据、设备运行数据和管理数据等,这些数据量也非常庞大。因此,轨道交通客流数据具有很大的数据规模,具有"Volume"的特征。处理这些大规模的数据,需要拥有强大的算力和存储资源。

轨道交通系统中的自动售检票系统、列车运行系统、设备状态监视系统和运营调度管理系统都是以实时业务为主，需要对票务、客流、行车和设备数据进行实时高效处理，以保障运营有序和安全，提升服务质量。因此，轨道交通对客流数据处理速度要求非常高，体现了"Velocity"的特征。为了满足这一要求，轨道交通系统通常采用高性能的计算平台、实时处理技术和分布式存储处理方案等，以确保实时数据的高效处理和传输。同时，也需要采用合适的数据预处理算法和技术，以尽可能减少数据处理的时间和成本，提高数据的处理效率。

从数据价值来看，轨道交通系统需要对客流历史数据进行分析挖掘，以支撑对乘客出行需求和客流量的预测，同时也需要对客流数据进行动态监测、推演、分析、预测和评估，以支撑精准化的客流管控和列车调度，保障运营的安全和高效。同样，支撑客运组织的设备设施的状态也需要在动态监测、分析和评估的基础上，才能发现各类故障和问题，及时采取措施进行维护和维修，从而保障设备和设施的健康运行。因此，轨道交通客流数据需要进行深入的分析和挖掘，从中提取有价值的信息，以支持运营决策和管理工作，并体现了其"Value"的特征。对于这些数据价值的挖掘，可以利用数据挖掘、机器学习、模型预测等技术手段，实现对数据价值的有效获取和赋能运用。

另外，从压力传感器计数、自动售检票系统和视频系统获取的客流状态数据具有客观、真实的特点，符合大数据的"Veracity"特征。同时，对客流特征进行分析和挖掘可以实现对乘客出行需求的真实把握和客流量精准预测，以及动态分析评估运力运量的匹配程度和安全态势，只有通过深入分析和处理客流数据，才能为运营管理提供有效的数据支持，从而实现更加准确、高效的运营管理，符合大数据的"Viscosity"特征。此外，大数据分析结果需要通过可视化的展示方式呈现给用户，帮助其理解数据的意义和价值，符合大数据的"Visualization"特征。

因此，客流数据具备大数据的"7V"特征，由此，以压力传感器计数、自动售检票系统和视频系统为主形成的轨道交通海量客流数据可以称为客流"大数据"。

3. 轨道交通客流大数据系统架构

本节所提到的轨道交通客流大数据系统假定以城市线网为主体进行讨论，即大数据中心系统构建于城市的线网级管理机构。如图1.8所示，根据轨道交通客流大数据感知、存储处理、应用支撑和业务应用的处理流程，设计了一种通用的轨道交通客流大数据系统架构，包括四层，从下到上依次为感知层、数据层、应用支撑层和应用层。

1) 感知层

感知层用于获取城市轨道交通线路、车站、列车上的客流状态及相关数据，并通过标准化接口、规范的数据格式，按照采集处理流程完成数据的采集、传输和处

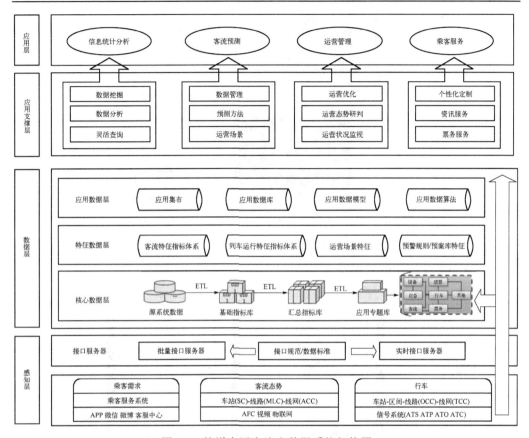

图 1.8　轨道交通客流大数据系统架构图

理。按照数据类型,可以将感知层数据分为结构化数据和非结构化数据。例如,AFC系统采集的数据通常为结构化的交易数据和卡/票数据,视频系统采集的数据通常为非结构化的视频文件。

　　根据对数据处理时效性的要求,感知层数据还可以分为实时数据和离线数据两种类型。用于监测和实时交易的数据通常采用实时采集手段动态获取,而静态数据、用于统计分析和事后评估的数据则可采用离线的方式定期采集或者按需采集。

　　在网络化运营模式下,轨道交通线网由车站、线路和线网三个层级构成。AFC系统的数据可通过“车站-线路中心-清分中心”规范化分层处理方式,逐层完成数据采集和汇总。由车站中心实时收集本车站 AFC 终端的交易和状态数据,实时或定期汇聚至线路中心,线路中心收集汇总所辖车站的 AFC 数据,实时或定期汇总至线网中心,支撑线网中心的客流状态分析和清分结算业务,如图 1.9 所示。

　　本节提出了一种网络化运营条件下的分布式视频智能感知和处理方法,如图 1.10所示,该方法以车站为基本单位构建边缘数据中心,实现对本车站的视频 AI 分析、

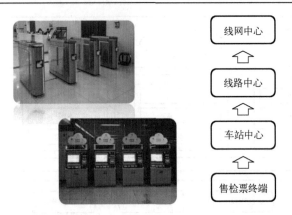

图 1.9　售检票系统客流交易及状态数据分级采集示意图

处理和存储，并将分析后的结果数据传输至线路中心和线网中心，支撑客流预警、客运调度和突发事件处置等业务。

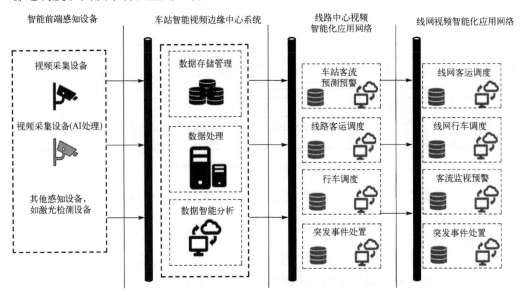

图 1.10　城市轨道交通视频智能感知处理方法

　　这种方法的优点是可以将城市轨道交通的海量视频资源采用分布式处理的方式，以车站为单位"分而治之"，将处理结果传输至线路和线网中心，从而节省了网络传输和多渠道存储的成本。此外，由于视频数量多、视频流传输占用网络带宽高、视频存储需要占用的存储空间大、视频分析对算力要求高等特点，使用边缘数据中心进行本地化处理也可以降低网络传输的延迟，提高数据处理的效率。

　　通过这种分布式视频感知和处理方法，可以高效地获取和处理轨道交通视频资源，为客流预警、客运调度和突发事件处置等业务提供有力支持。

2）数据层

数据层是轨道交通客流大数据系统的核心，主要实现城市轨道交通客流数据的存储、数据模型管理、指标体系形成、特征数据挖掘和应用数据生产等功能。数据层分为三个子层，从下到上依次为核心数据层、特征数据层和应用数据层。

（1）核心数据层：核心数据层是数据层的第一个子层，它完成源系统数据的清洗、加载和转换，依次形成基础指标库、汇总指标库和应用专题指标库。基础指标库存储了数据仓库内最细粒度的数据，并按照不同的主体域或数据指标实现分类存储；汇总指标库将基础指标库的数据按照时间维度、空间维度适度地反范和汇总，增大数据查询的粒度；应用专题指标库按照轨道交通行业数据管理标准和使用需要，将轨道交通数据在汇总指标库的基础上，统计不同主题类别，如客流指标、行车指标、票务指标、清算指标、设备指标、应急指标等。

（2）特征数据层：特征数据层是数据层的第二个子层，它通过分析挖掘算法处理核心数据层的数据，形成特征指标体系和特征指标数据，如反映客流时间变化趋势的波形数据、反映乘客出行需求和偏好的画像数据等。

（3）应用数据层：也称为集市层，是数据层的第三个子层，根据业务用户访问数据仓库数据库表、数据范围需要，通过逻辑或者物理手段，向业务用户提供所需数据的访问和存取功能，例如，面向客流预测平台的客流预测集市、面向清分清算平台的清分清算集市等。

3）应用支撑层

应用支撑层是轨道交通客流大数据应用系统建设的基础，为业务应用层提供共性和关键的业务应用模型，通过模块化的部署，支撑业务应用功能的实现，如支撑客流预测功能的数据管理模块、预测方法模块和运营场景管理模块等。

4）应用层

应用层是轨道交通客流大数据系统最终业务功能的呈现和交付层，依靠应用支撑层的业务模型/模块的支撑和应用数据层所提供的数据，实现信息统计分析、客流预测、运营管理和乘客服务等业务功能。

1.3.3　轨道交通客流大数据技术

1. 轨道交通客流大数据存储技术

轨道交通客流大数据存储技术是大数据技术的重要组成部分，其主要功能包括数据采集、数据预处理、数据建模和 ETL 等。

首先，数据采集是轨道交通客流大数据存储技术的基础，通过各种传感器、GPS、摄像头等设备实时采集列车运行状态、乘客上下车信息、票务信息等数据，以获取客流相关信息。

其次，数据预处理是对采集到的数据进行前期处理和清洗的过程，包括去除异常值、填补缺失值、数据格式转换等操作，以提高数据质量和准确性。

最后，数据存储是将预处理后的数据存储到数据仓库或数据库中的过程，以便于后续的查询和分析。其中，由于轨道交通客流数据量庞大，需要使用分布式存储系统如 Hadoop、Spark、Cassandra 等专用工具来存储和管理数据。

综上所述，轨道交通客流大数据存储技术覆盖数据有序处理的过程，需要运用多种技术手段来实现数据从采集到存储管理，数据仓库、数据建模和 ETL 是实现数据存储管理的基本手段。

1) 数据仓库技术

随着城市轨道交通规模的不断扩大，轨道交通客流量呈现出愈加庞大和构成复杂的趋势。为了实现对轨道交通客流数据的高效存储和管理，数据仓库技术应运而得到广泛应用。该技术可以将各种轨道交通数据源进行收集、整合、存储、处理和分析，并通过同一系统平台完成，支撑全面、准确的客流数据存储和应用。

具体来说，轨道交通数据仓库技术通常包括数据抽取与转换技术、元数据管理技术、中央数据库系统和数据集市等多个部分。在系统开发过程中，需要选择合适的建模和开发平台，完成架构和数据库的设计。根据系统总体目标和功能需求，还需要绘制系统的功能模块图、流程图以及 E-R 图等。

值得注意的是，在轨道交通数据仓库技术的建设中，除了技术手段的选择外，还需关注数据安全、隐私保护相关问题，注重相关政策法规的遵守，采取系统可靠的措施，做到数据的安全和保密。

2) 轨道交通客流大数据建模技术

数据建模是数据仓库系统设计的重要环节，目的是将原始数据转化为可以被数据仓库所理解的结构化数据，常见的数据建模方法有维度建模和实体关系建模。设计轨道交通数据仓库的客流数据模型需要做好以下工作。

(1) 确定业务需求：首先需要明确轨道交通数据仓库将用于哪些业务场景，例如，客流预测、行车组织优化、车站运营管理、乘客服务等，形成需求分析报告。

(2) 识别维度和指标：根据业务需求和数据源特点，识别需要分析、查询的维度和指标。例如，常见维度包括空间维度、时间维度、专业维度等，空间维度可以包括站口、车站、线路、线网等，时间维度包括分钟、小时、日、周、月、年等，指标可以包括旅客进出站量、换乘量、客流密度等。

(3) 设计维度模型：通过使用星型模型或雪花模型等方法，设计符合业务需求的维度模型，并建立维度表和事实表之间的联系。其中，维度表描述了维度的属性和内容，如车站名称、车站地址等；事实表存储了各种度量的值，如每日进出站人数、换乘率等。

(4) 建立数据管道：在建立数据仓库之前，需要建立一个可靠且高效的数据管道，将来自多个数据源的数据整合到数据仓库中。

3）ETL

轨道交通大数据 ETL 是大数据存储处理最基本的技术之一，其主要功能是从不同的数据源中抽取（Extract）数据，并将它们转换（Transform）为适合数据仓库存储的格式，最后将数据加载（Load）到数据仓库中，以实现数据的集成、清洗和分析。ETL 是数据仓库和商业智能系统中一种常见的技术手段，也是实现数据管理和分析的重要手段之一，ETL 处理步骤如图 1.11 所示。

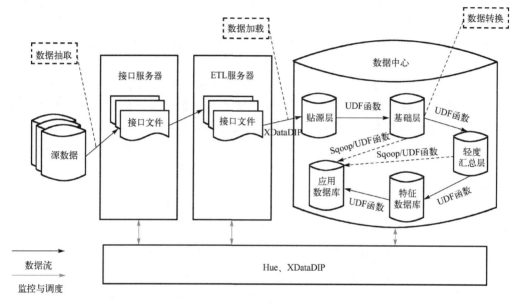

图 1.11　ETL 流程视图

在轨道交通行业中，ETL 主要用于将来自不同数据源的数据进行有序整合和高效处理，包括来自车站、列车、票务等方面的数据。对于大规模的轨道交通数据，ETL 可以将数据从多个数据源中提取出来，并通过数据转换和清洗操作，将数据转化为可用于存储、分析和应用的形式。下面是轨道交通大数据 ETL 的三个主要步骤。

（1）抽取：在此步骤中，确定需要采集的数据源，并通过连接数据库或者 API 接口等方式获取这些数据。同时，需要注意确保数据准确性和完整性，并针对不同数据源采取不同的抽取方法。

（2）转换：在此步骤中，需要对抽取的数据进行预处理、清洗和格式转换操作，以便于后续使用。例如，去除重复数据、规范字段名称和数据格式，根据业务需求进行数据筛选等。

（3）加载：在此步骤中，将经过抽取和转换处理的数据加载到目标数据库或数据仓库中。在此过程中需要进行数据校验，确保数据质量符合要求，并根据需要对数据进行备份和存档。

轨道交通大数据 ETL 设计和实现是一个相对复杂的过程，需要充分考虑数据来源、数据质量、数据结构等因素，并采用适当的技术手段和工具来实现。只有通过 ETL 过程中的有序和高效处理，轨道交通行业的大数据才能得到有效地生成、管理和应用。

2. 轨道交通客流数据质量治理

轨道交通客流数据质量治理是指对轨道交通行业中所涉及的车站、列车等数据源产生的客流数据进行清洗、校验、完善、标准化等一系列操作，确保数据具有可靠性、准确性和实用性。以下是轨道交通客流数据质量治理的一些关键措施。

1) 数据清洗

数据清洗(Data Cleaning)是指在原始数据中去除不必要的信息，比如重复数据、错误数据和无效数据等。清洗数据通常涉及处理缺失值、异常值和去重等操作，以提高数据的质量和准确性。例如，在轨道交通领域，应该检查线网进站和出站数据中的重复交易，以避免数据错误。以下列举了一些轨道交通客流数据清洗方法。

(1) 去除异常值：通过检查数据中的最大值和最小值，去除不符合实际情况或超出合理范围的数据。

(2) 填补缺失值：对于缺少某项数据的情况，可以选择填充平均值、中位数、众数等常用统计量，或使用插值法进行填补。

(3) 数据格式转换：将数据从不同类型的文件或格式中导入到一个一致的数据库或文件中。例如，将 Excel 文件中的数据导入到数据仓库中。

(4) 数据去重：对于重复出现的数据，应该去重，以避免错误地增加数据分析的权重和影响。

(5) 数据规范化：对于不同来源和格式的数据，应该把它们标准化，以提高可比性和数据质量。例如，将日期格式标准化为 YYYY-MM-DD 格式。

(6) 数据验证：为了确保数据的有效性，应建立数据校验规则以判断所采集到的数据是否有效。

(7) 检查数据完整性：对于客流数据，需要检查数据完整性。例如，是否全网全天所有进站人数和出站人数是否相同，如存在差异，说明存在数据缺失或错误。

通过以上方法，可以有效地清洗轨道交通客流数据，并提高其数据质量和可靠性。

2) 数据预处理

数据预处理(Data Preprocessing)是指在数据分析之前，对原始数据进行转换、归一化、降噪等操作，以使原始数据适合建模分析。数据预处理可以通过数据平滑、数据抽样、数据离散化、数据归一化、数据变换等方式来实施，以提高数据的可用性和可靠性。例如，在轨道交通领域，可以对列车到站时间进行平滑处理，以减少噪声。

(1) 数据平滑：通过进行数据平滑处理，去除数据中的毛刺或尖峰，从而减少噪声。

（2）数据抽样：为了降低数据处理的时间成本，可以随机抽取一部分数据进行分析，而不必处理所有数据。

（3）数据离散化：将连续型变量转换为离散型变量，例如将轨道交通客流进站时间分组为 8:00～8:05、8:06～8:10、8:11～8:15 等，有助于数据分析和建立模型。

（4）数据归一化：将不同范围和单位的数据转换为相同的口径和单位，以便更好地进行数据分析和挖掘，并确保各属性间具有可比性。

（5）数据变换：通过变换数据的形式，例如对数变换、指数变换等，可以改善数据的分布情况，并提高模型的准确性。

3）数据核查

数据核查是指在数据分析前或数据应用过程中，对数据的来源、完整性、准确性等方面进行检测、验证和确认的一系列操作，对数据进行检查以避免错误或不适当的数据使用，确保数据的质量和可靠性。数据核查是数据分析工作中非常重要的步骤，它可以帮助分析人员发现数据中存在的问题，并通过修复或删除不良数据来提高分析结果的准确性和可靠性。数据核查需要结合实际业务需求进行，针对不同的数据类型和分析目的，采取不同的核查方法和技术手段，以确保数据质量符合使用要求。

以下是城市轨道交通数据核查的一些常见措施。

（1）核查数据来源：对于采集到的数据，需要核查其来源，包括采集方式、设备和获取方法等。

（2）核查数据完整性：对于各类数据指标，需要根据指标定义和模型检查数据完整性，例如，针对进站交易数据，是否具有进站时间、票种和闸机编号等基础信息。

（3）核查数据准确性：对于客流数据，需要检查数据准确性，例如，进站和出站时间是否正确，线网全天进站和出站人数是否相等。

（4）建立数据质量治理体系：为了更好地衡量数据质量，可以建立数据质量目标、质量属性、质量度量、质量权重和标准等，并根据规则进行数据筛选和处理。建立轨道交通客流数据质量体系需要以下步骤。

①确定数据质量目标：根据业务需求，明确数据质量治理的数据范围、数据质量属性、数据质量度量、数据治理权重和数据质量标准等的总体目标。

②确定数据质量属性：根据数据质量目标，制定数据质量属性，例如，准确性、完整性、一致性、可理解性、可重用性、安全性等。

③确定数据质量度量：为每个数据质量属性制定相应的度量方法，例如，对于准确性属性，可以设定误差率、精度等度量指标。

④确定数据质量权重：为不同的数据质量属性赋予适当的权重，以反映其在数据质量评估中的重要程度。

⑤制定数据质量标准：将每个数据质量属性的度量值与其权重相乘，得到该属

性的总质量得分。然后，将各质量属性的总得分加权计算，得出数据的综合质量得分，并根据得分制定相应的数据质量等级标准。

⑥数据质量监测：将数据质量治理常态化，实时监测和追踪数据质量变化，及时发现和纠正数据质量问题。

4)数据标准化

数据标准化是指对轨道交通数据进行规范化处理，以使其满足特定的标准和要求。该过程可以包括数据格式、数据命名、数据编码、数据字典等方面的标准化处理。数据标准化的目的有以下几个方面。

(1)提高数据质量：统一标准可以减少因为数据不一致造成的错误和冲突，提高数据的质量和可靠性。

(2)便于交换和共享：通过制定统一的数据格式和编码标准，可以使不同系统之间快速且准确地交换和共享数据。

(3)促进数据应用：标准化的数据可以提高数据的可读性和可操作性，从而更容易实现数据挖掘、分析和应用。

在城市轨道交通行业中，常见的数据标准化工作包括数据格式标准化、数据命名规范、数据编码标准化、数据字典标准化等。

(1)数据格式标准化：约定数据的存储格式和数据类型，例如，日期时间格式、数字格式等。

(2)数据命名规范：定义数据字段的命名规则和标准，例如，字段名应该有意义、使用驼峰式命名等。

(3)数据编码标准化：统一采用特定编码方式，例如，ASCII 编码或 Unicode 编码。

(4)数据字典标准化：建立数据字典，定义数据字段的含义、格式、取值范围等信息，以便于数据的管理和使用。

3. 轨道交通客流数据分析挖掘方法

轨道交通客流大数据分析挖掘的常用方法包括基本统计分析、聚类分析、关联规则挖掘、时间序列分析、机器学习方法、深度学习方法等以下六个方面。

1)基本统计分析

基本统计分析指利用统计学的基本理论和方法对数据进行分析，以获得有关数据特征、趋势和规律等方面的信息的过程[25]。它是数据分析的一项基础性工作，可以通过计算均值、标准差、中位数、众数、方差等统计量来描述数据的集中趋势、散布情况、分布形态等基本特征[26]。对城市轨道交通的客流数据进行基本统计分析，如频次分布、均值、标准差等，可以了解客流量变化的趋势和特性，为管理决策和提高运营效率提供重要参考依据。以下是轨道交通客流数据基本统计分析的主要方法。

(1)频次分布：频次分布是一种描述性统计方法，用于对数据进行频率和数量的总结与展示。它通常用于研究某个特定变量在不同取值范围内出现的频率或数量。在轨道交通行业中,通过统计不同时间段(例如,天、周、月)进出站人数、车辆满载率、高峰时段客流量等指标的频次分布,以了解其分布情况和变化趋势。下面是频次分布的主要内容。

①计算频率:首先需要将数据按照一定的规则进行分类,并计算每组数据的频率。例如,将一天内的进出站人数分为早发车、早高峰、午平峰、晚高峰、晚平峰、晚收车等 6 个时间区间,然后计算各个区间内的进出站人数及其所占比例。

②绘制直方图:通过绘制频次分布直方图以可视化的方式展示数据的分布情况。每一个直方表示一个区间,直方的高度表示该区间的频率,而每个区间的宽度可以相等或不相等。

③确定分布形态:通过观察直方图的形状来判断数据的分布形态,如正态分布、偏态分布等。如果直方图呈现钟形曲线,则说明数据符合正态分布。

④分析异常值:通过观察直方图中是否有明显的离群点(也称异常值),来判断数据的稳定性和可靠性。如果有明显的离群点,则需要进一步分析,以确定其产生的原因。

⑤通过频次分布分析,可以了解轨道交通客流量在不同时间和地点的分布情况,为制定运营计划和管理策略提供参考依据。同时,也可以为后续的数据建模和分析提供基础支持。

(2)中心趋势分析:中心趋势分析是一种描述性统计方法,用于研究数据的中心位置和集中程度。在轨道交通行业中,中心趋势分析可以用来研究客流量、列车满载率等指标的分布情况和变化趋势。通过计算均值、中位数、众数等统计量,了解客流量的中心趋势和集中程度。下面是中心趋势分析的主要内容。

①均值:均值是指所有数据的平均值,通过对所有数据求和并除以数据个数得到,均值可以反映数据整体的中心位置。

②中位数:中位数是按照大小排列后,处于中间位置的那个数,中位数可以反映数据的中心位置,但受异常值的影响较小。

③众数:众数是指出现次数最多的数值,可以反映数据的集中程度。众数常用于描述多峰分布的数据。

④加权平均值:加权平均值是指对不同数据赋予不同的权重,以更准确地计算数据的中心位置。例如,在考虑不同站点的客流量时,可以根据站点的重要性为不同站点设置不同的权重。

通过中心趋势分析,可以了解轨道交通行业中不同指标的中心位置和集中程度,为制定运营计划和管理策略提供参考依据。同时也可以发现数据的异常值,判断数据的稳定性和可靠性,从而更好地支持轨道交通行业的管理和决策。

(3)变异性分析(Variability Analysis):变异性分析是一种描述统计方法,用于测量数据的离散程度或变化幅度。其公式为

$$C_V = \frac{S}{X} \times 100\% \tag{1-1}$$

其中，C_V表示变异系数，S表示样本标准差，X表示样本均值。

在轨道交通行业中，变异性分析可以用来分析客流量、车辆满载率等指标的变化情况和波动程度。下面是变异性分析的主要内容。

①极差：极差是指最大值与最小值之间的差值，是衡量数据变异程度的最简单方法。

②方差：方差是所有数据与均值偏离程度的平方和的平均值，可以用来衡量数据的分散程度。

③标准差：标准差是方差的平方根，可以反映数据的分散程度，同时也是衡量数据稳定性的重要指标。

④离散系数：离散系数是标准差与均值之比，可以衡量数据变异性的相对大小。

通过变异性分析，可以了解轨道交通行业中不同指标的变化情况和波动程度，为制定运营计划和管理策略提供参考依据。同时也可以发现异常数据，判断数据的稳定性和可靠性，从而更好地支持轨道交通行业的管理和决策。

(4) 相关性分析：相关性分析是一种描述统计方法，用于研究两个或多个变量之间的关系。在轨道交通行业中，相关性分析可以用来研究不同指标之间的相互关系，以提取有用信息，支持管理决策。下面是相关性分析的主要内容。

①相关性系数：相关性系数是用来度量两个变量之间线性相关程度的指标。例如，皮尔逊 (Pearson) 相关系数可以用于衡量两个连续型变量之间的线性相关程度，其公式为

$$r_{xy} = \frac{\sum_{i=1}^{n}(x_i - \overline{x})(y_i - \overline{y})}{\sqrt{\sum_{i=1}^{n}(x_i - \overline{x})^2}\sqrt{\sum_{i=1}^{n}(y_i - \overline{y})^2}} \tag{1-2}$$

其中，r_{xy}表示变量x和y之间的皮尔逊相关系数，n表示数据点的数量，$\overline{x}$和$\overline{y}$分别表示x和y的样本平均值。

而 Spearman 相关系数可以用于衡量两个序列变量之间的单调关系，其公式为

$$r_s = 1 - \frac{6\sum_{i=1}^{n}d_i^2}{n(n^2 - 1)} \tag{1-3}$$

其中，r_s表示 Spearman 等级相关系数，n表示数据点的数量，d_i表示x_i和y_i的秩次之差。

②绘制散点图：通过绘制散点图，可以直观地了解两个变量的分布情况和相关

程度。如果数据呈现明显的线性趋势，则可以使用线性回归模型进行预测。

③分组分析：通过将数据按照不同的条件(例如，时间、车站、线路等)进行分组，可以探索不同因素对变量之间关系的影响。

④因果分析：在确定两个变量之间存在相关性后，需要进一步进行因果分析，以确认其中一个变量是否直接影响另一个变量。

通过相关性分析，可以了解轨道交通行业中不同指标之间的关联关系，发现有价值的信息，并为运营决策和管理策略提供支持。同时，在实际应用中需要注意相关性并不一定代表因果关系，因此需要结合具体情况进行综合分析和判断。

(5)时间序列分析：时间序列分析是一种用于研究时间序列数据的统计方法，旨在识别和解释数据中的模式、趋势、周期性和不规则变化。在轨道交通行业中，时间序列分析可以用来预测客流量、车站利用率等指标，反映未来的变化趋势，以便调整运营计划和管理策略。时间序列分析涉及多种指标和算法，下面是其中常见的几个术语。

①自相关系数。自相关系数用于测量时间序列自身在不同时间点上的相关性，其公式为

$$r_k = \frac{\sum_{t=k+1}^{n}(y_t - \overline{y})(y_{t-k} - \overline{y})}{\sum_{t=1}^{n}(y_t - \overline{y})^2} \qquad (1\text{-}4)$$

其中，r_k 表示时间序列在时滞 k 下的自相关系数，n 表示时间序列的长度，y_t 表示时间 t 的值，$\overline{y}$ 表示时间序列的均值。

②平稳性检验。平稳性是时间序列分析中一个重要的概念，其检验方法包括 ADF 单位根检验和 KPSS 检验等。以 ADF 检验为例，其零假设为时间序列具有单位根(非平稳)，备择假设为时间序列为平稳序列。ADF 检验的统计量用 t 表示，其计算公式为

$$t = \frac{\beta - 1}{\text{SE}(\beta)} \qquad (1\text{-}5)$$

其中，β 是单位根回归系数的估计值，$\text{SE}(\beta)$ 是标准误差。

③ARIMA 模型。ARIMA 模型是一种基于时间序列的预测方法，其核心是差分运算和自回归移动平均模型。ARIMA(p,d,q) 模型中，p 表示自回归项数，d 表示差分次数，q 表示移动平均项数。ARIMA 模型的预测公式为

$$y_{t+h} = \hat{y}_{t+h} + e_{t+h} \qquad (1\text{-}6)$$

其中，y_{t+h} 表示时间序列在 $t+h$ 时刻的值，$\hat{y}_{t+h}$ 表示预测值，e_{t+h} 是误差项。

下面是时间序列分析的主要内容。

①数据平滑：通过移动平均、指数平滑等方法，去除随机波动和季节性变化，

从而更好地展示长期趋势。

②趋势分析：通过回归分析和趋势线拟合等方法，揭示数据集中的长期趋势。例如，使用线性回归模型可以预测客流量在未来几年内的变化趋势。

③季节性分析：通过分解时序数据中的季节变化分量和残差项，确定数据中是否存在季节性变化，并对其进行分析。例如，在轨道交通行业中，每天、每周和每月的客流量可能会出现周期性的变化。

④预测分析：通过 ARIMA 模型、指数平滑等方法，对未来数据的变化趋势进行预测和分析。

通过时间序列分析，可以了解轨道交通行业中不同指标的变化趋势和周期性，为制定运营计划和管理策略提供参考依据。同时也可以发现异常数据和变量之间的因果关系，从而更好地支持轨道交通行业的管理和决策。

(6) 空间分析：空间分析是一种用于研究地理空间数据的统计方法，旨在识别和解释数据中的模式、趋势、聚集和随机性[27]。在轨道交通行业中，空间分析可以用来分析不同区域间的客流量、车站利用率等指标的差异和变化趋势，以便调整运营计划和管理策略。其涉及多种指标和算法，下面是其中常见的几种术语。

①空间自相关系数。空间自相关系数用于测量地理空间上不同位置之间的数据相关性，其公式为

$$\rho(h) = \frac{\sum_{i=1}^{n-h}(y_i - \overline{y})(y_{i+h} - \overline{y})}{\sum_{i=1}^{n}(y_i - \overline{y})^2} \tag{1-7}$$

其中，$\rho(h)$ 表示距离为 h 的空间自相关系数，n 表示数据点数量，y_i 表示第 i 个数据点的值，$\overline{y}$ 表示所有数据点的平均值。

②克里金插值。克里金插值是一种常用的空间预测方法，其核心是利用已知点的信息对未知点进行预测。假设需要预测某一未知点 X_0 的值 $Z(X_0)$，则克里金插值的预测公式为

$$Z(X_0) = \sum_{i=1}^{n}\lambda_i(X_0)Z(X_i) \tag{1-8}$$

其中，$\lambda_i(X_0)$ 表示权重系数，可以通过距离等方式计算得到。

③空间聚类。空间聚类是一种基于地理空间信息分类的方法，常用的算法包括 k-means、DBSCAN 等。以 k-means 为例，其核心是通过最小化各个聚类内部的样本点与其聚类中心之间的距离来实现聚类。k-means 的公式如下

$$J(c,\mu) = \sum_{i=1}^{m}\left\|x_i - \mu_{c_i}\right\|^2 \tag{1-9}$$

其中，$J(c,\mu)$ 表示目标函数，c_i 表示第 i 个样本所属聚类的标记，μ_c 表示第 c 个聚类的中心。

下面是空间分析的主要内容。

①空间插值：通过对已知的数据点进行插值或外推，预测未来某个区域的特定指标。例如，在轨道交通行业中，可以使用克里金插值法来估计未来某个时刻某个车站的客流量。

②空间自相关性分析：通过计算一组数据与其邻近数据之间的相关性，确定数据是否有空间相关性，并评估这种相关性的程度和方向性。例如，可以通过 Moran's I 指数来评估不同区域间客流量的相关性。

③空间聚类：通过聚类分析，识别空间上相似的数据点，并将其视为一个簇。例如，可以使用 DBSCAN 算法识别相似的高峰期客流量簇，以便为管理决策提供支持。

④空间回归：通过空间统计模型，估计不同区域间的客流量、车站利用率等指标之间的关系。例如，可以使用空间面板数据模型来研究不同区域间的客流量差异。

通过空间分析，可以了解轨道交通行业中不同区域间的差异和变化趋势，为制定运营计划和管理策略提供参考依据。同时也可以发现异常数据和确定变量之间的因果关系，从而更好地支持轨道交通行业的管理和决策。

2) 聚类分析

聚类分析是一种用于找出数据集中相似的样本，并将它们组合成簇的统计方法[28]。在轨道交通行业中，聚类分析可以用来识别进站量、出站量等指标中的相似区域或时间段，并将其作为一个簇进行分析和比较。下面是聚类分析的主要内容。

(1) 相似度度量：相似度度量是一种用于衡量两个对象之间相似程度的方法[29]。在轨道交通行业中，相似度度量可以用来计算不同时间段、不同车站或不同线路之间的相似度，以便进行聚类、分类等分析和比较。下面介绍几种常见的相似度度量方法。

①欧几里得距离：欧几里得距离是一个常见的距离度量指标，用于衡量两个空间位置之间的距离。在轨道交通行业中，欧几里得距离可以用来计算两个车站之间的距离差异。欧几里得距离公式如下

$$d(P,Q) = \sqrt{(x_1 - y_1)^2 + (x_2 - y_2)^2 + \cdots + (x_n - y_n)^2} \tag{1-10}$$

其中，$P = (x_1, x_2, \cdots, x_n)$，$Q = (y_1, y_2, \cdots, y_n)$。

②曼哈顿距离：曼哈顿距离也是一种距离度量指标，用于衡量两个点在网格状坐标系上的距离。在轨道交通行业中，可以使用曼哈顿距离来计算不同车站之间的距离差异。在一个二维平面上，两个点之间的曼哈顿距离是指，从第一个点出发，先沿着水平方向走到另一个点所在的同一行，然后再沿着竖直方向走到另一个点所

在的同一列，最后计算这两段路程总和。其数学表达式为

$$d_{\text{Manhattan}}(P,Q) = \sum_{i=1}^{n} |p_i - q_i| \tag{1-11}$$

③余弦相似度：余弦相似度是一种常用的相似度度量方法，可以用于衡量两个向量之间的相似度。在轨道交通行业中，可以使用余弦相似度来计算不同时间段或车站之间人流量的相似度。

④Jaccard 相似系数：Jaccard 相似系数是一种测量有限样本集的相似度的方法。在轨道交通行业中，可以使用 Jaccard 相似系数来计算不同车站或线路之间的相似度。给定两个集合 A 和 B，Jaccard 系数定义为 A、B 的交集的大小与 A、B 的并集的大小的比值，数学公式表示为

$$\text{Jaccard}(A,B) = \frac{|A \cap B|}{|A \cup B|} \tag{1-12}$$

其中，$|\cdot|$ 表示集合的大小，即其元素数量。因此，这个系数的取值范围为 [0,1]，取 1 表示两个集合完全相同，取 0 表示两个集合没有共同的元素。

通过相似度度量方法，可以对轨道交通行业中的不同时间段、车站或线路进行相似度比较和分析，为制定运营计划和管理策略提供参考依据。同时也可以发现异常数据和确定变量之间的因果关系，从而更好地支持轨道交通行业的管理和决策。

(2) 聚类算法：聚类算法是一种将数据点分组为若干个簇的方法，以使每个簇内部的数据点足够相似，而不同簇之间的数据点尽可能地不同[30]。在轨道交通行业中，聚类算法可以用来对进站量、出站量、OD 量等指标进行分类和比较，还可以发现异常数据和确定变量之间的因果关系，以便制定运营计划和管理策略。下面介绍几种常见的聚类算法。

①k-means 聚类：k-means 聚类是一种基于距离度量的聚类算法，它将数据点分配到最近的簇中，并根据新的簇心(质心)重新计算每个簇的中心位置，重复这个过程直到达到收敛条件，k-means 聚类常用于数据集中样本的数量很大的场景[31]，其具体步骤如图 1.12 所示。

②DBSCAN 聚类：DBSCAN 聚类是一种基于密度的聚类算法，可以自动识别任意形状的簇。DBSCAN 算法将具有足够高密度的数据点组合成一个簇，而低密度区域被视为噪声或不属于任何

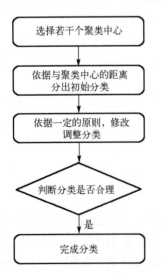

图 1.12　k-means 聚类的具体步骤

簇，适用于数据集中存在不同密度区域时的情况。在 DBSCAN 算法中将数据点分为 3 类，如图 1.13 所示。

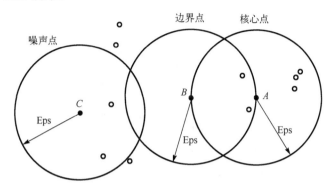

图 1.13　DBSCAN 算法数据点类型示意图

(a)核心点：稠密区域内部的点，如果一个对象在其半径 Eps 内含有超过 MinPts 数量的点，则该对象为核心点。

(b)边界点：稠密区域边缘的点，如果一个对象在其半径 Eps 内含有点的数量小于 MinPts，但是该对象落在核心点的邻域内，则该对象为边界点。

(c)噪声点：稀疏区域中的点。

③层次聚类：层次聚类是一种将数据点分组为树形结构的聚类算法，这种算法可以是自上而下(称为 AGNES 算法)或自下而上(称为 DIANA 算法)的，因此也被称为"凝聚层次聚类"或"分裂层次聚类"，常用于具有复杂结构的大型数据集。层次聚类的基本思想：

(a)计算数据集的相似矩阵；

(b)假设每个样本点为一个簇类；

(c)循环：合并相似度最高的两个簇类，然后更新相似矩阵；

(d)当簇类个数为 1 时，循环终止。

(3)簇数选取：在聚类分析中，簇数选取是一个重要的问题。确定合适的簇数，可以在保证簇间相似度不变的情况下，最大限度地提高簇内相似度。以下是几种常用的簇数选取方法。

①肘部法则：肘部法则是一种基于可视化的簇数选取方法。该方法先绘制出簇内平均距离与簇数的关系图，然后从图形中找到拐点或弯曲处(即"肘部")，将该位置作为最佳的簇数。

②轮廓系数：轮廓系数是一种基于数学计算的簇数选取方法，该方法可以衡量每个数据点在其所属簇内的相似度和与其他簇的差异，从而评估整个聚类结果的稠密度和分离度，通过计算不同簇数的轮廓系数，并选择轮廓系数最高的簇数作为最

优簇数。轮廓系数计算公式为

$$S(i) = \frac{b(i) - a(i)}{\max\{a(i), b(i)\}} \tag{1-13}$$

$$S(i) = \begin{cases} 1 - \dfrac{a(i)}{b(i)}, & a(i) < b(i) \\ 0, & a(i) = b(i) \\ \dfrac{b(i)}{a(i)} - 1, & a(i) > b(i) \end{cases} \tag{1-14}$$

其中，$a(i)$ 是样本 i 与本身所属簇中其他点的平均距离，$b(i)$ 是样本 i 与最近簇中心所属簇中其他点的平均距离，平均值在所有样本上取平均值就得到聚类的整体平均轮廓系数。

通过计算不同聚类数量下的平均轮廓系数，并选择具有最高平均轮廓系数的聚类数作为最优的聚类数量。对于这种方法，结果应该尽可能地接近于 1。

③Gap 统计量：Gap 统计量是一种基于随机抽样的簇数选取方法。该方法通过比较原始数据集与经过随机重复抽样生成的 n 个数据集之间的总误差，来确定最佳的簇数。

通过上述方法，可以选取最优的簇数，用于聚类分析中对轨道交通行业中的进站量、出站量、OD（Origin-Destination）量等指标进行分类和比较，以便制定运营计划和管理策略。同时，簇数选取还可以发现异常数据和确定变量之间的因果关系，从而更好地支持轨道交通行业的管理和决策。

在实施轨道交通客流大数据聚类分析时，需要进行以下工作步骤。

首先，需要对客流数据进行准备，包括数据清洗和预处理。数据清洗包括缺失值处理、异常值处理和数据归一化等。数据预处理可以使数据更加规范化和标准化，方便后续的数据分析和挖掘。

其次，需要选择合适的客流特征指标作为聚类的依据。常用的客流特征指标包括客流量、出行时间和出行距离等。

再次，需要选择适当的聚类算法。常见的聚类算法包括 k-means 聚类、DBSCAN 聚类和层次聚类等。聚类算法的选择需要考虑算法的适用性、效率和准确性等因素。

然后，对聚类结果进行分析和解释，评估聚类的效果和可行性。在聚类结果分析的过程中，采用可视化手段对聚类结果进行展示，帮助业务部门更好地理解和使用结果。

最后，对聚类模型进行优化，改进模型的性能和效果，提高聚类的准确性和可靠性。综上所述，轨道交通客流大数据聚类分析是一项重要的研究工作，对于提升轨道交通系统的运营和管理水平具有重要的意义。

3) 关联规则挖掘

关联规则挖掘是一种用于发现数据集中变量之间关系的统计方法。在轨道交通行业中，关联规则挖掘可以发现轨道交通行业中乘客出行的规律和喜好，从而为制定更加精准的运营计划和管理策略提供参考依据。同时，关联规则挖掘还可以帮助企业发现潜在客户群体和产品市场机会，提高运营效率和竞争力。下面是关联规则挖掘的主要内容。

(1) 频繁项集挖掘：是关联规则挖掘中的一种方法，用于查找在数据集中经常出现的一组变量或项的集合。在轨道交通行业中，频繁项集挖掘可以用于分析不同车站或线路之间的相似性和联系，以便制定更加精准的运营计划和管理策略。以下是频繁项集挖掘的主要内容。

①Apriori 算法：Apriori 算法是一种常见的频繁项集挖掘算法，它通过迭代地生成候选项集，并检查每个候选项集的支持度是否满足条件，来查找频繁项集。Apriori 算法具有简单、有效的特点，但对于大型数据集而言执行效率较低。下面是 Apriori 算法的主要公式

$$\mathrm{supp}(X) = \frac{\mathrm{count}(X)}{N} \tag{1-15}$$

其中，X 为项集，$\mathrm{count}(X)$ 是包含该项集事务数，N 是总事务数。

置信度计算公式为

$$\mathrm{conf}(X \to Y) = \frac{\mathrm{supp}(X \cup Y)}{\mathrm{supp}(X)} \tag{1-16}$$

其中，X、Y 都是项集，$\dfrac{\mathrm{supp}(X \cup Y)}{\mathrm{supp}(X)}$ 表示同时包含 X 和 Y 的事务数，$\mathrm{supp}(X)$ 表示包含 X 的事务数。

Apriori 性质：频繁项集的超集也一定是频繁项集。根据 Apriori 性质，可以通过迭代计算频繁项集，算法的流程如下：

(a) 找出所有单个项的频繁项集；

(b) 由上一步的频繁项集生成包含两个项的候选项集；

(c) 对候选项集进行支持度计算，得到所有包含两个项的频繁项集；

(d) 由第三步生成的频繁项集生成包含三个项的候选项集；

(e) 对候选项集进行支持度计算，得到所有包含三个项的频繁项集；

(f) 重复上述步骤，直到没有新的频繁项集产生。

最终，Apriori 算法会输出所有频繁项集和它们的支持度。根据支持度和置信度，可以进一步挖掘关联规则并进行分析。

②FP-Growth 算法：FP-Growth 算法是另一种常用的频繁项集挖掘算法，它先构

建一个 FP 树(频繁模式树),然后从树中抽取所有的频繁项集。FP-Growth 算法发现频繁项集的过程如下:

(a)构建 FP 树:扫描数据集,对所有元素项的出现次数进行计数,并去掉不满足最小支持度的元素项;对每个集合进行过滤和排序,过滤是去掉不满足最小支持度的元素项,排序基于元素项的绝对出现频率进行;创建只包含空集合的根节点,将过滤和排序后的每个项集依次添加到树中,如果树中已经存在该路径,则增加对应元素上的值;如果该路径不存在,则创建一条新路径;

(b)从 FP 树中挖掘频繁项集:从 FP 树的叶子节点开始,自底向上遍历 FP 树的各个分支,对每个节点的条件模式基(指包含该节点的所有路径,但不包括该节点本身)构建出一个条件 FP 树,然后对条件 FP 树应用相同的构建 FP 树和挖掘频繁项集的算法,直到不能再构建出新的 FP 树或者 FP 树只包含单个元素为止。

与 Apriori 算法相比,FP-Growth 算法具有更高的效率和更好的可扩展性,尤其适用于大型数据集的情况。

③最小支持度:最小支持度是指在数据集中,某个项集出现的最小频率阈值。只有当某个项集的出现频率超过最小支持度时,它才会被认为是一个频繁项集。在轨道交通行业中,可以根据实际情况设置最小支持度,以便找到频繁出现的车站或线路。

(2)关联规则生成:关联规则生成是关联规则挖掘中的一项任务,旨在发现数据集中不同变量之间的关系和规律。在轨道交通行业中,关联规则生成可以用于分析乘客出行的规律和喜好,以便制定更加精准的运营计划和管理策略。以下是关联规则生成的主要内容。

①支持度和置信度:支持度是指某个项集在整个数据集中出现的概率;若设项集 X 在总记录数为 N 的数据集中出现的次数为 $\mathrm{freq}(X)$,则 X 的支持度定义为 $\mathrm{supp}(X) = \dfrac{\mathrm{freq}(X)}{N}$。而置信度是指在前件 X 记录中,同时包含后件 Y 的记录所占的比例,即 $X \to Y$ 的条件概率。置信度可以使用公式 $\mathrm{conf}(X \to Y) = \dfrac{\mathrm{supp}(X \bigcup Y)}{\mathrm{supp}(X)}$ 计算。

在关联规则的生成过程中,通常会设定最小支持度(min_sup)和最小置信度(min_conf)两个阈值。只有当项集的支持度大于等于最小支持度时,它才被称为"频繁项集"。只有当规则的置信度大于等于最小置信度时,它才被认为是"强关联规则"。在轨道交通行业中,支持度和置信度可以用来衡量不同车站或线路之间的相关性。

②关联规则:关联规则是指一个项集中的某些变量与另一个项集中的某些变量之间的关系。关联规则通常由前件和后件两部分组成。在轨道交通行业中,可将某个时段、地点或线路作为前件,将特定车站或线路作为后件,以描述它们之间的联系。

③最小置信度：最小置信度是指当某个关联规则的置信度大于该值时，才被认为是一个强关联规则。在轨道交通行业中，可以根据实际情况设置最小置信度，以便找到具有显著相关性的关联规则。

(3)支持度和置信度：支持度和置信度是关联规则挖掘中用于评估关联规则优劣的两个重要指标。在轨道交通行业中，支持度和置信度可以用来分析不同车站或线路之间的相关性和联系，以便制定更加精准的运营计划和管理策略。以下是支持度和置信度的主要内容。

①支持度：支持度是指某个项集在整个数据集中出现的概率。支持度越高，说明该项集在数据集中出现的频率越高，其含义更有实际意义。在轨道交通行业中，可以根据不同车站或线路出现的次数，计算它们的支持度，并通过比较不同项集的支持度，找到经常一起出现的车站或线路。

②置信度：置信度是指在包含一个项集的记录中，同时包含另一个项集的概率。置信度越高，说明两个项集之间的关系更紧密，能够更好地描述数据集的特征。在轨道交通行业中，可以使用置信度来衡量不同车站或线路之间的相关性，以便制定更加合理的运营计划和调整策略。

③最小支持度和最小置信度：最小支持度和最小置信度是指在进行关联规则挖掘时设置的阈值。只有当某个项集或关联规则的支持度或置信度超过了该阈值，才会被认为是有效的结果。在轨道交通行业中，可以根据实际情况设置最小支持度和最小置信度，以便找到具有显著相关性的车站或线路组合。

在实施轨道交通客流大数据关联规则挖掘时，需要进行以下内容的研究。

首先，需要对客流数据进行预处理和清洗，包括缺失值处理、异常值处理和数据归一化等。

其次，需要选择合适的客流特征指标作为关联规则的挖掘依据。常用的客流特征指标包括客流量、出行时间和出行距离等。

接着，需要选择适当的关联规则挖掘算法。常见的关联规则挖掘算法包括 Apriori 算法和 FP-Growth 算法等。关联规则挖掘算法的选择需要考虑算法的适用性、效率和准确性等因素。

然后，需要对挖掘出的关联规则进行分析和解释，评估规则的可行性和重要性。在关联规则分析的过程中，采用可视化手段对规则进行展示，帮助业务部门更好地理解和使用结果。

最后，对关联规则模型进行优化，改进模型的性能和效果，提高规则的准确性和可靠性。

综上所述，轨道交通客流大数据关联规则挖掘是一项重要的研究工作，对于发掘数据中的关联关系和提高轨道交通系统的运营和管理水平具有重要的意义。

4)时间序列分析

时间序列分析是一种用于研究时间序列数据的方法,用于识别和描述随时间变化而产生的趋势、季节性和周期性等特征。在轨道交通行业中,时间序列分析可以用于预测客流量、运营效率和资源需求等关键指标,以便优化运营计划和管理策略。以下是时间序列分析的主要内容。

(1)时间序列模型:时间序列模型是用来描述时间序列数据的统计模型,它可以帮助我们理解和预测随时间变化而产生的趋势、季节性和周期性等特征。在轨道交通行业中,时间序列模型可以用于预测客流量、运营效率和资源需求等关键指标,以便优化运营计划和管理策略。北京轨道交通线网周客流随时间变化产生的周期性如图 1.14 所示。

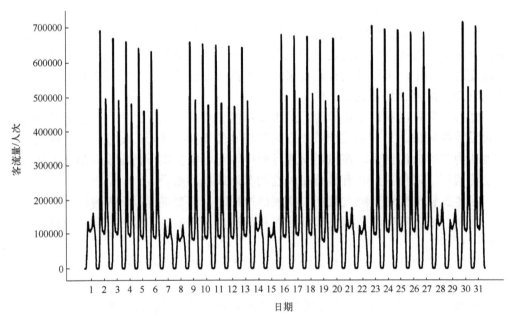

图 1.14　北京轨道交通线网周客流分布随时间变化的周期性

以下是一些常见的时间序列模型。

①自回归模型(Autoregressive,AR):自回归模型假设当前值与历史值之间存在线性关系。AR(p)模型是指,在计算当前值时,用到了前 p 个历史值的线性组合。自回归模型定义为

$$X_t = a_0 + a_1 X_{t-1} + a_2 X_{t-2} + \cdots + a_p X_{t-p} + \varepsilon_t \tag{1-17}$$

其中, X_t 代表时间点 t 的观测值, $a_0, a_1, \cdots, a_p$ 是自回归系数, p 是滞后期数, ε_t 是白噪声随机误差。

②滑动平均模型(Moving Average,MA):滑动平均模型假设当前值与历史误差

项之间存在线性关系。MA(q)模型是指，在计算当前值时，用到了过去 q 期的误差项的线性组合。滑动平均模型的定义为

$$X_t = \mu + \varepsilon_t + \theta_1\varepsilon_{t-1} + \theta_2\varepsilon_{t-2} + \cdots + \theta_q\varepsilon_{t-q} \tag{1-18}$$

其中，X_t 代表时间点 t 的观测值，μ 是时间序列的均值，ε_t 是白噪声随机误差，$\theta_1, \theta_2, \cdots, \theta_q$ 是滑动平均系数，q 是滞后期数。

③自回归滑动平均模型（Autoregressive Moving Average，ARMA）：自回归滑动平均模型结合了自回归模型和滑动平均模型的特点。它的定义为

$$X_t = \mu + \sum_{i=1}^{p}\phi_i X_{t-i} + \sum_{j=1}^{q}\theta_j\varepsilon_{t-j} + \varepsilon_t \tag{1-19}$$

其中，X_t 代表时间点 t 的观测值，μ 是常数项，ε_t 是白噪声随机误差，p 是自回归项数，$\phi_1, \phi_2, \cdots, \phi_p$ 是自回归系数，q 是滑动平均项数，$\theta_1, \theta_2, \cdots, \theta_q$ 是滑动平均系数。

④季节性自回归滑动平均模型（Season ARMA，SARMA）：季节性自回归滑动平均模型是一种特殊的时间序列模型，用于处理季节性数据。它结合了自回归模型和滑动平均模型，并考虑了时间序列数据中的季节性因素。它的定义为

$$\begin{aligned} X_t = \mu + \sum_{i=1}^{p}\phi_i X_{t-i} + \sum_{j=1}^{q}\theta_j\varepsilon_{t-j} \\ + \sum_{k=1}^{P}\Phi_k X_{t-kS} + \sum_{l=1}^{Q}\Theta_l\varepsilon_{t-lS} + \varepsilon_t \end{aligned} \tag{1-20}$$

其中，X_t 代表时间点 t 的观测值，μ 是常数项，ε_t 是白噪声随机误差，p 是自回归项数，$\phi_1, \phi_2, \cdots, \phi_p$ 是自回归系数，q 是滑动平均项数，$\theta_1, \theta_2, \cdots, \theta_q$ 是滑动平均系数，P 是季节性自回归项数，$\Phi_1, \Phi_2, \cdots, \Phi_p$ 是季节性自回归系数，Q 是季节性滑动平均项数，$\Theta_1, \Theta_2, \cdots, \Theta_Q$ 是季节性滑动平均系数，S 是季节周期长度。

除了上述常见的时间序列模型外，还有更高级的模型，如自回归积分移动平均模型、季节性自回归积分移动平均模型、指数平滑模型等。在轨道交通行业中，可以根据不同的预测需求选择适当的时间序列模型，以便预测未来的客流量、运营需求和资源消耗等关键指标，从而制定更加精准的运营计划和管理策略。

(2)季节性分析：季节性分析是对时间序列数据中季节性变化的探索和分析，可以帮助我们预测某个时段或节假日的客流高峰期，从而提前做好调度和资源配置工作。在轨道交通行业中，季节性分析是一项重要的任务，因为客流量随季节和节假日的变化而变化，需要及时采取措施来应对这些变化。以下是一些常见的季节性分析方法。

①季节性指数：季节性指数是一种用于度量时间序列数据季节性变化程度的方法。它用一个标准季节来比较每个季节的相对强度，并将其表示为一个数字。在轨

道交通行业中，季节性指数可以用来确定节假日或哪些时段的客流量最高，并根据节假日和不同时段的客流量情况制定不同的运营计划。

②分解方法：分解方法是一种通过将时间序列数据分解为趋势、季节性和随机成分来分析季节性变化的方法。该方法可以帮助我们了解时间序列数据中的季节性模式，并预测未来的季节性变化。在轨道交通行业中，分解方法可以用来预测未来节假日或某个时段的客流量，并调整运营计划和资源配置方案。

③回归模型：回归模型是一种通过拟合时间序列数据中的季节性变化来预测未来趋势的方法。该方法可以帮助我们了解时间序列数据中季节性变化与其他因素之间的关系，并预测未来的季节性变化。在轨道交通行业中，回归模型可以用来预测未来某个时段或节假日的客流量，并根据不同因素的影响制定相应的运营计划和管理策略。

(3) 趋势分析：趋势分析是时间序列分析中的一种方法，用于研究时间序列数据中的长期趋势。在轨道交通行业中，趋势分析可以用来预测未来客流量的总体变化趋势，以便制定更加合理的运营计划和管理策略。以下是一些常见的趋势分析方法。

①线性回归：线性回归是一种通过拟合线性模型来分析趋势的方法。它假设趋势是线性的，并使用最小二乘法来估计模型参数。在轨道交通行业中，可以根据历史客流量数据来拟合线性模型，并预测未来客流量的总体变化趋势。

②移动平均：移动平均是一种通过计算时间序列数据的平均值来分析趋势的方法。它可以平滑噪声，并使趋势更加明显。在轨道交通行业中，可以计算不同时间段内的平均客流量，并比较它们之间的趋势变化。

③指数平滑：指数平滑是一种通过对时间序列数据进行加权平均来分析趋势的方法。它考虑了历史数据的权重，并降低了噪声的影响。在轨道交通行业中，可以使用指数平滑方法来预测未来客流量的总体变化趋势，并根据实际情况调整运营计划和管理策略。

④时间序列模型：时间序列模型是一种通过拟合时间序列数据中的各个成分来分析趋势的方法。它可以考虑到季节性、周期性和随机因素等因素的影响，并预测未来客流量的总体变化趋势。在轨道交通行业中，时间序列模型是一种常用的趋势分析方法，可以帮助企业更好地预测未来客流量的总体变化趋势，并制定相应的运营计划和管理策略。

时间序列分析的具体步骤如下。

首先，需要对客流时间序列数据进行预处理和清洗，包括缺失值处理、异常值处理和数据平滑等。

其次，需要对数据进行时间序列建模，常用的建模方法包括 ARIMA、ARMA 和 ARCH 等。时间序列建模的目的是发现数据中的趋势和周期性变化，从而帮助预测客流量。

接着，需要进行时间序列模型的参数估计和模型检验，以确保模型的准确性和可靠性。

然后，可以通过时间序列模型进行客流量的预测，常用的预测方法包括单步预测和多步预测等。在时间序列预测的过程中，需要考虑到预测结果的可信度和置信区间等指标，以评估预测结果的准确性和可靠性。

最后，需要对时间序列模型进行优化和改进，提高模型的预测精度和稳定性。

综上所述，轨道交通客流大数据时间序列分析是一种重要的数据分析方法，对于轨道交通系统的决策制定和运营管理具有重要的意义。

5) 机器学习方法

机器学习方法是一类应用于机器学习领域的算法，机器学习能够通过自我学习和优化算法来发掘客流数据中的规律和特征，提高预测精度和效率。在轨道交通行业中，利用机器学习进行客流大数据分析已经成为了当前研究的热点之一，机器学习算法可以用于客流量预测、异常检测和智能调度等任务。以下是一些常见的机器学习算法。

(1) 决策树算法：决策树算法是一种基于树形结构的机器学习算法，用于分类和回归问题。它通过对数据进行分裂来构建一个树形结构，每个叶子节点代表一个类别或数值，决策树的图形表示如图 1.15 所示。

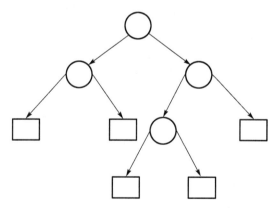

图 1.15　决策树的图形表示

决策树算法可以用于分析客流量变化的规律，并预测未来的客流量趋势，可以用于客流量预测、客户端行为分析等任务。以下是决策树算法的主要步骤。

①特征选择：根据训练数据的特征，选择一个最具信息量的特征作为根节点，并将数据集根据该特征分成多个子集。

②数据分裂：根据不同的分裂准则，将每个子集再次划分为更小的子集，并计算每个子集的信息增益或信息熵等指标。

③递归构建：重复执行前两步，直到所有的叶子节点都表示一个类别或数值。

④剪枝处理：为了避免过度拟合，通常需要对生成的决策树进行剪枝处理，以简化模型并提高泛化能力。

在轨道交通行业中，可以根据历史客流量数据的时间、地点等特征，构建一个决策树模型，并预测未来某个时段和地点的客流量。该模型还可以考虑其他因素的影响，如天气、交通状况等，以提高预测准确率。尽管决策树算法具有一定的优点，如易于理解和解释、可处理多分类问题等，但也存在一些缺点，如过度拟合、对噪声敏感等。因此，在使用决策树算法时需要注意选择合适的分裂准则、剪枝方法等，并进行数据预处理和特征工程等操作，以提高预测准确率和可靠性。

(2)随机森林算法：随机森林算法是一种基于决策树的集成学习算法，用于分类和回归问题。它通过组合多个决策树来提高预测准确率，并降低单个决策树的过拟合风险。在轨道交通行业中，随机森林算法可以用于客流量预测、异常客流状态检测等任务，例如，可以根据历史客流量数据的时间、地点、天气、交通状况等特征，构建一个随机森林模型，并预测未来某个时段和地点的客流量。以下是随机森林算法的主要步骤。

①数据随机化：从原始数据集中随机选择一部分样本和特征，用于构建每个决策树模型。

②决策树构建：对于每个随机样本和特征，使用决策树算法构建一个树形结构。

③模型集成：将所有生成的决策树进行集成，采用投票或平均值等方法对多个决策树的结果进行综合得出最终预测结果。

随机森林算法具有一定的优点，如对于高维数据和大规模数据的处理能力较强、可以进行特征选择和变量重要性分析等。但也存在一些缺点，如耗费时间和计算资源较多、不适用于稀疏数据等。因此，在使用随机森林算法时需要根据实际情况进行选择，并进行数据预处理和特征工程等操作，以提高预测准确率和可靠性。

(3)支持向量机算法：支持向量机是一种常用于分类和回归问题的机器学习算法。该算法通过在特征空间中找到一个最优超平面，将不同类别的数据点分开，并预测未知数据的类别或数值。在轨道交通行业中，支持向量机算法可以用于客流量预测、异常客流状态检测等任务，例如，可以根据历史客流量数据的时间、地点、天气、交通状况等特征，构建一个支持向量机模型，并预测未来某个时段和地点的客流量。以下是支持向量机算法的主要步骤。

①特征选择：根据训练数据的特征，选择一个最具区分性的特征子集作为支持向量机的输入。

②数据预处理：对输入数据进行标准化、归一化等预处理操作，以提高模型训练效果。

③模型训练：利用训练数据集，通过求解约束最优化问题，得到支持向量机的参数和决策函数，从而实现数据分类或回归预测。

④模型评估：利用测试数据集,对支持向量机的预测准确率和泛化能力进行评估。

支持向量机算法具有一定的优点,如对于高维数据和非线性问题的处理能力较强、泛化能力强等。但也存在一些缺点,如对于大规模数据集的训练时间较长、对于噪声数据和异常值敏感等。因此,在使用支持向量机算法时需要根据实际情况进行选择,并进行数据预处理和特征工程等操作,以提高预测准确率和可靠性。

(4)神经网络算法:神经网络是一种模仿人脑神经系统的机器学习算法。它通过构建多层神经元来处理复杂的非线性问题,并用于分类、回归和聚类等任务。在轨道交通行业中,神经网络算法可以用于客流量预测、异常客流状态检测等任务,例如,可以根据历史客流量数据的时间、地点、天气、交通状况等特征,构建一个神经网络模型,并预测未来某个时段和地点的客流量。以下是神经网络算法的主要步骤。

①网络结构设计：根据任务类型和数据特征,选择合适的神经网络结构,如前馈神经网络、循环神经网络、卷积神经网络等。

②数据预处理：对输入数据进行标准化、归一化等预处理操作,以提高模型训练效果。

③模型训练：利用训练数据集,通过反向传播算法或其他优化方法,不断调整神经网络的权重和偏置,从而实现数据分类或回归预测。

④模型评估：利用测试数据集,对神经网络的预测准确率和泛化能力进行评估。

神经网络算法具有一定的优点,如对于非线性问题的处理能力较强、拟合能力强等。但也存在一些缺点,如计算复杂度较高、需要大量的数据进行训练等。因此,在使用神经网络算法时需要根据实际情况进行选择,并进行数据预处理和特征工程等操作,以提高预测准确率和可靠性。

以上是一些常见的机器学习算法,机器学习能够通过自我学习和优化算法来发掘数据中的规律和特征,提高预测精度和效率。在实际应用中需要根据具体任务选择合适的算法和参数,并对数据进行预处理和特征工程等操作,以提高预测准确率和可靠性。

6)深度学习方法

深度学习方法是一种基于神经网络的机器学习算法。它通过构建多层非线性变换来处理大规模复杂数据,并用于图像识别、语音识别、自然语言处理等领域。在轨道交通行业中,深度学习可以用于客流状态检测、客流量预测、列车调度优化等任务。以下是深度学习的主要步骤。

(1)网络结构设计:深度学习网络结构的设计是深度学习领域中重要的研究方向之一。以下是一些常用的深度学习网络结构设计。

①卷积神经网络(CNN)：卷积神经网络是一种深度学习算法,主要应用于图像处理和计算机视觉领域。CNN 是一种前馈神经网络,其特点是通过卷积操作捕捉输

入数据的局部结构,并通过池化操作降低数据维度和提高鲁棒性。CNN 网络结构如图 1.16 所示。

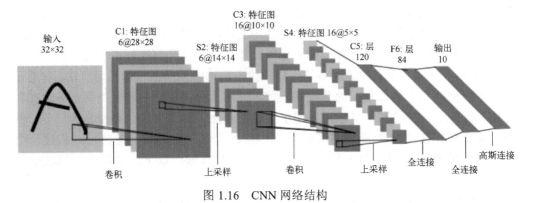

图 1.16　CNN 网络结构

以下是 CNN 的主要组成部分:

(a)卷积层(Convolutional Layer):卷积层是 CNN 中最重要的一层,其作用是对输入数据进行卷积操作,提取输入数据的特征,如图 1.17 所示。卷积操作可以理解为窗口在输入数据上滑动,计算出每个位置处的特征值。

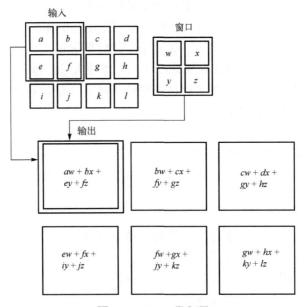

图 1.17　CNN 卷积层

(b)激活函数(Activation Function):激活函数通常被用于卷积层之后,目的是引入非线性变换,增强模型的表达能力。例如,ReLU(Rectified Linear Unit)是一种常用的激活函数。

卷积神经网络中常用的激活函数包括 sigmoid、tanh 以及 ReLU 等，它们的公式如下

$$\text{sigmoid：} f(x) = \frac{1}{1 + \mathrm{e}^{-x}} \tag{1-21}$$

$$\text{tanh：} f(x) = \frac{\mathrm{e}^{x} - \mathrm{e}^{-x}}{\mathrm{e}^{x} + \mathrm{e}^{-x}} \tag{1-22}$$

$$\text{ReLU：} f(x) = \max(0, x) \tag{1-23}$$

其中，x 代表神经元的输入，$f(x)$ 为激活函数的输出。这三种激活函数通常使用向量形式来计算，即对输入的每个元素分别进行计算，从而得到与输入形状相同的输出向量。对于有些变种的 ReLU 激活函数，其公式可能有所不同。

（c）池化层（Pooling Layer）：池化层通常紧随卷积层之后，其作用是减小特征图的尺寸、参数数量和计算复杂度，同时也有防止过拟合的效果，如图 1.18 所示。常见的池化方式包括平均池化（Average Pooling）和最大池化（Max Pooling）。

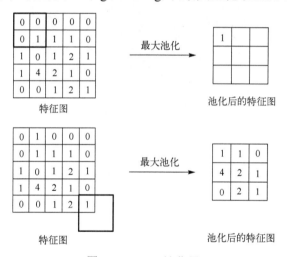

图 1.18　CNN 池化层

（d）全连接层（Fully Connected Layer）：全连接层是 CNN 中的最后一层，其作用是将池化层输出的特征图转换为分类结果。全连接层通常由一个或多个全连接神经元组成，如图 1.19 所示。

CNN 是一种最常用的深度学习网络，广泛应用于图像分类、目标检测、图像生成等领域，在轨道交通行业中也有很多应用。例如，可以利用 CNN 对轨道交通场景中的图像进行识别和分类，如识别不同类型的车辆、辨识信号灯状态等。同时，CNN 还可以用于客流量预测等任务，利用卷积操作提取数据中的空间信息和时间序列信息，提高预测准确率和可靠性。

②循环神经网络（RNN）：RNN 是一种特殊的神经网络，主要用于处理序列数据和时间序列数据。由于序列数据存在依赖关系和时间相关性，如自然语言、音频、

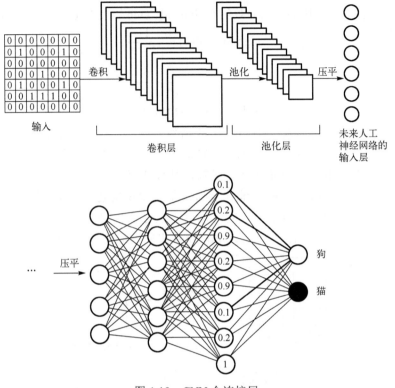

图 1.19　CNN 全连接层

视频等，传统的前馈神经网络无法直接处理这类数据。RNN 通过引入循环结构，使得网络能够捕捉到序列中的时序信息，有助于提高模型的准确率。以下是 RNN 的主要组成部分。

(a)循环层(Recurrent Layer)：循环层是 RNN 中最重要的一层，其作用是将当前时刻的输入和上一时刻的隐藏状态进行融合，并输出当前时刻的隐藏状态。循环层可以看作是对相同参数的神经网络在不同时刻的重复应用。

(b)激活函数：激活函数通常被用于循环层之后，目的是引入非线性变换，增强模型的表达能力。例如，tanh 和 ReLU 是常见的激活函数。

(c)全连接层：全连接层是 RNN 中的最后一层，其作用是将序列中每个时刻的隐藏状态转换为分类结果或预测值。全连接层通常包括一个或多个全连接神经元组成。

RNN 广泛应用于自然语言处理、语音识别、股票预测、文本生成等领域，在轨道交通行业中也有很多应用。例如，可以利用 RNN 对列车调度的时间序列数据进行建模和预测，提高列车运行效率和准确率。同时，也可以利用 RNN 对乘客行为进行建模和预测，如根据历史数据预测未来某个时间段和地点的人流量。需要注意的是，由于梯度消失问题和长期依赖关系限制，传统的 RNN 在训练和泛化能力方面存在一定的局限性。因此，需要引入更先进的 RNN 结构，如 LSTM 和 GRU，以解决这些问题，并提高模型的性能和泛化能力。

③长短时记忆网络(Long Short-Term Memory，LSTM)：LSTM 是一种特殊的循环神经网络，主要用于解决梯度消失和长期依赖问题。LSTM 的设计思路是通过引入门控机制，从而让网络能够有选择地忘记或保留历史信息，提高模型的表达能力和泛化能力。以下是 LSTM 的主要组成部分。

(a)输入门(Input Gate)：输入门负责控制当前时刻输入数据的存储和忘记。输入门包括一个 sigmoid 层和一个点乘操作，用于确定是否将当前时刻的输入信息传递到当前时刻的新状态中。

(b)遗忘门(Forgot Gate)：遗忘门负责控制前一时刻隐藏状态中哪些信息需要被遗忘掉。遗忘门也包括一个 sigmoid 层和一个点乘操作，用于确定前一时刻隐藏状态中哪些信息需要被遗忘。

(c)输出门(Output Gate)：输出门负责控制当前时刻隐藏状态值的输出。输出门也包括一个 sigmoid 层和一个点乘操作，用于确定当前时刻的输出状态值。

(d)细胞状态(Cell State)：细胞状态是 LSTM 结构中的一个重要概念，用于存储和传递历史时刻的信息。

LSTM 广泛应用于人工智能领域中的自然语言处理、股票预测、信号分析等任务，在轨道交通领域中也有很多应用，如列车调度、乘客行为分析等任务。

④残差网络(ResNet)：ResNet 是一种新兴的深度学习网络结构，主要用于解决深层神经网络训练时的梯度消失和退化问题。传统的深层神经网络存在参数过多、梯度消失等问题，在训练过程中难以保证模型的表达能力和泛化能力。残差网络通过引入跨层连接的方式，构建出一种特殊的残差模块，从而有效地提高了模型的准确率和鲁棒性。以下是 ResNet 的主要组成部分。

(a)残差模块(Residual Block)：残差模块是 ResNet 结构中最重要的一部分，其作用是通过跨层连接，实现信息的直接传递和捕捉，增强模型的表达能力和鲁棒性。残差模块包括两个或多个卷积层，并且其中至少有一个跨层连接。

(b)批量归一化(Batch Normalization)：批量归一化是一种常见的正则化技术，用于优化模型的收敛速度，提高泛化能力。批量归一化将每一层的输入数据都进行标准化，使得网络更加稳定和可靠。

(c)卷积层：卷积层是 ResNet 结构中的基本组成部分，其作用是对输入数据进行卷积操作，提取输入数据的特征。

残差网络相比于传统的深层神经网络的优点在于，引入残差模块后可以保证信息的有效传递和捕捉，减轻了网络梯度消失和退化的问题，并且使得训练更加容易。此外，残差网络还可以通过堆叠多个残差块，构建出更加深层次的神经网络，从而提高模型的表达能力和准确率。残差网络被广泛应用于图像分类、目标检测、图像生成等领域，在轨道交通领域中也有很多应用，如车辆识别、行人检测等任务。

⑤生成对抗网络(Generative Adversarial Networks，GAN)：GAN 是一种深度学习算法，旨在通过训练两个神经网络实现数据生成的任务。GAN 由一个生成器和一个判别器组成，其中生成器用于生成假数据样本，判别器用于区分真实和假数据样本。通过不断迭代训练，生成器和判别器相互博弈、交替优化，最终达到生成逼真数据样本的目的。以下是 GAN 的主要组成部分。

(a)生成器(Generator)：生成器是 GAN 中负责生成假数据样本的模型，其输入通常是一个随机噪声向量，输出则是一些逼真的图片、音频或文本。生成器主要通过反卷积操作将随机噪声转换为目标数据空间。

(b)判别器(Discriminator)：判别器是 GAN 中负责区分真实和假数据样本的模型，其输入通常是一张图片、一段音频或一段文本，输出则是一个 0~1 的概率值，表示输入数据样本是否为真实数据。

(c)损失函数(Loss Function)：GAN 中的损失函数有两个，分别针对生成器和判别器。生成器的损失函数衡量生成的假样本与真实样本之间的差距，而判别器的损失函数衡量其错误分类真假样本的程度。

GAN 广泛应用于图像、音频和文本等领域中。在轨道交通领域中，GAN 可以用于生成逼真的轨道交通场景图像，辅助模拟器训练和测试。此外，GAN 还可以用于图像增强、客流量预测、异常检测等任务，在提高模型性能方面具有一定潜力。需要注意的是，GAN 的训练过程相对较为复杂，需要考虑超参数调整、稳定性、收敛速度等问题。

除了上述常用的深度学习网络结构外，还有许多其他的深度学习网络结构，如注意力机制网络、神经网络机器翻译等。不同的任务需要不同的网络结构，深度学习网络结构设计也是一个需要不断探索和优化的领域。

(2)数据预处理：对输入数据进行标准化、归一化等预处理操作，以提高模型训练效果。

(3)模型训练：利用训练数据集，通过反向传播算法或其他优化方法，不断调整深度神经网络的权重和偏置，从而实现数据分类或回归预测。

(4)模型评估：利用测试数据集，对深度神经网络的预测准确率和泛化能力进行评估。

在轨道交通行业中，深度学习可以用于客流量预测等任务。例如，可以根据历史客流量数据的时间、地点、天气、交通状况等特征，构建一个深度神经网络模型，并预测未来某个时段和地点的客流量。该模型可以考虑多个因素的影响，提高预测准确率和可靠性。

深度学习具有一定的优点，如对于非线性问题的处理能力较强、拟合能力强、自适应能力强等。但也存在一些缺点，如计算复杂度较高、需要大量的数据进行训练等。因此，在使用深度学习时需要根据实际情况进行算法选择，并进行数据预处理和特征工程等操作，以提高预测准确率和可靠性。

4. 轨道交通客流数据可视化技术

轨道交通客流数据可视化技术是指将轨道交通系统中采集的客流数据通过图表、地图等可视化手段呈现出来，通过数据可视化呈现，以便更好地观察数据分布和趋势。目前，随着轨道交通系统中自动化设备的广泛应用，大量的客流数据可以被采集并记录下来，但这些数据本身往往难以直接理解。数据可视化技术可以帮助人们更好地理解、分析和利用数据，近年来成为一个热门方向。以下是几种常见的轨道交通客流数据可视化技术。

1）热力图（Heatmap）

热力图是一种常见的数据可视化技术，适用于对密度分布进行可视化。在轨道交通客流数据中，可以通过热力图将不同时间和区域内的客流密度表达出来，以帮助人们更好地理解客流分布变化规律和高峰期分布等信息。

2）折线图（Line Chart）

折线图是一种常见的数据趋势可视化技术，可以用于表示客流随时间的变化趋势。针对轨道交通客流数据，可以通过折线图将某个时间段内的客流量表达出来，以帮助人们更好地理解客流峰谷分布和变化趋势。

3）散点图（Scatter Plot）

散点图是一种常见的数据点分布可视化技术，可以用于表示不同区域或车站之间的客流分布。在轨道交通客流数据中，可以通过散点图将不同车站或线路上的客流量表达出来，以帮助人们更好地理解客流分布规律和热门车站信息。

4）地图（Map）

地图是一种常见的空间可视化技术，可以用于表示不同区域或线路之间的客流分布。在轨道交通客流数据中，可以通过地图将不同车站或线路上的客流量进行可视化展示，以便于人们更好地理解客流分布规律和各站点之间的关系。

5）三维模型（3D Model）

三维模型是一种高级的可视化技术，能够呈现数据的立体效果。在轨道交通客流数据中，可以通过三维模型呈现地下、高架、普通地面等不同类型线路的客流变化情况，以便于人们更直观地把握客流变化规律和特点。

以上可视化技术可以被应用于轨道交通系统中对客流进行分析和预测，常见的轨道交通数据可视化的应用包括客流量分布图、客流走向图、客流时空分布图、客流密度图、各种统计图表等。

1）客流量分布图

客流量分布图是指在时间和空间上对人群的流动进行量化，将客流量以可视化形式展示在地图上的一种图表，通过客流量分布图，可以快速、直观地了解不同时间段、不同区域的客流情况，包括人员流动趋势、客流高峰时段、客流量差异等，为车站布局和调度指挥提供依据；基于客流量分布图，可以更加准确地预测和规划服务人员和运力的需求量，提前调整和配置资源，以满足客流高峰期的需求，同时避免过度使用和浪费资源；客流量分布图可以帮助安全管理部门了解人员聚集的主要区域和时段，制定相应的安全措施，如疏散预案、客流引导等，以确保乘客和设施的安全；客流量分布图可为商业运营提供基础数据支撑，帮助商家分析顾客的喜好、行为习惯、消费水平等，并根据客流量分布的规律进行商品调整、营销策略制定等，提高服务品质和满意度。深圳北站各线路进出站客流分布如图 1.20 所示。

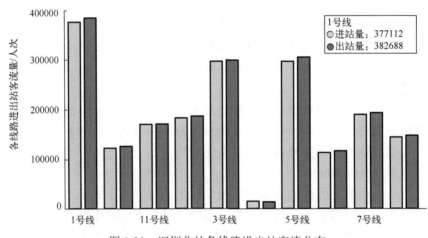

图 1.20　深圳北站各线路进出站客流分布

2) 客流走向图

客流走向图可以反映不同时间段内人群在一个区域或场所内的流动方向和规律，帮助管理者更好地了解乘客出行需求，优化人员和资源配置，提高服务水平。具体而言，客流走向图可以在以下几个方面发挥作用。

(1) 为商业运营提供参考：通过客流走向图，商家可以了解顾客在车站内的主要活动区域和路线，规划热门商品摆放区、支付结算区等，进行商铺调整和精细化管理。此外，客流走向图还能反映顾客商品偏好、购物习惯，以及顾客行为的变化趋势等，为商家制定合适的营销策略提供依据。

(2) 为安全管理提供支持：客流走向图可以帮助管理者了解不同时间段内人员聚集的热点区域和密集区域，便于采取针对性的安全措施，如疏散预案的制定和执行，以确保人员和设施的安全。

(3) 为城市规划提供参考：客流走向图可以为城市规划和公共设施建设提供重要

的参考。例如，在城市道路、公交站点和车站等公共场所内，通过客流走向图，可以了解到人员聚集的规律、流动趋势和热点区域等信息，为城市规划部门制定公共交通线路、公共设施布局和产业规划提供支持。

(4) 为旅游管理提供支持：客流走向图可以帮助旅游管理部门了解游客在景区内的主要活动区域和路线，优化景点的餐饮、休息等服务设施，便于做出更加合理的管控和安排。同时，客流走向图还能反映游客对不同景点和服务设施的需求和偏好等，为景区运营和旅游发展提供支持。深圳北站各出站口出站量分布图如图 1.21 所示。

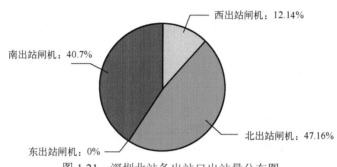

图 1.21　深圳北站各出站口出站量分布图

3) 各区域客流强度和设施负荷关系图

各区域客流强度和设施负荷关系图用于分析不同区域的客流情况和设施使用情况，了解不同区域的客流分布强度，进行比较，找出高客流区和低客流区，从而确定不同区域的管控策略和优先级；分析不同区域的设施使用情况，了解设施的负荷大小，判断是否需要增加设施或调整设施维护策略。深圳北站各区域客流强度和设施负荷关系图如图 1.22 所示。

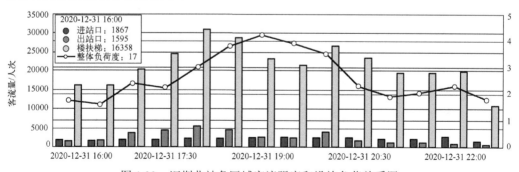

图 1.22　深圳北站各区域客流强度和设施负荷关系图

4) 各区域拥挤度排名

各区域拥挤度排名可以帮助了解城市交通拥堵的情况，找出交通瓶颈和高拥堵区域，从而采取相应的规划和管理措施，以缓解交通拥堵问题。同时，该排名也可以提供一种标准或基准来评估不同时间段或方案下城市交通状况的变化趋势，以便对城市交通进行长期规划和控制。具体而言，各区域拥挤度排名的作用如下。

(1)指导城市交通规划和设计，提高城市运输效率，减少交通拥堵对城市经济、环境等方面的影响。

(2)为政府和企业提供决策支持，使其能够根据乘客出行需求和城市资源分布情况采取适当的投资和调整策略，优化城市职住规划和交通系统。

(3)提供数据支持，可以用于学术研究和公共政策制定，例如交通规划、车站优化、环境保护等领域。

(4)提高公众对城市交通状况的认识和了解，鼓励更多人使用公共交通、自行车等节能、环保的交通方式，促进城市可持续发展。深圳北站各区域拥挤度排名如图 1.23 所示。

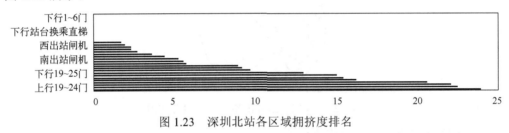

图 1.23　深圳北站各区域拥挤度排名

5)节假日线网日均 OD 分析

节假日线网日均 OD 分析可以为政府部门、企事业单位和公众提供有益的信息，帮助他们更好地了解城市交通行为，优化交通管理措施，提高出行效率和交通运行质量。例如，在春节前夕，预测不同城市间人流的变化趋势，以便有针对性地安排客运班次和航班计划，减少拥堵和延误问题；同时还可以评估出行时间和路径上的瓶颈，制定改善措施并进行交通规划和建设，提升城市交通运行效率和服务质量。深圳北站国庆节期间线网日均 OD 分析如图 1.24 所示。

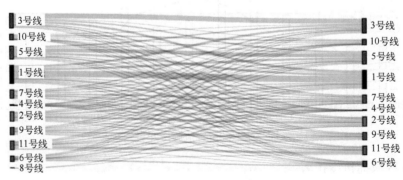

图 1.24　深圳北站国庆节线网日均 OD 分析

6）客流分布热力图

客流分布热力图可以反映一个区域或场所内不同位置的客流密度，帮助人们更好地了解和管理该区域或场所的客流情况。具体而言，客流分布热力图可以在以下几个方面发挥作用。

（1）帮助管理部门和企事业单位进行安全管理：客流分布热力图可以反映区域或场所内不同位置的客流密度，包括高峰时段和节假日等特殊时段。此外，根据热力图还可以精确把握客流的流向、峰值和趋势等，便于安保人员进行大客流防控和应急处理。这将有助于提升人员和设施的安全性，避免意外事故的发生。

（2）为市政管理和交通规划提供支持：客流分布热力图可以为城市交通规划、公共服务配套和市政管理等领域提供重要参考。例如，通过客流热力图，可以了解到一个地区内的人口集中度、人口饱和度、职位结构等信息，为政府部门制定相应的规划和政策提供支持。

（3）为商业决策提供参考：客流分布热力图能够反映不同位置的客流密度，这对于商家来说是重要的市场信息。商家可以通过客流分布热力图了解哪些区域的客流量更大，哪些时段的客流量更集中，以及客户喜好等，便于制定营销策略、调整产品结构和经营策略等。

（4）为公众出行提供参考：客流分布热力图也可以为公众提供有益的信息。例如，在出行高峰时段，公众可以通过客流分布热力图了解各个区域的客流情况，避免拥堵区域，选择相对舒适的路线，提高出行效率和满意度。

总之，客流分布热力图可以反映一个区域或场所内不同位置的客流密度，帮助人们更好地了解和管理该区域或场所的客流情况。在城市管理服务、公共服务、商业决策和公众出行等方面具有广泛的应用前景。北京地铁一天总进站客流分布热力图如图 1.25 所示。

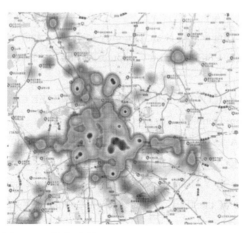

图 1.25　北京地铁一天总进站客流分布热力图

以上这些可视化技术和表征方式，可以帮助我们更加清晰地了解轨道交通客流的分布情况和变化趋势，为轨道交通日常运营组织、公共管理和政府决策提供有价值的信息。

参 考 文 献

[1] 百度百科. 城轨. https://baike.baidu.com/item/%E5%9F%8E%E8%BD%A8/4107927, 2023.

[2] 贵阳市公共交通投资运营集团有限公司. 世界城市轨道交通的发展历史. https://www.gyurt. com/ system/2019/11/27/030244243. shtml, 2023.

[3] 中国城市轨道交通协会. 城市轨道交通 2021 年度统计和分析报告, 2020.

[4] 中国政府网. 2022 年城市轨道交通运营数据速报. http://www.gov.cn/xinwen/2023-01/20/ content_5738226. htm, 2023.

[5] Tons M, Doerfler R, Meinecke M, et al. Radar sensors and sensor platform used for pedestrian protection in the EC-funded project SAVE-U//IEEE Intelligent Vehicles Symposium, Parma, 2004.

[6] 李旭东.智能视频监控系统在城市轨道交通的运用分析.信息记录材料, 2021, 22(1):205-207.

[7] 徐斌涛. 基于视频技术的轨道交通大客流检测方案. 中国公共安全, 2017, (Z1): 71-73.

[8] 赵乃鹏. 智能视频监控技术的问题与对策分析. 全面腐蚀控制, 2022, 36(1): 68-69.

[9] Ouaftouh S, Zellou A, Idri A. User profile model: a user dimension based classification//The 10th International Conference on Intelligent Systems: Theories and Applications, Morocco, 2015.

[10] Girshick R. Fast R-CNN//IEEE International Conference on Computer Vision, Chile, 2015.

[11] Ren S, He K, Girshick R, et al. Faster R-CNN: towards real-time object detection with region proposal networks. IEEE Transactions on Pattern Analysis and Machine Intelligence, 2016, 39(6): 1137-1149.

[12] Redmon J, Divvala S, Girshick R, et al. You only look once: unified, real-time object detection. Proceedings of the IEEE Conference on Computer Vision and Pattern Recognition, 2016, arXiv: 1506. 02640.

[13] Redmon J, Farhadi A. YOLO9000: better, faster, stronger//IEEE Conference on Computer Vision and Pattern Recognition, Honolulu, 2017.

[14] Redmon J, Farhadi A. YOLOv3: an incremental improvement. Proceedings of the IEEE Conference on Computer Vision and Pattern Recognition, 2018, arXiv: 1804. 02767.

[15] Bochkovskiy A, Wang C Y, Liao H Y M. YOLOv4: optimal speed and accuracy of object detection. Proceedings of the IEEE Conference on Computer Vision and Pattern Recognition, 2020, arXiv: 2004. 10934.

[16] Liang F T, Zhou Y, Chen X, et al. Review of target detection technology based on deep

learning//Proceedings of the 5th International Conference on Control Engineering and Artificial Intelligence, Sanya, 2021.

[17] Song X Y, Zeng Y, Tong L, et al. Neural mechanism for dynamic distractor processing during video target detection: insights from time-varying networks in the cerebral cortex. Brain Research, 2021, 1765: 147502.

[18] Jiao L C, Zhang R H, Liu F, et al. New generation deep learning for video object detection: a survey. IEEE Transactions on Neural Networks and Learning Systems,2022,33(8): 3195-3215.

[19] Yang J, Zheng Y, Yan K P, et al. SPDNet: a real-time passenger detection method based on attention mechanism in subway station scenes. Wireless Communications and Mobile Computing, 2021, 2021: 1-13.

[20] Fu H, Tao D, Wang L F. DTB-Net: a detection and tracking balanced network for fast video object detection in embedded mobile devices//The 33rd Chinese Control and Decision Conference, Kunming, 2021.

[21] Shi D M, Chen X. Research on visual object tracking algorithm based on improved twin network. Journal of Physics: Conference Series,2021, 1966(1): 012006.

[22] Castro E C D, Salles E O T, Ciarelli P M. A new approach to enhanced swarm intelligence applied to video target tracking. Sensors, 2021, 21(5): 1903.

[23] Zhao H J, Yang G, Wang D, et al. Deep mutual learning for visual object tracking. Pattern Recognition, 2021, 112: 107796.

[24] 唐昕. 基于智能视频分析技术的地铁客流大数据应用探讨. 网络安全技术与应用, 2020, (5): 83-84.

[25] 郭敏, 张丽珍. 统计分析方法及应用. 北京: 化学工业出版社, 2012.

[26] 向涛, 吉巨川, 陈叹, 等. 统计分析方法及其应用. 北京: 科学出版社, 2012.

[27] 季琳. 空间分析与地理信息系统. 北京: 科学出版社, 2014.

[28] 刘纪清, 张德良, 沈华伟. 聚类分析方法及其应用. 北京: 科学出版社, 2012.

[29] Han J, Kamber M, Pei J. Data Mining: Concepts and Techniques. San Francisco: Morgan Kaufmann, 2012.

[30] 邱皓政. 数据挖掘与分析. 北京: 清华大学出版社, 2009.

[31] Celebi M E, Kingravi H A, Vela P A. A comparative study of efficient initialization methods for the k-means clustering algorithm. Expert Systems with Applications, 2013,40(1):200-210.

第 2 章 城市轨道交通客流分析挖掘方法

本章主要探讨城市轨道交通客流数据分析挖掘和应用的方法，从非结构化和结构化两个方向展开。针对视频图像非结构化数据中提取乘客数量信息的难题，提出了一种 SPDNet 模型，能够有效检测车站客流状态，并在实验验证中获得了良好的效果。而对于客流特征精准化分析和智能化运营管理需求，采用结构化数据分析挖掘方法，分别以客流时间维度分布特征、空间维度分布特征和客流聚类分析为例，介绍挖掘数据中隐藏的规律和特征的方法。通过分析结果，可以直观反映乘客出行规律和需求，可用于辅助提高城市轨道交通的运营管理水平，更好地提高乘客服务质量。

2.1 基于视频的客流状态分析方法

2.1.1 方法概述

随着城市轨道交通的发展，地铁客流量急剧增加，实时检测地铁站内乘客状态，已成为客运部门缓解高峰时段客流运输压力、保障地铁站安全等问题的重要保障手段。然而，地铁车站环境复杂，现场光线条件不均匀，视频监控设备部署角度对目标产生扭曲和尺度变化等图像畸变影响，给乘客检测任务带来了困难，原有基于视频的客流状态分析方法在乘客检测任务中实现的准确度较低。

传统的行人检测方法采用人工设计的特征提取方式，训练分类器对行人进行检测，存在计算量大、鲁棒性差、精度低等问题。近年来，卷积神经网络(CNN)被引入目标检测任务中，基于 CNN 的行人检测方法因其易于训练、准确率高、泛化能力好等特点成为主流方法。其中，YOLOv4[1] 作为检测速度和精度都很高的神经网络模型，并在二者之间取得良好平衡的集大成者，具有很高的工程应用价值。

本节在 YOLOv4 的基础上引入 CBAM 模块(Convolutional Block Attention Module)[2]，对通道维数和空间维数的检测特征进行重新校准，使网络聚焦并增强乘客特征，抑制干扰特征，这样就减少了光照条件对地铁站乘客检测任务的影响。同时，增强的行人特征也使网络对小规模乘客的捕获能力得到了提高，从而进一步提高了网络的检测精度。

另外，采用 k-means++ [3]算法设计 YOLOv4 的锚框，使其更适合乘客目标的大小，以缓解检测后处理方法非极大值抑制(Non-Maximum Suppression，NMS)算法在人群密集情况下错误抑制真正方框所造成的遗漏。为了区别于现有的方法，将其命名为地铁乘客检测网络(Subway Passenger Detection Net，SPDNet)。

基于 KITTI 数据集[4]，对 SPDNet 方法进行了训练和测试，并与多种目标检测方法进行了比较。实验结果表明，该方法具有较好的检测效果。通过迁移学习，对网络进行了进一步训练，以适应不同监控设备角度下的乘客畸变检测。最后，将该方法应用于北京某地铁站，并取得了良好的效果。

2.1.2　相关技术研究现状

目标检测[5]是当前计算机视觉的基本问题之一，也是解决实例分割、目标跟踪等其他计算机视觉任务的重要基础。目标检测任务研究经历了两个阶段：基于人工特征构建的方法和基于深度学习模型的方法。

在 2014 年前,目标检测算法大多基于人工特征构建,称为传统的目标检测方法。Viola 和 Jones 提出了 VJ 检测器[6]，该检测器采用了滑动窗口的思想，结合了三种加速计算的策略，首次实现了人脸的实时检测。Felzenszwalb 提出了 DPM (Deformable Part-Based Model)[7]，Girshick 对其进行了各种改进[8-11]。DPM 方法采用分而治之的思想，达到了传统目标检测方法的顶峰。然而，2012 年以后，手工设计功能的性能趋于极限状态，传统方法的模型性能难以取得突破性进展。

Hinton 设计了第一个用于图像分类任务的卷积神经网络 AlexNet[12]，得到了比传统图像分类方法好得多的效果。卷积神经网络通过卷积和池化操作，自动学习不同层次的图像特征，模拟人类视觉皮层对图像的识别过程，与传统手工设计相比，更加灵活准确。因此，卷积神经网络得到迅速发展，很快取代了传统的方法，并被广泛应用于解决计算机视觉中的各种问题。Girshick 首先将卷积神经网络应用到目标检测任务中，提出了循环神经网络[13](Recurrent Neural Network，RCNN)方法，开创了目标检测方法中的双阶段方法。为了提高 RCNN 的检测精度和速度，学者们提出了许多扩展版本，如 Fast RCNN[14]、Faster RCNN[15,16]和 Mask RCNN[17]。然而，由于两阶段检测算法采用了多阶段检测方案，虽然达到了较高的检测精度，但在候选区域生成过程中产生的冗余计算使其干扰速度慢，不适合实时目标检测任务。

作为一个替代方法，Joseph 等提出了第一个单阶段方法——YOLO(You Only Look Once)[18]，在输入端输入图像并在输出端直接回归边界框的各种信息，大大提高了推理速度。Liu 等基于 Faster RCNN 的锚框思想提出了第二个单阶段检测器 SSD(Single Shot MultiBox Detector)[19]。后来，人们在这两个网络的基础上发展了 YOLOv2[20]、YOLOv3[21]、YOLOv4、DSSD[22]、FSSD[23]等网络。单阶段检测器模型检测速度快，满足了目标检测任务的实时性要求，但由于放弃了生成建议区域的过程，定位精度较差，特别是对小尺度目标的检测效果下降严重，所以单纯的单阶段检测器也难以适应地铁车站场景中复杂的环境。

乘客检测是行人检测[24]的一种特殊情况，其场景大多位于地铁等公共交通领域。行人检测作为计算机视觉的重要任务之一，也是目标检测任务的一个分支方向。与目标检测相比，行人检测更侧重于应用层面，对操作效率、误检率和召回率有更严格的要求。此外，行人检测任务应考虑极端环境条件，使其在实际应用中更加稳健。目前，行人检测任务在人工智能系统、车辆辅助驾驶系统、智能机器人、智能视频监控等领域具有重要的应用价值。

早期，人们使用人工设计的方法提取人的特征，并采用分类器检测行人，手工特征在早期行人检测方法中起着重要的作用。Dalal 提出的 HOG（Histogram of Oriented Gradient）直方图算法[25]，遵循了多尺度金字塔和滑动窗口的思想，是行人检测方法中的一个重要里程碑，在此基础上扩展了许多后续方法。目前，传统的人工特征已经成熟，性能趋于饱和，但传统的目标检测算法仍存在计算量大、鲁棒性差的缺点，难以满足应用的要求。

随着深度学习技术的日益成熟，人们开始探索深度学习方法在行人检测中的应用，并取得了良好的效果。基于深度学习的行人检测方法大致可以分为两类：混合方法和纯 CNN 方法。混合方法结合人工设计方法和深度学习卷积网络进行特征提取，例如，Tia 等使用人工构建的行人局部身体特征与深度学习特征相结合的方法来解决行人遮挡问题[26]。其他混合方法使用手工设计的特征生成方案，然后使用深度学习卷积网络对特征进行分类，例如，Li 等利用预先设计的不同尺度的行人特征来提高不同尺度行人的识别精度[27]。

与混合方法相比，纯 CNN 方法避免了人工设计特征，同时实现了建议生成和分类，更加简单有效。在纯 CNN 方法中，基于双阶段检测器模型的行人检测方法准确率高，但速度慢，对硬件要求高，难以满足应用场景的实时类需求。另一方面，基于单阶段检测器模型的行人检测方法实时性较好，但鲁棒性较差，在复杂场景下准确率严重降低，直接使用 CNN 进行行人检测很难达到预期效果。因此，根据不同的检测任务，仍然需要对 CNN 进行有针对性的改进。Lu 等[28]训练双输出分支深度网络分别对行人的全身和可见部分进行检测，然后将这两部分的结果结合起来，提高遮挡情况下的行人检测率。Sun 等[29]引入了一个补充子网络来生成用于小尺度行人检测的高分辨率特征图，从而提高了小尺度行人的检测精度。然而，现有的方法普遍比较复杂，虽然在相关数据集上取得了较好的效果，但在实际生产场景如地铁车站中很难部署。因此，仍然需要一种简单、高效、快速的方法来解决地铁站的乘客检测问题。

YOLO 网络是目标检测领域单级检测器的起源，是目前最流行的检测器模型。YOLO 网络的设计思想源于将 CNN 的基本思想从分类任务扩展到检测任务。以单一目标检测为例，之前提出的 RCNN 将检测任务视为遍历分类任务，遍历图像的所有位置，采用滑动窗口法对每个窗口进行分类，这种方法的问题是显而易见的，如果遍历不完整，则精度较低，但遍历越准确，耗时越长。另一方面，这种方法实质上是训练以滑动窗口内容为输入的分类器，由于遍历的思想，范畴不平衡问题也很严重。因此，YOLO 的提出者改变了他的关注点，没有使用分类器输出表示类别的独热向量，而是直接回归包围框的位置，极大提高了检测速度。基于这一理念，YOLOv1[30]网络应运而生。

　　YOLOv1 是在 GoogleNet[31]的基础上进行改进，形成了一个用于特征提取的基本网络。通过将输入图像划分为多个网格，对每个网格进行边界框回归预测，达到多类别多目标识别的效果；同时，在每个网格中预测一大一小两个包围框，充分考虑了多尺度目标的预测问题，YOLOv1 速度极快，能够满足实时性的要求；另外，由于对图片所包含的全局信息的综合考虑，其泛化性能突出。但是 YOLOv1 也有很多缺点，比如定位精度差，召回率低，特别是对于小目标物体，定位精度下降非常快；此外，在物体密集的情况下，识别效果不理想，对长径比异常物体的识别率较低。

　　YOLOv2 是放弃了 YOLOv1 中直接预测边界框的方法，采用小偏移量进行预测，达到了稳定的神经网络训练效果；同时，针对 YOLOv1 中许多小物体的漏检问题，YOLOv2 对网格划分进行了细化；YOLOv2 借鉴了 SSD 的设计思想，将高分辨率特征图像与低分辨率特征图像进行连接，实现了整个过程的多尺度检测。

　　YOLOv2 虽然增加了预测框的数量，但是小目标检测的问题仍然没有很好地解决，因此 YOLOv3 尝试设计三个预测头来预测三个不同级别的目标，结合引入特征金字塔网络(Feature Pyramid Networks，FPN)[32]结构，从不同尺度提取特征并进行独立预测，形成了一种更准确、高效的多尺度检测方法。同时，YOLOv3 将残差模块[33]引入骨干网络，进一步加深网络层数，从而提取图像更深层次的特征，达到更好的学习效果。YOLOv4 是近年来融合许多技巧的网络缩影，由于其易于使用而在行业中被广泛使用。目前，YOLO 系列网络已经更新到第五代，与第四代网络相比，YOLOv5 减少了网络模型参数的数量，在精度略有下降的情况下提高了检测速度，在目标检测领域初具应用规模。

2.1.3　模型研究

1. YOLOv4 结构

　　YOLOv4 是在 YOLOv3 基础上设计的一款功能强大、高效的检测模型，它保留了 YOLOv3 的整体结构，并利用近年来目标检测领域的许多创新方法对各个子结构进行了改进，涉及输入层、骨干网、颈网、损失函数等方面。在保持高检测速度的同时，进一步提高网络精度，实现速度和精度的良好平衡。同时，YOLOv4 降低了网络的训练难度，使得其在单个 GPU 上进行训练成为可能。这些因素也使 YOLOv4 在工程领域具有很高的应用价值，适合在实际生产生活中部署。

　　YOLOv4 可以分为输入层、主干网络、颈部网络和头部网络四个部分，如图 2.1 所示。

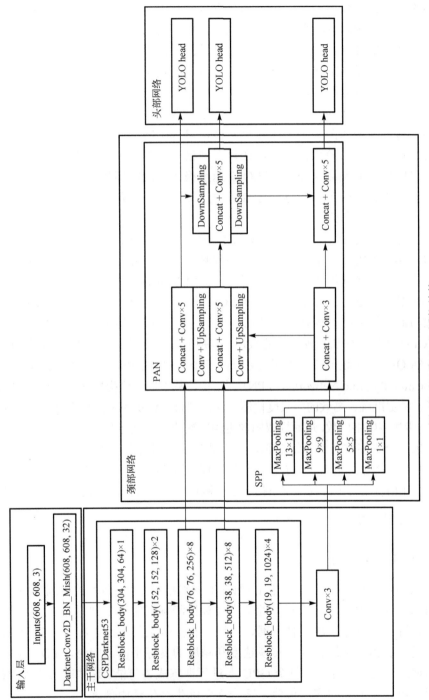

图 2.1　YOLOv4 网络结构

在输入层，YOLOv4 创新了数据增强的 Mosaic 算法，将四幅图像随机缩放、裁剪、排列拼接在一起，大大丰富了检测数据集。其中，随机标度增加了许多小目标，增强了网络的鲁棒性。另外，采用 Mosaic 方法进行数据增强时，可以直接计算四幅图像的数据，减少了小批处理的规模，简化了网络训练。

YOLOv4 使用 CSPDarknet53 作为骨干网络，该网络基于深度学习框架 Darknet。通过引入残差模块，解决了网络深度造成的训练困难，从而增加骨干网络的深度，形成包含 53 个卷积层的更强结构，最终达到较好地提取对象更深层次特征的效果。同时，采用 CSP（Cross Stage Partial）思想[34]对各残差模块进行优化，进一步提高了卷积神经网络的学习能力，在实现轻量级网络结构的同时，保证了网络的准确性，降低了网络的计算瓶颈和内存成本。

在颈部网络中，YOLOv4 受 SPPNet[35]的启发，设计了 SPP（Spatial Pyramid Pooling）模块，实现了局部特征与全局特征的特征映射层融合，增加了网络的兴趣区域，丰富了最终特征映射的表达能力。同时，YOLOv4 采用 PAN[36]结构，按照元素的顺序从上到下添加或连接相邻的特征图，充分整合各个特征金字塔层之间的语义特征和定位特征，实现不同骨干层和不同头层的参数聚合，丰富了传入神经网络头部的信息。

YOLOv4 的头部网络主要负责检测任务，YOLOv4 算法不需要提前生成 ROI（Region of Interest），而是直接用回归的方式对网络进行训练。在头部网络中，YOLOv4 使用三个检测器，分别在输入图像上生成 13×13、26×26 和 52×52 网格，并为每个网格设计三个预测边界框。同时，在三个尺度上预设三组预先设定的包围框尺寸，称为锚框，随后根据预先设定的 9 个尺度的锚框进行定位预测，分别达到三个尺度上检测目标的效果。然后，检测头为每个包围框预测一个向量 P，其组成如下

$$P = (t_x + t_y + t_w + t_h) + P_0 + (C_1 + C_2 + \cdots + C_n) \tag{2-1}$$

向量 P 中的前四个元素与边界框的坐标相关，决定了最终预测框的位置和大小。其对应关系是

$$\begin{cases} b_x = \text{sigmoid}(t_x) + d_x \\ b_y = \text{sigmoid}(t_y) + d_y \\ b_w = p_w + \mathrm{e}^{t_h} \\ b_h = p_h \times \mathrm{e}^{t_h} \end{cases} \tag{2-2}$$

其中，d_x 和 d_y 表示边界框所在图片左上角网格的偏移量，p_w 和 p_h 是预定义锚框的长度和宽度，b_x 和 b_y 表示最终预测结果的边界框相对于图像左上角的位置，b_w 和 b_h 分别表示最终预测的边界框的长度和宽度，向量 P 中的第 5 个元素 P_0 表示置信度，其计算方法为

$$P_0 = \text{Prob(object)} \times \text{IoU}_{\text{object}}^{\text{truth}} \tag{2-3}$$

其中，Prob(object)表示目标在预测框中的概率，IoU_{object}^{truth} 表示预测框与真实框的交并比。

当使用 Logistic 回归给预测框打最高分时，该目标进入预测框的概率为 1，否则为 0。向量 P 中剩余的 n 值表示预测对象属于 n 类之一的部分。

YOLO 系列算法的核心思想是对输入图像中的每个网格直接回归预测一定数量的边界框，这极大提高了网络的检测速度，但也不可避免地导致了小目标物体的漏检问题。也就是说，YOLOv4 网络对图像远端成像分辨率较小目标(小规模乘客)的处理能力有限，这是由于监控设备在地铁车站现场放置的角度和距离，需要进一步改进。同时，面对地铁车站各种光照条件的干扰，YOLOv4 网络的鲁棒性需要进一步增强。

2. SPDNet 算法原理

本节以 YOLOv4 网络为基础，集成注意力机制模块 CBAM，对信道维度上的加权特征进行标定，并将特征聚焦到空间维度上。通过特征的空间关系补充通道维度上的缺失对象位置信息，从而提高小规模乘客的捕捉效果，以解决监控设备在地铁车站场景中部署角度造成的小规模乘客检测问题。同时，注意力机制模块 CBAM 增强了乘客的特征，抑制了环境中的干扰特征，从而减少了不同光照条件对地铁场景中乘客检测任务的影响，进一步提高了网络的乘客检测准确率。另外，本节采用 k-means++算法聚类，根据乘客规模特征设计锚框的大小，使其能够更好地拟合乘客目标，缓解密集人群情况下 NMS 算法对真实框的抑制。改进的网络结构 SPDNet 如图 2.2 所示。

3. 锚框优化

YOLOv4 网络预置了三种类型的包围框，共 9 个，称为锚框，其大小为(12, 16)、(19, 36)、(40, 28)、(36, 75)、(76, 55)、(72, 146)、(142, 110)、(192, 243)和(459, 401)。该算法用于预测边界框的检测头分别为 76×76、38×38 和 19×19。

这些锚框是通过对含有多种规格大小目标的 Pascal VOC 数据集进行聚类得到的，覆盖了从汽车到鸟类的多尺度目标。由此可见，原预设锚框的尺寸差异较大，在普通场景下的目标检测任务中具有较好的实用性。然而，在乘客为主的地铁站内场景下，显然锚框中短而宽的框在密集情况下难以发挥匹配作用，导致网络性能降低。为了提高锚框的利用效率，使其更接近人体特征，本书对以乘客为主的数据集中的目标进行了预先的包围框聚类分析。

本节使用 k-means++算法对具有大量乘客样本的 KITTI 数据集中的对象进行聚类分析。k-means++算法首先随机选取一个样本作为初始聚类中心，接下来计算每个样本 x_i 与现有聚类中心点之间的距离 $D(x)$，再计算每个样本被选为下一个聚类中心的概率 $P(x)$

$$P(x) = D(x) \Big/ \sum D(x)^2 \tag{2-4}$$

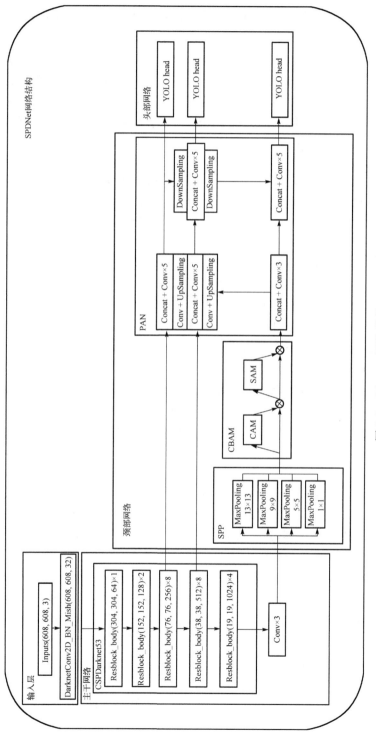

图 2.2　SPDNet 网络结构

然后选择下一个聚类中心，重复以上步骤计算距离 $D(x)$ 和概率 $P(x)$，直到得到 K 个点。最后，重复计算每个样本到聚类中心 K 点的距离，将样本点划分为离聚类中心距离最小的类，然后更新聚类中心，直到得到的锚的大小不再变化。与传统的 k-means 聚类算法相比，k-means++优化了初始点的选择，可以显著降低分类结果的误差，从而获得更适合乘客的锚框，提高检测的准确性，在地铁车站场景下人群密集的情况下，很好地缓解了后处理 NMS 算法对真实框错误抑制而导致的漏检。

4. 注意力机制模块

SENet[37]首先引入了一种"压缩-激励"（Squeeze-and-Excitation，SE）机制来学习引导注意力并取得令人鼓舞的效果，该方法使用 GAP（Global Average Pooling ）[38]，即 Squeeze 操作，来获得全局接受域，然后通过全局连接和非线性变换，即激励过程，显式地构造特征通道的相关性。利用该结构增强重要特征，弱化不重要特征，使提取的特征更具方向性。但该方法在全连接层的降维操作会对信道注意力产生负面影响，无须使用全连接层来捕获所有信道的相关性。因此，为了学习更多的信道特征并降低模型的复杂性，Wang[39]提出了 ECA（Efficient Channel Attention）模块，ECA 采用避免降维和适当的跨通道交互的方法，通过快速一维卷积产生通道注意力，对 SE 模块进行了突破性的改进。然而，在目标检测任务中，目标对象通常较少，而无关对象的数量较多，因此，平均池化后得到的信道特征的平均值并不能很好地反映网络的检测能力，而对信道特征进行最大池化操作可能会更好地展示模型的预测能力。此外，SE 和 ECA 模块仅对特征图中的通道特征进行增强，缺乏对空间特征的学习和增强，对模型的改进能力有限。

为了获得更丰富的信息，Woo 等引入了 CBAM（Convolutional Block Attention Module），这是一种可以同时关注通道和空间特征的注意力机制。通道域注意力机制为每个信道的信号加上一个权重，权重表示信道与乘客关键信息的关联度。空间区域注意力可以理解为神经网络的关注位置，神经网络对图像中的空间区域信息进行转换，提取出主要乘客信息。同时，他们还探索了通道和空间注意力模块的放置方法，得出通道优先、空间注意力机制模块略优于其他放置效果。

为了从图像中收集乘客检测任务中更重要的信息，减少无效特征信息的干扰，本节引入了注意力机制模块 CBAM。将特征通道的二维注意力机制与特征空间相结合，使得乘客特征的空间关系可以补充通道注意力机制无法获得的位置信息。这降低了光照条件对地铁站乘客检测任务的影响，也优化了网络对小规模乘客的检测效果。

为清晰起见，给定中间层的乘客特征图 $F \in \mathbf{R}^{C \times H \times W}$ 作为输入，其中，C、H、W 分别表示每个乘客特征图的通道、高度和宽度。依据 CBAM 模型推理出一维通道注意力机制特征图 $M_C \in \mathbf{R}^{C \times 1 \times 1}$ 和二维空间注意力机制特征图 $M_S \in \mathbf{R}^{1 \times H \times W}$，如下

$$F' = M_C(F) \otimes F \qquad (2\text{-}5)$$

$$F'' = M_S(F') \otimes F' \tag{2-6}$$

其中，$\otimes$ 为哈达玛乘积，表示矩阵中相应元素的乘积。

在式 (2-6) 中，首先，将频道注意力特征图与之相乘输入乘客特征图，得到 F'，然后计算空间注意力 F' 的特征映射，最后将两者相乘得到输出 F''。

通道注意力机制模块如图 2.3 所示，通道注意力机制是对乘客特征图各通道之间的依赖关系进行建模，从而更加关注输入的乘客图像中有意义的内容。

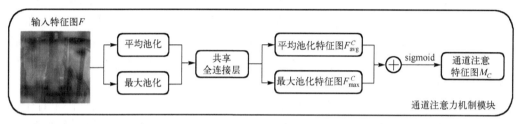

图 2.3　通道注意力机制模块 (CAM)

为了聚合空间特征，CBAM 通过对乘客特征信息 F_{avg}^C 的平均池化得到平均乘客特征信息，并通过最大池化得到最显著的乘客特征。然后使用一个由多层感知器组成的共享全连接层来计算两个不同的空间背景描述，并逐元素求和。最后，通过激活函数生成最终的通道注意力特征图 M_C

$$\begin{aligned} M_C(F) &= \sigma(\text{MLP}(\text{AvgPool}(F)) + \text{MLP}(\text{MaxPool}(F))) \\ &= \sigma(W_1(W_0(F_{avg}^c)) + W_1(W_0(F_{max}^c))) \end{aligned} \tag{2-7}$$

其中，σ 为 sigmoid 激活函数，W_0 为共享全连接层的第一层，输出矢量长度为 $r \times C$，W_1 为共享全连接层的第二层，输出矢量长度为 C（输入特征图的通道维度），将得到的通道注意力特征图与输入特征图进行元素乘法运算，生成空间注意力模块所需的输入乘客特征。将获得的通道注意力特征图与输入特征图进行元素乘法运算，生成空间注意力模块所需的输入乘客特征。

空间注意力机制模块利用空间注意力机制精确定位乘客的空间特征，实现如图 2.4 所示。首先，使用全局平均池化和全局最大池化分别对通道维度的输入乘客

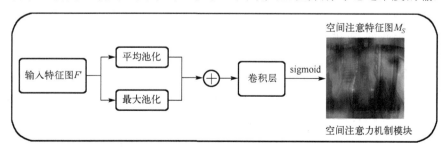

图 2.4　空间注意力机制模块 (SAM)

特征进行平均和最大操作。然后，对得到的两幅乘客特征图进行拼接并进行降维卷积运算，保证输出乘客特征图与输入空间维度通道的乘客特征图一致。

空间注意力模块 M_S 的计算公式如下

$$M_S(F) = \sigma(f^{7\times7}([\text{AvgPool}(F); \text{MaxPool}(F)]))$$
$$= \sigma(f^{7\times7}([F_{\text{avg}}^c; F_{\text{max}}^c]))$$

$$(2\text{-}8)$$

CBAM 作为一种轻型通用模块，可以集成到目标检测网络 YOLOv4 中进行训练。在本节中，通过 CBAM 学习自动获取每个通道和空间的重要特征，从大量的信息中选择与乘客相关的信息，抑制不重要的背景信息，以获取更高的乘客检测准确率。我们选择在 YOLOv4 网络中加入上述注意力机制后的网络模型进行对比。具体内容参见 2.1.4 节。

本节讨论了 CBAM 模块嵌入至 YLOLv4 网络中不同位置的性能，由于骨干网络后面得到的乘客特征图具有更丰富的语义特征,而池化层 SPP 后的模型参数较少,计算效率更高，因此，可将 CBAM 模块放入网络的深颈部，如图 2.5(a) 所示，或放入检测头网络，如图 2.5(b) 所示，得到两个新的网络模型 SPDNet-A 和 SPDNet-B。

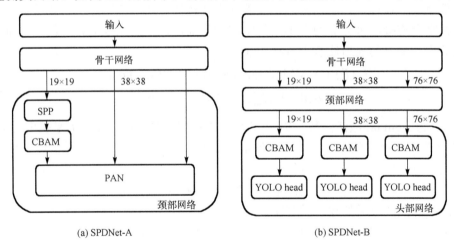

(a) SPDNet-A　　　　　　　　　　(b) SPDNet-B

图 2.5　两种嵌入 CBAM 的 YOLOv4 模型

2.1.4　方法实验验证

1. 数据集

在实验中，采用 KITTI 数据集评估本节提出的 SPDNet 方法的目标检测性能，KITTI 数据集是最重要的计算机视觉算法评价数据集之一，其中训练图像 7481 幅，测试图像 7518 幅，图像分辨率为 1240 像素×376 像素。该数据集通过比较预测框与真实框的重叠度(IoU)和阈值大小来判断目标定位的正确性,并使用平均精度(mAP)来评价单类目标检测模型的结果。对于每个对象,用它的目标类型和边界框的位置(包括上、下、左、右四个坐标)标记。对于乘客检测来说,大部分图片是单个目标,少部分是两个目标,其余的是更多的目标。人体高度正态分布在 1.4～2.0 米之间,各角度分布大致均匀。

我们还收集了北京某地铁站的视频图像,分辨率为 1920 像素×1080 像素,并通过在视频中提取图像帧的方法获取了地铁站的乘客图像。为了适应网络输入,将图像调整为分辨率为 608 像素×608 像素的图像。在地铁车站数据集中,共收集了三类场景的客流图像:闸机区域、站台区域、扶梯区域,包括不同的摄像角度、不同的客流方向、不同的光线条件,以及不同密度的客流,实现对不同场景客流信息的全面采集。

2. 锚框聚类研究

在实验中,使用 k-means++算法对 KITTI 数据集的目标进行聚类分析,并对平均交集进行联合(Avg IoU)作为聚类的评价标准。结果如图 2.6 所示,表示 K 个初始锚点下 Avg IoU 的结果。为了保证预测结果的准确性,避免因锚节点过多而造成的巨大计算量,本实验选取 K=9、Avg IoU=79.38%时由聚类生成的锚节点。最后,聚类生成大小为(6,57)、(9,89)、(14,124)、(20,155)、(24,217)、(35,256)、(42,327)、(61,344)和(106,370)的锚框。图 2.7 显示了锚框与乘客的匹配情况。

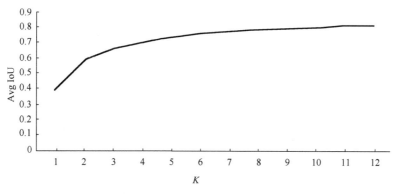

图 2.6　k-means++算法聚类结果

3. 消融研究与对比试验

从表 2.1 可以看出,将模型置于网络颈部可以有效提高 YOLOv4 的检测性能。与 YOLOv4 相比,mAP@0.5增加了 2.8%,Person(AP@0.5)增加了 1.4%。模型置于网络头部时准确率下降了,mAP@0.5和 Person(AP@0.5)分别下降了 1.9%和 4.6%,原因是到达网络顶端的特征图已经是高度集成的特征图,像乘客这样的小目标变得

(a)聚类前   (b)聚类后

图 2.7   锚框聚类前后对比

模糊和难以识别。此时，嵌入注意力机制模块可能导致特征权重分配不当，最终导致精度降低。然而，放置在网络颈部的模型学习了骨干网络邻近提取的特征，并保留了浅层信息，因此，注意力机制模块可以更好地增强空间特征和通道特征，达到更好的检测结果。图 2.8 展示了 SPDNet 网络的效果。

表 2.1   不同模型在 KITTI 数据集上定量结果比较

网络模型	mAP@0.5	Person（AP@0.5）
YOLOv4（Baseline）	86.3%	78.3%
SPDNet-A	84.4%	73.7%
SPDNet-B	89.1%	79.7%

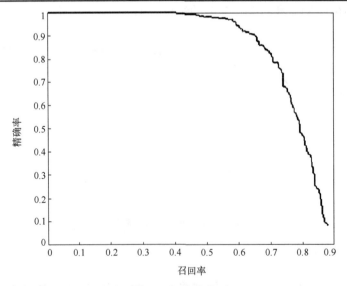

图 2.8   P-R 曲线

实验还比较了 KITTI 上不同的注意力机制和 YOLOv4 网络的集成检测效率，具体结果如表 2.2 所示。

表 2.2　从平均精度（mAP）、人的平均精度（Person AP）、补充模块参数量（Module Param）
和每秒浮点运算（FLOPs）的角度比较 KITTI 上不同的注意力机制方法

网络模型	mAP@0.5	Person（AP@0.5）	Module Param	FLOPs
YOLOv4（baseline）	86.3%	78.3%	0	128.46B
YOLOv4-ECA	87.7%	76.3%	5	128.46B+0.13M
YOLOv4-SE	88.4%	76.8%	32768	128.46B+0.16M
SPDNet	89.1%	79.7%	32771	128.46B+0.20M

表 2.2 显示了 YOLOv4 网络在 KITTI 数据集上的 mAP@0.5 和 Person（AP@0.5）
情况下，检测准确度分别为 86.3% 和 78.3%。在 YOLOv4 网络中引入注意机制 ECA
和 SE 后，网络的检测准确度有不同程度的提高，但对乘客的检测效率有所下降。
SPDNet 是在 YOLOv4 网络中加入了 CBAM 模块，在提高网络准确度方面效果最好。
当 SPDNet 参数量类似于 YOLOv4-SE 网络时，提出的网络模型不但提高了
Person（AP@0.5）的检测准确度，而且提高了检测其他类别目标的准确性。原因是 SE
和 ECA 模块仅使用通道注意力机制专注于有意义的特征；而 CBAM 模块不但使用
通道注意力机制关注特征，还使用空间注意力机制总结空间特征，提高了检测的准
确度。同时，衡量网络复杂度的指标 FPS（Frames Per Second）数值为 55.2，表明
SPDNet 具有良好的实时性。从表 2.2 可以看出，在 YOLOv4 网络中，增加所提出
的通道注意机制和空间注意机制可以有效改善网络的检测准确度。

表 2.3 的结果表明，提出的网络模型在 Person（AP@0.5）情况下达到了 79.7% 的
乘客检测准确率，在 mAP@0.5 情况下达到了 87.5%。与表 2.3 中的其他方法相比，
提出模型的检测精度有了显著的提高。

表 2.3　不同方法在 KITTI 上的目标检测结果比较分别由 Car 和 Person 计算的 mAP
和 Person 平均精度（Person AP）

网络模型	mAP@0.5	Person（AP@0.5）
Faster RCNN	62.3%	52.1%
SSD	63.8%	41.6%
YOLOv3	86.8%	77.9%
YOLOv4	86.3%	78.3%
SPDNet	87.5%	79.7%

4．迁移学习与网络应用

本节提出的 SPDNet 方法主要是为了解决地铁乘客检测准确率低、漏检率高的
问题。在缺少数据集的情况下，首先在 KITTI 数据集中对模型进行训练，然后进行

迁移学习，采用 Fine-Tuning 方法对模型进行微调。通过迁移学习，将学习到的模型参数与新模型共享，从而提高和优化模型的学习效率，这使得该网络更适合于地铁场景下的乘客检测。接下来，将展示地铁车站乘客数据集的测试图像和 SPDNet 处理过的图像效果。实验表明，本节提出的方法是有效的。从图 2.9 可以看出，引入注意力机制后，乘客特征更加集中，图 2.10 为地铁车站乘客检测的真实情况。

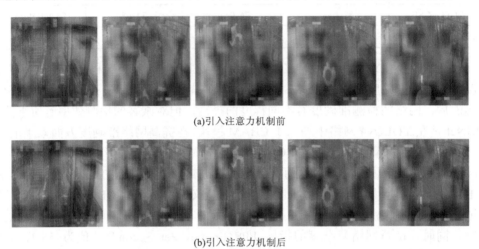

(a)引入注意力机制前

(b)引入注意力机制后

图 2.9　注意力机制前后热力图对比

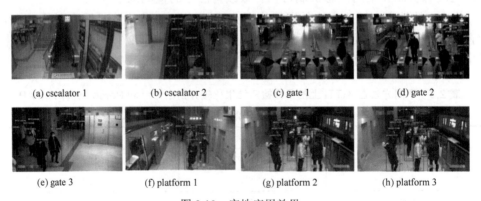

(a) cscalator 1　　　(b) cscalator 2　　　(c) gate 1　　　(d) gate 2

(e) gate 3　　　(f) platform 1　　　(g) platform 2　　　(h) platform 3

图 2.10　实地应用效果

　　综上所述，针对地铁车站乘客检测问题，本节提出一种基于视频的客流状态检测方法。该方法以深度学习模型 YOLOv4 为基础，引入 CBAM 模块和 k-means++ 算法，设计了 SPDNet，并通过 KITTI 数据集进行训练和测试。进一步通过迁移学习技术，根据自己收集和标注的地铁车站乘客数据集继续对网络进行训练，使其适应乘客畸变检测。最后将该网络应用于北京某地铁站，取得了良好的效果。

2.2　城市轨道交通客流特征分析挖掘

2.2.1　城市轨道交通客流时间维度特征分析

本节运用时间序列分析方法，以北京地铁客流数据为例，分析城市轨道交通客流在年、月、周和日等不同时间粒度下的规律和分布特征。

1. 年度客流特征

1）线网客流年度变化特征

如图 2.11 所示，2009 年～2017 年，以北京为代表的城市轨道交通线网工作日日均进站量、日均换乘量、日均客运量递增趋势显著，线网日均客流量呈逐年增长的趋势。

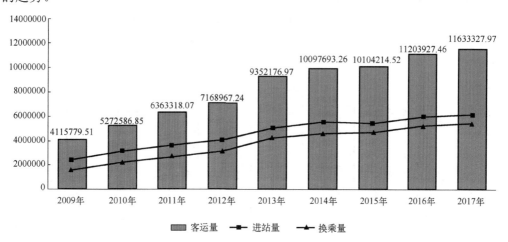

图 2.11　2009 年～2017 年北京地铁线网工作日年日均客流统计（单位：人次）

随着北京市轨道交通线网规模不断扩大，新开通线路、车站不断吸引客流，反映了城市轨道交通具有正外部效应，可以显著改善轨道沿线区域交通条件，带动沿线土地升值，促进沿线房地产业和商业等行业快速发展。

线网客运量等于线网进站量与线网换乘量之和，进站量、换乘量和客运量的定义请参见附录。

如图 2.12 所示，2009 年～2017 年，以北京为代表的城市轨道交通线网工作日换乘系数呈逐年增长的趋势。

这反映了网络化运营条件下，随着线网规模增大，乘客出行选择自由度增加，换乘比例增加。

图 2.12　2009 年～2017 年北京地铁线网工作日换乘系数统计

换乘系数等于线网客运量除以线网进站量，详细定义请参见附录 B。

2)线路客流年度变化特征

（1）城区成熟线路。如图 2.13 所示，以北京地铁 1 号线为代表的城市轨道交通中心城区线路日均进站量、换乘量和客流量在 2009 年～2017 年间呈现先增后减的趋势，并趋向稳定。

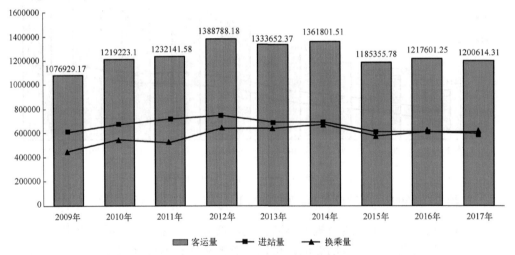

图 2.13　北京地铁 1 号线工作日年日均客流统计（单位：人次）

这反映了随着线网规模逐步扩大，规模效益逐步显现，城区成熟线路客流量前期逐年增加，后期由于线网新开通平行线路（6 号线、7 号线）分流作用，客流量稍有下降并趋向稳定。

如图 2.14 所示，2009 年～2017 年，以北京地铁 1 号线为代表的城区成熟线路工作日换乘系数呈逐年增长的趋势。这反映了网络化运营条件下，随着线网规模增大，1 号线进站乘客出行选择自由度增加，出行乘客换乘比例增加。

图 2.14　北京地铁 1 号线工作日换乘系数统计

2014 年北京市推行轨道交通票制票价改革,票价由原来全线网 2 元单一票价改为按照出行距离计价,最低票价 3 元,受到票价政策因素影响,短途乘客比例降低,导致换乘系数短期提升较大。

(2)新开通线路。如图 2.15 所示,北京地铁昌平线 2010 年开通后,2010 年～2017年间客流变化趋势,新开通线路客流量呈逐年增长的趋势,随开通时长增长趋缓。这反映了城市轨道交通新建设开通线路对沿线区域社会经济和人口发展具有明显的带动作用,随着沿线区域居民居住和工作情况的稳定,增长幅度减缓。

图 2.15　北京地铁昌平线工作日日均客流统计(单位：人次)

如图 2.16 所示,2009 年～2017 年,北京地铁昌平线工作日换乘系数的趋势,刚开通时换乘系数较高,第二年降低幅度较大,后逐步趋向稳定。这反映了期间昌平线作为城区和郊区间的联络线路,与线网换乘节点较少,乘客出行需求比较稳定,出行乘客换乘比例也比较稳定。

2. 月度客流特征

北京地铁线网在 2019 年的月度工作日日均客流量分布特征如图 2.17 所示。一年

图 2.16　北京地铁昌平线工作日换乘系数统计

内的日均进站量、换乘量和客运量变化呈现波动性、趋势性的特征，春节 2 月客流量达到低谷，3、4 月恢复常态，然后波动趋缓，8 月迎来高峰，之后呈波动下降趋势，直至春节。这反映了地铁乘客在 2019 年不同月份的出行特征，源于工作、生活和差旅的出行需求差异。

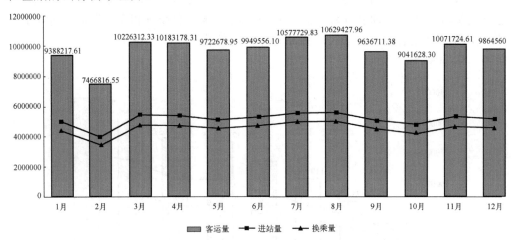

图 2.17　北京地铁 2019 年线网客流月度分布(单位：人次)

北京地铁 8 号线在 2019 年的月度进站客流量分布如图 2.18 所示。8 号线贯穿北京市北部、中部和南部区域，线路途经昌平区、海淀区、东城区、朝阳区、大兴区，经由奥林匹克公园、鼓楼大街、王府井、前门大街等多个旅游及商圈区域，其客流量受旅游淡旺季影响较大，在旅游淡季月份客流量较小，在旅游旺季月份客流量较大。

3. 周客流特征

1)北京地铁线网客运量周特征

北京地铁运营公司所辖线网在 2021 年 8 月 1 日~8 月 31 日期间日均进站量特征如图 2.19 所示。进站量呈现明显的以 1 周 7 天为周期的周期性特征，线网进站量以周一到周日为基本周期循环往复分布，周一到周五进站量较大，周六、周日进站

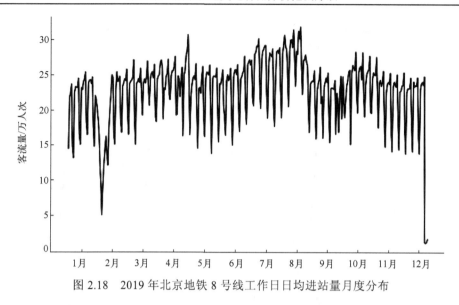

图 2.18　2019 年北京地铁 8 号线工作日日均进站量月度分布

量较小，但不同周的进站量值有波动，反映了北京地铁线网客流构成呈现多样性，但以职住通勤客流为主体。

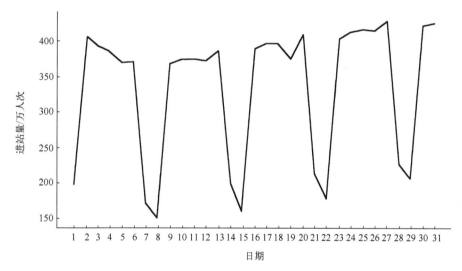

图 2.19　北京地铁线网 2021 年 8 月 1 日～8 月 31 日进站客流分布

2)北京地铁典型车站客流量周特征

(1)西二旗站。北京地铁西二旗站位于北京市中关村科技园，周边聚集大量的信息技术类、生命科学类等科技企业和居住社区，西二旗站 2021 年 8 月 2 日～8 月 29 日的进站客流量分布如图 2.20 所示，由图可知，西二旗站客运量呈现明显的以 1 周 7 天为周期的周期性特征，车站客运量以周一到周日为基本周期循环往复分布，车站工作日客流量明显高于非工作日且较为稳定，反映了西二旗站客流以职住为主且构成稳定，属于典型的以通勤客流为主的车站。

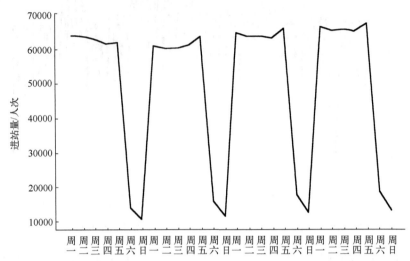

图 2.20　西二旗站 2021 年 8 月 2 日～8 月 29 日进站客流分布

(2)什刹海站。北京地铁什刹海站位于北京市西城区与东城区交界处，是地铁 8 号线的途经站，周边聚集大量旅游景点，如什刹海景区、烟袋斜街、前海南沿、鼓楼等，以及拐棒胡同、帽儿胡同、天汇大院等老北京胡同和四合院，该站 2021 年 8 月 2 日～8 月 29 日的进站客流量分布如图 2.21 所示，由图可知，什刹海站客运量呈现以 1 周 7 天为周期的相似波形分布特征，8 月份进站客流呈上升趋势，不同周

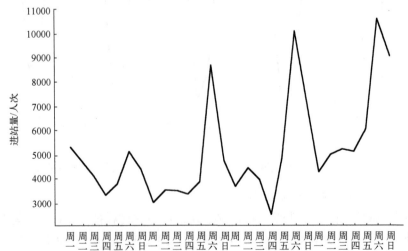

图 2.21　什刹海站 2021 年 8 月 2 日～8 月 29 日进站客流分布

进站量波动大，车站工作日客流量明显小于周末(周五、周六、周日)，周六进站量尤为突出，反映了什刹海站客流以非职住客流为主且构成不稳定，属于典型的商圈或旅游景点。

(3)北京西站。地铁北京西站位于丰台区，是北京地铁 7 号线和 9 号线的换乘车站，途径北京客运量最大的火车站，其在 2021 年 8 月 2 日～8 月 29 日四周的进站客流量如图 2.22 所示，客流分布规律不明显，工作日与非工作日进站量没有显著的区分特征，周日、周一、周五进站量相对较大，周六进站量相对较小，波动性和随机性均比较大，反映了该车站进站乘客没有稳定的构成，站点周边区域乘客的出行目的不以通勤和居住为主，受铁路到站客流影响较大，具有较大的随机性和波动性。

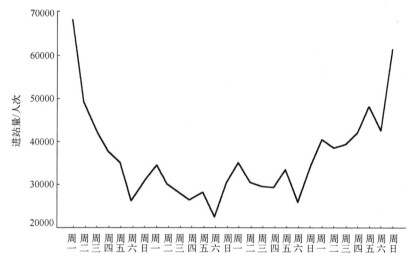

图 2.22　北京西站周客流分布

4. 车站日客流分布特征

受城市轨道交通线路布局和周边土地利用状况等因素影响，不同车站的乘客构成成分和出行需求不同，在一个运营日内的客流分布呈现不同的特征，本节以 30 分钟为时间粒度分析车站日进站、出站客流时间分布特征，通过典型车站客流数据分析，按照车站进站量、出站量波形特点，可将车站日客流分布分为单向峰型、双向峰型、全峰型、突峰型和无峰型五大类。

1)单向峰型

单向峰型车站指的是该车站在工作日客流量具有明显的进站单峰或出站单峰，车站进站客流、出站客流产生了早高峰或晚高峰，但只有一个明显高峰。这反映了车站所处的区域土地利用性质相对单一，乘客构成比较集中，判断此类站点通常属于居住类或办公类站点。

　　图 2.23 为北京地铁北运河西站在某个工作日的进、出站客流量分布,呈现明显的单向峰形特征,北运河车站位于 6 号线东端头起第 4 站,在北京通州副中心富力地产地块内,属于典型的居住类车站。居住类车站在工作日早高峰时段进站客流量大且集中,呈尖峰状,其他时段进站量均比较小;晚高峰时段的出站客流量大且集中,呈尖峰状,其他时段出站量均比较小,这类站点多分布于居民社区比较集中的区域以及线路末端。

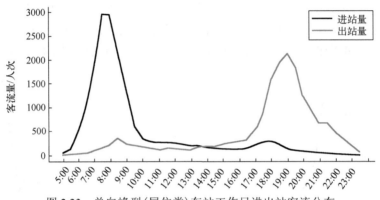

图 2.23　单向峰型(居住类)车站工作日进出站客流分布

　　图 2.24 为北京地铁复兴门站在某个工作日的进、出站客流量分布,呈现明显的单向峰形特征,复兴门站位于 1 号线中间,地处北京西城区金融街商圈,属于典型的工作类车站。工作类车站在工作日早高峰时段出站客流量大且集中,呈尖峰状,其他时段出站量均比较小;晚高峰时段的进站客流量大且集中,呈尖峰状,其他时段进站量均比较小,站点多分布于办公楼比较集中的区域。

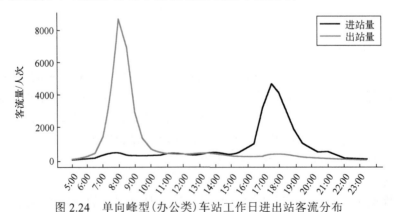

图 2.24　单向峰型(办公类)车站工作日进出站客流分布

2) 双向峰型

　　图 2.25 为北京地铁望京西站在某个工作日的进、出站客流量分布,呈现明显的双向峰形特征,望京西站是 13 号线和 15 号线的换乘站,地处北京朝阳区望京地区,

该区域办公楼和居民区均比较多,属于典型的职住混合类车站。双向峰型车站的进站和出站客流均存在两个高峰,早、晚高峰客流量均比较大,其他时段客流分布较为均衡。

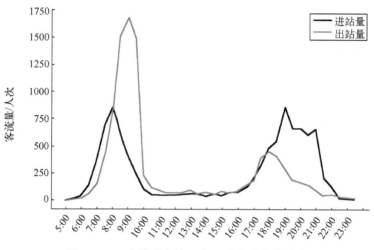

图 2.25　双向峰型车站工作日进出站客流分布

3) 全峰型

图 2.26 为北京西站在某个工作日的进、出站客流量分布,呈现明显的全峰形特征,北京西站是地铁 9 号线和 7 号线的换乘站,地处北京市最大的火车站,属于典型的交通枢纽类车站。全峰型车站全天进站客流量均较大且存在多个高峰,整体客流水平较高,受高铁、航班、长途汽车等其他交通方式到达和出发旅客影响较大,呈现出明显的脉冲性和波动性。

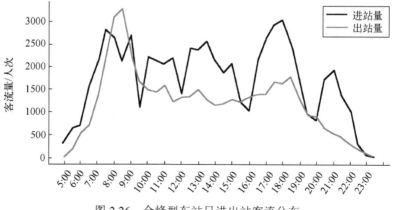

图 2.26　全峰型车站日进出站客流分布

4）突峰型

图 2.27 为北京地铁五棵松站在 2017 年 11 月 25 日进站、出站客流量分布，当天晚上某明星在周边五棵松篮球馆举办演唱会，举办前后客流量发生突变，呈现明显的突峰型特征，波动时间范围与演唱会时间相符。出现突峰的原因是车站周边举办大型活动或发生突发事件时，在大型活动开始前后或突发事件发生期间会出现突发进站、出站大客流，具有明显的随机性特征，且随机突发客流与大型活动、突发事件紧密相关。

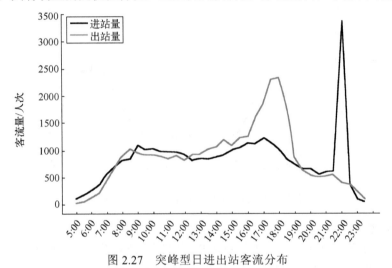

图 2.27 突峰型日进出站客流分布

5）无峰型

图 2.28 为北京地铁东管头南站某工作日进站、出站客流分布，呈现明显的无峰

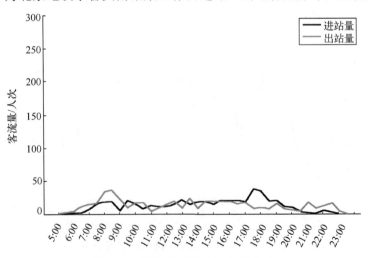

图 2.28 无峰型日进出站客流分布

型特征,东管头南站是北京地铁 16 号线和房山线的换乘车站,位于北京市丰台区西三环南路与规划丰草河北路交叉口东北角的绿地地下,周边分布有少量居民社区和办公场所。此类车站全天客流量处于较低水平且比较平稳,无明显高峰,属于站点区域土地利用率较低的站点。

2.2.2　城市轨道交通客流空间维度特征分析

本节基于北京地铁客流数据,以线网全天客流在城市空间分布特征分析、早高峰客流流向特征分析和早高峰进出站空间分布特征分析为例,介绍城市轨道交通客流空间维度特征分析方法的应用。

1.客流空间分布特征分析

图 2.29 为北京地铁某工作日全天线网进站客流量在空间上的分布热力图,发现进站客流量主要集中在四环以内区域和部分大型居住区域,如东城区,西城区,海淀区中关村科技园区,朝阳区 CBD、望京,昌平区回龙观、天通苑、生命科学园、沙河地区,丰台总部基地等进站客流量最为集中,郊区进站客流量呈不连续的带状,进站客流量总体占比较少。

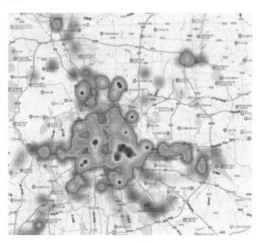

图 2.29　北京地铁一天总进站客流分布热力图
(热力图颜色越深,反映客流量越大)

图 2.30 为北京地铁运营有限公司所辖 17 条线路 2019 年某工作日进站客流量的柱状分布图,进站量在不同线路空间分布呈现明显的不均衡性,10 号线日进站客流量最大,为 142 万人,占比 17.3%,1 号线、5 号线、6 号线日进站客流量也比较大,分别占 10.11%、10.51%、12.2%,而 8 号线南段、S1 线、首都机场线等其余 12 条线路日进站客流量均相对比较少,累计占比 49.88%,如图 2.31 所示。

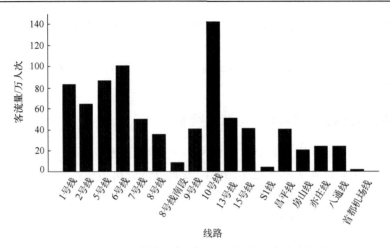

图 2.30　北京地铁工作日日进站客流量线路分布图

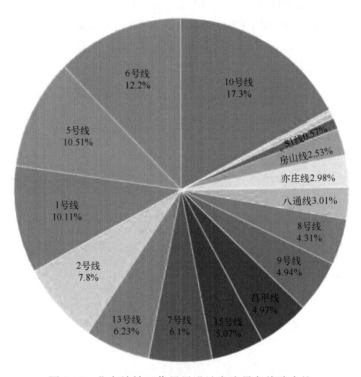

图 2.31　北京地铁工作日日进站客流量各线路占比

2．早高峰客流方向特征分析

图 2.32 为北京地铁线网某工作日早高峰进站、出站客流量的在城内(北京市四环内全部车站)、城外(北京市四环外全部车站)的分布统计图,早高峰期间,四环外

车站进站量占全线网总进站量的 **55%**，四环内车站出站量占全线网总出站量的 **76%**，客流整体呈现出从城外向中心城区聚集的方向特征，具有明显的方向不均衡性，晚高峰则相反，这种现象称为城市轨道交通客流的潮汐效应。这反映了北京市地铁乘客的工作单位主体分布在城区四环以内，大部分地铁乘客居住在四环以外，存在着职住不均衡的现象。

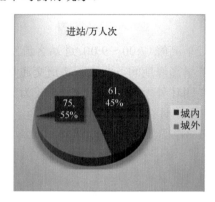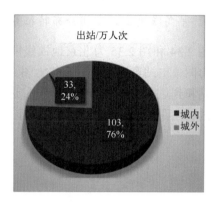

图 2.32　早高峰进出站量城内外分布图

图 2.33 为北京地铁线网某工作日早高峰进城客流的分方向分布情况分析统计图，早高峰时间段内，从进城客流量的角度看，进城客流在方向分布上具有不均衡性，北部进城客流最多，占比 **45.9%**，东部次之，占比 **26.2%**，西部、南部分别占

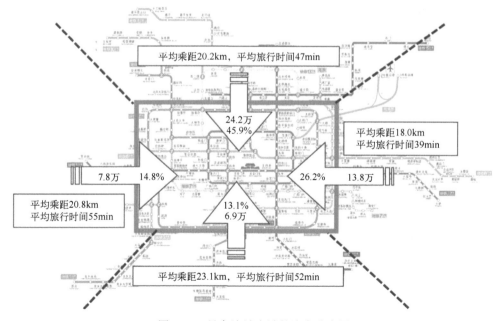

图 2.33　早高峰城内城外流向分布图

比 14.8%、13.1%。这反映了北京市早高峰乘坐地铁进入城区的地铁乘客中，居住在北部的最多，其次是东部，接下来是西部，南部最少。

从进城客流平均乘坐距离和平均旅行时间看，东部乘客进入中心城区的平均乘距和平均旅行时间均最少，接下来为北部进城乘客，然后为西部进城乘客，乘坐距离和平均旅行时间相对较多的为南部进城乘客。

3．早高峰进出站空间分布特征分析

图 2.34 和图 2.35 为北京地铁线网某工作日早高峰(7:00～9:00)进站客流空间分布热力图、出站客流空间分布热力图。这反映了早高峰期间，北京市轨道交通乘客出发车站和到达车站的空间分布特征，进站区域在四环外大型居住社区分布较为集中，出站区域在四环内办公区和大型科技园区比较集中，具有显著的空间不均衡性。

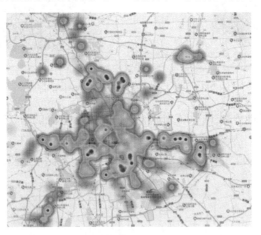

图 2.34　早高峰北京地铁进站客流分布热力图

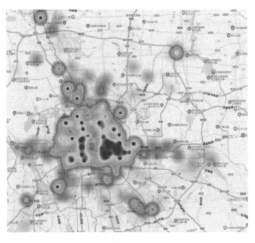

图 2.35　早高峰北京地铁出站客流分布热力图

从图 2.34 来看，早高峰进站客流集中区域为北五环外的沙河地区、回龙观地区、天通苑地区、望京地区等区域，东部的通州地区，南部的宋家庄地区、潘家园地区，西部的苹果园地区、房山区域等大型居住社区。

从图 2.35 来看，早高峰出站客流集中分布在市中心城区、金融贸易中心和高科技园区，如西城区的金融街地区，海淀区的中关村地区、上地科技园区，朝阳区的 CBD 和望京地区，丰台区的科技园，亦庄开发区，昌平区的生命科学园等。

2.2.3　城市轨道交通客流聚类分析

1. 基于 k-means++ 算法的车站聚类分析方法

随着聚类技术的发展，出现了越来越多的聚类算法。在实际应用中，要根据数据对象的类型和聚类的目的选取合适的方法。现阶段的聚类方法主要包括以下五类。

1) 划分聚类方法

划分聚类方法通过事先确定聚类数目，将数据集划分为不相交的子集。此种聚类方法具有收敛速度快的优点，同时存在需要合理确定聚类数目、选择初始中心、噪声影响等问题，常用的算法包括 k-means、k-medoids、k-prototype 等。

2) 层次聚类方法

层次聚类方法是按照层次结构对数据集进行划分，即将数据对象划分到不同层的簇，在树形结构上进行聚类，分为自底向上法和自顶向下法，顾名思义，自底向上法认为每个数据对象都是单独的一个簇，然后逐步合并相似的簇，自顶向下法认为所有数据对象在初始时是一个大簇，然后逐步分解成更小的簇，最终都会得到规定数量的簇。该方法具有容易计算对象数据之间的相似度、不需要预先确定类型数目等优点，同时存在计算度太高、可能聚类成链状等问题，代表性的方法包括 Chemaloen、Birch 等。

3) 模型聚类方法

模型聚类方法将数据集看成从某个概率模型中抽取出来的样本，然后使用统计学方法对这些样本进行聚类。EM (Expectation Maximization) 是常用的模型聚类算法。

4) 密度聚类方法

密度聚类在空间中寻找数据点分布的密集区域，并将其看成聚类的结果。常用的算法包括 DBSCAN 等基于密度的空间聚类算法。

5) 网格聚类方法

网格聚类将数据集划分成一个二维的网格，然后在每个网格内对数据进行聚类。常用的算法包括 sting 算法和 clique 算法。

这些聚类算法中，前三个是常用于时间序列的聚类算法。本节研究的数据对象是客流时间序列，使用基于距离的聚类算法比较合适，划分聚类方法和层次聚类方法都是基于距离的聚类算法。轨道交通的客流受到诸多因素的影响，客流时空分布特征可以反映城市经济社会发展状况、站点周边土地开发程度、公共交通系统发展水平等。车站的进出站客流受到周边土地利用性质、日期属性和时段属性的影响，表现出不同的时空分布特性，客流序列之间存在一定的相似性以及差异性，可以通过对车站客流时间序列之间的距离计算结果进行相似度比较完成分类，辅助分析车站客流构成的特点，掌握车站的客流变化规律。

考虑到客流时间序列数据的特点，本节选用 k-means 算法进行车站聚类分析，该算法需要初始化 k 个簇中心才能完成后续聚类工作，k-means 聚类方法的收敛情况、聚类结果与簇中心的初始化选择密切相关，如果选择的簇中心不合适，聚类结果将失去原本的意义，k-means++的聚类方法可以通过使选取的簇中心之间的距离尽可能地远，从而合理地完成簇中心的初始化，k-means++算法的具体步骤如下：

步骤1　随机选取初始簇中心；

步骤2　计算数据集中的每个样本 x 与当前已存在的簇中心之间的最短距离 $D(x)$，$D(x)$ 值越大，该样本被选为新簇中心的概率越大；

步骤3　根据公式 $\dfrac{D(x)^2}{\sum\limits_{x \in X} D(x)^2}$ 计算每个样本被选为簇中心的概率，根据轮盘法选择出下一个簇中心；

步骤4　重复步骤2和步骤3直到选出 k 个簇中心；

步骤5　计算数据集中每个样本与簇中心之间的距离，并将该样本分配到距离最近的簇中心所在的簇中；

步骤6　对簇中心集合进行更新，每个簇的中心更新为该簇所有样本的平均值；

步骤7　重复步骤5和步骤6直到簇中心不再发生明显的变化。

2. 基于肘部法则的簇数选取

在使用 k-means++进行聚类分析时，还面临如何合理确定 k 值的问题，在本节中将北京市轨道交通全线网车站分成 k 个类别，k-means++通过肘部法则来选择 k 的数量，使用 WCSS(Within-Cluster Sum of Squares)方法对 k-means 算法进行评估。

本节以 2018 年的北京地铁全线网数据为基础，选取 1 月 8 日～1 月 14 日一周的全网车站进站客流数据，对轨道站点进行聚类分析，基于肘部法则进行簇数选取，确定车站的最佳分类数，如图 2.36 所示，横轴代表簇中心的数量，纵轴表示 WCSS，WCSS 越小，代表总体性能越好。

可以发现，k 在 1～14 的过程中，聚类性能有着明显的提升，但是再继续增加聚类的个数，性能提升的幅度就没有之前那么明显了，而且，聚类个数太多，也会让数据集变得过于分散，结合聚类结果以及人工判断，在本例中确定 k=14。

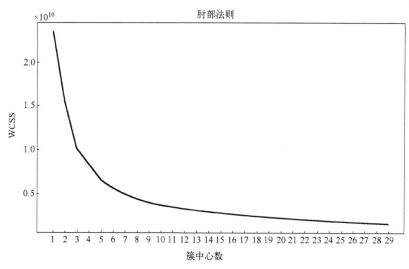

图 2.36　不同 k 值下的 WCSS 变化图

3. 聚类结果展示及分析

k 值代表将全线网车站分类的最终数量，根据北京地铁全线网车站 2018 年 1 月 8 日～1 月 14 日一周的进站客流，进行聚类的最终结果如表 2.4 所示，划分了 14 个小类，进一步归结为 7 个大类。

表 2.4　全线网车站客流聚类分析结果

大类	小类	聚类结果
居住类	1	回龙观、霍营、立水桥、宋家庄
	2	天通苑、天通苑北
	3	草房、回龙观东大街、龙泽、苹果园、沙河、物资学院路
职住偏居住类	4	八宝山、八角游乐园、北苑、北运河西、成寿寺、褡裢坡、达官营、大红门、古城、果园、黄渠、角门东、梨园、立水桥南、刘家窑、六里桥、六里桥东、潘家园、平西府、蒲黄榆、沙河高教园、生命科学园、十里堡、石榴庄、首经贸、双桥、顺义、天通苑南、通州北关、通州北苑、土桥、永泰庄、玉泉路、育新、长阳、朱辛庄
	5	草桥、昌平、传媒大学、慈寿寺、次渠南、丰台南路、丰台站、俸伯、管庄、和平门、后沙峪、花梨坎、欢乐谷景区、角门西、九棵树、旧宫、科怡路、篱笆房、良乡大学城西、临河里、潞城、马泉营、南楼梓庄、南邵、泥洼、石门、双合、同济南路、小红门、亦庄桥、育知路
职住偏办公类	6	朝阳门、国贸、西二旗
	7	东大桥、东单、东四十条、丰台科技园、阜成门、复兴门、呼家楼、建国门、金台夕照、亮马桥、苏州街、团结湖、五道口、永安里
职住混合类	8	大望路、东直门、三元桥、西直门
	9	常营、崇文门、海淀五路居、积水潭、劲松、青年路、芍药居、十里河、双井、四惠东、五棵松、长椿街

大类	小类	聚类结果
职住混合类	10	白石桥南、北苑路北、车公庄、大屯路东、灯市口、海淀黄庄、和平西桥、惠新西街北口、健德门、牡丹园、上地、四惠、太阳宫、望京东、西土城、雍和宫、知春路
大型枢纽类	11	北京西站、北京站
大型商圈类	12	王府井、西单
其他类	13	安定门、安华桥、安立路、安贞门、奥林匹克公园、白堆子、百子湾、北土城、北新桥、车道沟、车公庄西、磁器口、大郊亭、大钟寺、东四、高碑店、公主坟、鼓楼大街、光熙门、广安门内、广渠门内、广渠门外、和平里北街、花园桥、惠新西街南口、金台路、经海路、军事博物馆、柳芳、六道口、木樨地、南礼士路、南锣鼓巷、前门、荣昌东街、荣京东街、天安门东、天坛东门、湾子、万寿路、望京、望京西、西钓鱼台、西小口、宣武门、长春桥、知春里
	14	T2航站楼、T3航站楼、安德里北街、奥体中心、八里桥、巴沟、北海北、北沙滩、北邵洼、菜市口、昌平东关、昌平西山口、次渠、崔各庄、大葆台、稻田、东夏园、分钟寺、丰台东大街、巩华城、关庄、广阳城、郭公庄、国展、虎坊桥、化工、火器营、纪家庙、焦化厂、金安桥、九龙山、栗园庄、莲花桥、良乡大学城、良乡大学城北、良乡南关、林萃桥、南法信、农业展览馆、平安里、七里庄、桥户营、桥湾、清华东路西口、森林公园南门、上岸、什刹海、十三陵景区、石厂、四道桥、苏庄、孙河、天安门西、万源街、西局、小园、肖村、亦庄文化园、张自忠路、珠市口

在表 2.4 聚类结果中，每一类车站都具有相似的进站客流波形，而不同类别的车站进站客流波形或者客流量规模差异较大，这表明不同类别的车站周边土地利用性质和客流吸引力不同。接下来对 14 类车站进行分析，因为某些类别的车站数量较多，未显示全部图例。

在第 1 类站点，包括回龙观、霍营、立水桥和宋家庄四个车站，如图 2.37 所示，

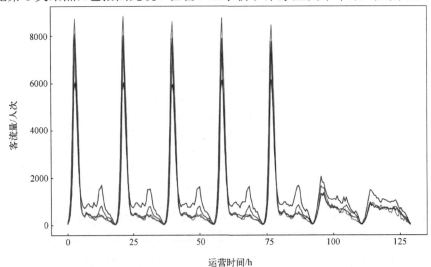

图 2.37　第 1 类站点

工作日峰值进站客流量在 8000 人次左右，工作日进站客流量有明显早高峰，而晚高峰进站客流量峰值相对较低，但晚高峰的客流量也比较大，周末进站客流量比工作日少很多。这反映了这些车站周边是大型居住区所在地并有少量的办公场所，工作日早高峰客流量大可能与上班族、学生等人士的出行有关，而晚高峰客流量较高可能与办公场所下班、购物、娱乐等出行活动有关。

第 2 类站点峰值 7000 人次左右，两个车站分别为天通苑和天通苑北，这两个车站工作日有明显早高峰，周末进站客流量下降很多，如图 2.38 所示。这反映了这些车站位于居住社区，早高峰客流量较高可能与上班族、学生等人士的出行有关，是居住社区聚集地。

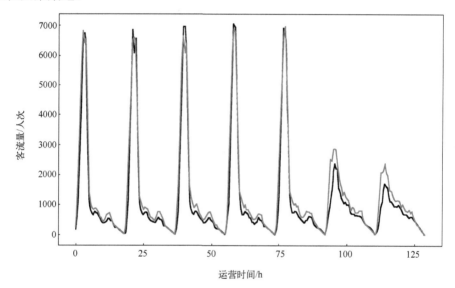

图 2.38　第 2 类站点

第 3 类车站包括草房，回龙观东大街，龙泽，苹果园，沙河，物资学院路等，工作日车站峰值进站量在 6000 人次左右，工作日有明显早高峰，客流规模略低于第 1、2 类车站，周末客流量比工作日少很多，如图 2.39 所示。这反映了这些车站位于居住社区，早高峰进站量较高可能与上班族、学生等人士的出行有关，是居住社区聚集地。

根据前三类站点进站客流分析结果，这三类站点在性质上十分相似，它们具有共性的特征，工作日均表现出明显的早高峰单峰形特征，周末客流规模远低于工作日，可归为一个大类——居住类站点。代表性车站有回龙观、天通苑、沙河、物资学院等，均为北京大型居民社区。

第 4 类站点进站客流峰值在 4000 人次左右，工作日出现明显的早高峰和轻微的晚高峰，周末客流规模明显降低，如图 2.40 所示。明显的早高峰反映了车站周边居

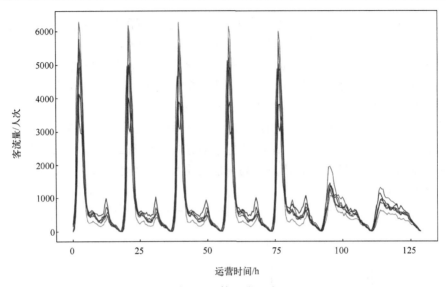

图 2.39　第 3 类站点

住社区比较集中，轻微晚高峰反映周边有少量的办公和商业场所。这类站点数量较多，代表性的车站包括八角游乐园、北苑、北运河西、成寿寺等。

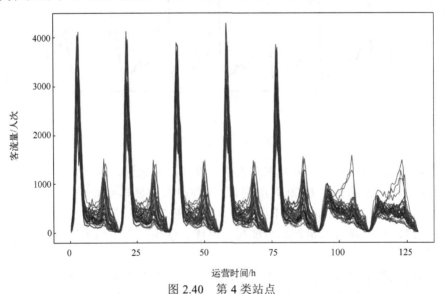

图 2.40　第 4 类站点

第 5 类站点进站客流峰值 2300 人次左右，工作日出现明显的早高峰和轻微的晚高峰，晚高峰相对早高峰小很多，周末客流规模明显降低，如图 2.41 所示。明显的早高峰反映了车站周边居住社区比较集中，轻微晚高峰反映周边有少量的办公和商业场所。代表性车站包括草桥、昌平、传媒大学、慈寿寺、次渠南、丰台南路、丰台站等。

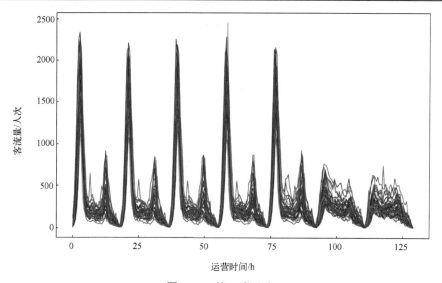

图 2.41　第 5 类站点

　　第 4 类和第 5 类工作日早高峰明显且客流量规模较大,同时具有轻微晚高峰,晚高峰比早高峰进站客流量规模小很多,周末客流规模明显降低。这两类站点可归为一个大类——职住混合型偏居住类。

　　第 6 类站点进站客流峰值 8300 人次左右,工作日出现明显的晚高峰和轻微的早高峰,早高峰相对晚高峰不明显,但仍具有很大的客流量,周末客流规模明显降低,三个车站分别为朝阳门、国贸和西二旗,如图 2.42 所示。明显的晚高峰反映了车站周边办公场所比较集中,轻微早高峰反映周边有少量的居住社区。

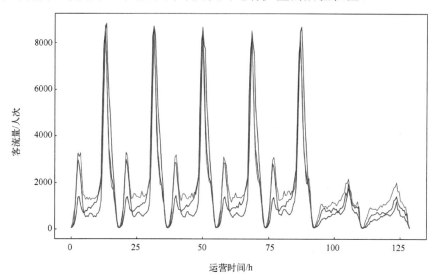

图 2.42　第 6 类站点

　　第 7 类站点峰值 5300 人次左右，包括东大桥、东单、东四十条、丰台科技园、
阜成门、复兴门等，工作日出现明显的晚高峰和轻微的早高峰，早高峰相对晚高峰
不明显，但仍具有很大的客流量，周末客流规模明显降低，如图 2.43 所示。明显的
晚高峰反映了车站周边办公场所比较集中，轻微早高峰反映周边有少量的居住社区。

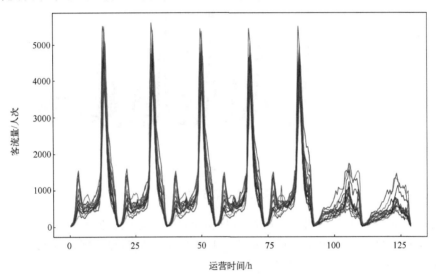

图 2.43　第 7 类站点

　　第 6 类和第 7 类具有共性的特征，工作日客流量规模很大，具有明显晚高峰和
轻微早高峰，周末客流规模明显降低，可归为一个大类——职住偏办公类站点。聚
类出的车站朝阳门、国贸、西二旗、东单、复兴门、丰台科技园等均邻近北京市大
型办公场所。

　　第 8 类站点进站客流峰值 5500 人次左右，出现双峰形，晚高峰高于早高峰，差
异相对较小，周末进站客流小于平时，聚类出的四个车站分别为大望路、东直门、
三元桥、西直门，如图 2.44 所示。出现双峰反映了车站周边办公场所和居住社区均
比较集中。

　　第 9 类站点进站客流峰值 4800 人次左右，出现双峰形，早高峰略高于晚高峰，
早晚高峰差异相对较小，周末进站客流量小于平时，聚类出的车站包括崇文门、海
淀五路居、积水潭、劲松、青年路等，如图 2.45 所示。出现双峰反映了车站周边办
公场所和居住社区均比较集中。

　　第 10 类站点进站客流峰值 3500 人次左右，出现双峰形，晚高峰略高于早高峰，
早晚高峰差异相对较小，周末进站客流小于平时，聚类出的车站包括白石桥南、北
苑路北、车公庄、大屯路东、灯市口等，如图 2.46 所示。出现双峰反映了车站周边
办公场所和居住社区均比较集中。

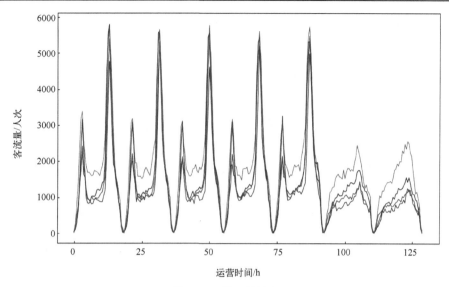

图 2.44　第 8 类站点

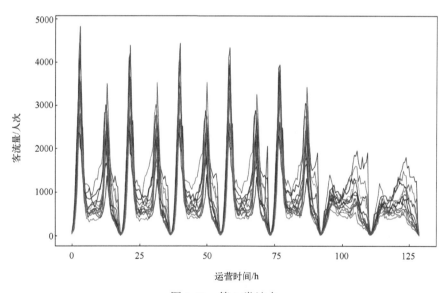

图 2.45　第 9 类站点

第 8、9、10 类站点归为一个大类——职住混合类站点，它们的共性特征是工作日客流规模较大，早晚高峰出现明显双峰形，且峰值差异较小，周末客流规模明显降低。

第 11 类站点进站客流峰值 4300 人次左右，1 周 7 天均表现为全峰形，聚类出两个车站为北京西站和北京站，是枢纽类的代表车站，如图 2.47 所示。这反映了车站乘客构成比较复杂，受铁路到达旅客的影响较大，呈现出间歇性脉冲特征。

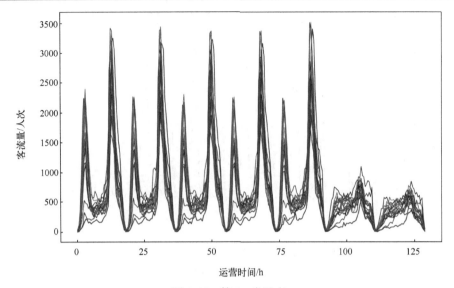

图 2.46　第 10 类站点

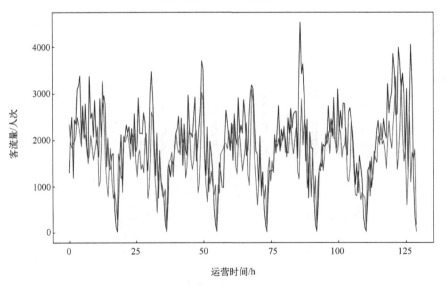

图 2.47　第 11 类站点

　　第 12 类站点两个车站分别为王府井和西单,一周 7 天全天均保持一定的客流量,峰值持续出现在午后至晚间,属于明显的商圈类站点,如图 2.48 所示。这反映了车站乘客主体构成为购物和休闲旅游群体。

　　第 13 类站点进站客流峰值 2300 人次左右,客流量规模整体不大,工作日双峰特征比较突出,早晚高峰差异不大,周末客流量略小于工作日,也有波峰特征,高峰出现在下午,如图 2.49 所示。这反映了车站进站乘客构成比较复杂,既有职业居住类常旅客，也有休闲购物类客流和其他随机客流。聚类出的车站包括安定门、安华桥、安立路、安贞门、奥林匹克公园等。

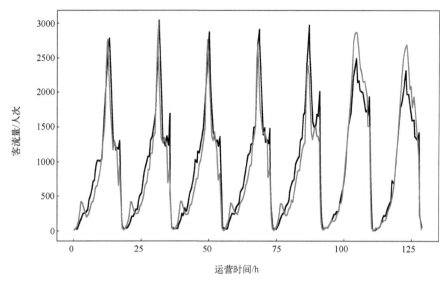

图 2.48　第 12 类站点

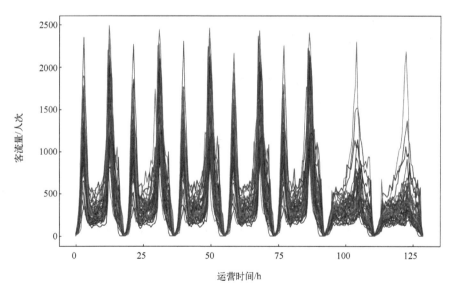

图 2.49　第 13 类站点

　　第 14 类站点进站客流峰值 1200 人次左右，客流量规模整体较小，工作日双峰特征比较明显，早晚高峰差异不大，周末呈现出多峰，最高峰出现在晚间，工作量和周末客流量差别不大，如图 2.50 所示。这反映了车站进站乘客构成比较复杂，既有职业居住类常旅客，也有休闲购物类客流和其他随机客流。聚类出的车站包括 T2 航站楼、T3 航站楼、安德里北街、奥体中心、八里桥、巴沟、北海北、北沙滩等。

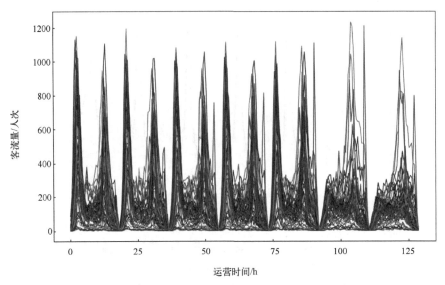

图 2.50　第 14 类站点

第 13 和第 14 类的站点总数较多，暂时归为其他类站点，可进一步分析，总体表现出客流规模较小，大部分车站工作日进站客流表现出双峰形的特征，同时周末客流规模也相对比较大，但是第 14 类站点周末有客流规模比工作日大的站点，经过对第 14 类中的这类站点进一步聚类分析，发现是北海北、天安门西和什刹海三个站点，属于典型的旅游景点占优车站，符合人们周末出行的规律。

参 考 文 献

[1]　Bochkovskiy A, Wang C Y, Liao H Y M. YOLOv4: optimal speed and accuracy of object detection. 2020, arXiv: 2004. 10934.

[2]　Woo S, Park J, Lee J Y, et al. CBAM: convolutional block attention module. Proceedings of the European Conference on Computer Vision, 2018: 3-19.

[3]　Bahmani B, Moseley B, Vattani A, et al. Scalable k-means++. 2012, arXiv: 1203. 6402.

[4]　Geiger A, Lenz P, Stiller C, et al. Vision meets robotics: the KITTI dataset. The International Journal of Robotics Research, 2013, 32: 1231-1237.

[5]　Zou Z X, Chen K, Shi Z W, et al. Object detection in 20 years: a survey. Proceedings of the IEEE, 2023, 111（3）: 257-276.

[6]　Viola P, Jones M. Rapid object detection using a boosted cascade of simple features//Proceedings

of the 2001 IEEE Computer Society Conference on Computer Vision and Pattern Recognition, Kauai, 2001.

[7]　Felzenszwalb P, McAllester D, Ramanan D. A discriminatively trained, multiscale, deformable part model//IEEE Conference on Computer Vision and Pattern Recognition, Anchorage, 2008.

[8]　Felzenszwalb P F, Girshick R B, McAllester D. Cascade object detection with deformable part models//IEEE Computer Society Conference on Computer Vision and Pattern Recognition, San Francisco, 2010.

[9]　Felzenszwalb P F, Girshick R B, McAllester D et al. Object detection with discriminatively trained part-based models. IEEE Transactions on Pattern Analysis and Machine Intelligence, 2009, 32(9): 1627-1645.

[10]　Girshick R, Felzenszwalb P, McAllester D. Object detection with grammar models//Proceedings of the 24th International Conference on Neural Information Processing Systems, Red Hook, 2011.

[11]　Girshick R B. From Rigid Templates to Grammars: Object Detection with Structured Models. Chicago: University of Chicago, 2012.

[12]　Krizhevsky A, Sutskever I, Hinton G E. Imagenet classification with deep convolutional neural networks. Advances in Neural Information Processing Systems, 2012, 25(2): 1097-1105.

[13]　Girshick R, Donahue J, Darrell T, et al. Rich feature hierarchies for accurate object detection and semantic segmentation. IEEE Computer Society, 2014: 580-587.

[14]　Girshick R. Fast R-CNN. Proceedings of the IEEE International Conference on Computer Vision, 2015: 1440-1448.

[15]　Ren S, He K, Girshick R, et al. Faster RNN: towards realtime object detection with region proposal networks. 2015, arXiv: 1506. 01497.

[16]　Ren S, He K, Girshick R, et al. Faster R-CNN: towards real-time object detection with region proposal networks. IEEE Transactions on Pattern Analysis and Machine Intelligence, 2017, 39(6): 1137-1149.

[17]　He K, Gkioxari G, Dollár P, et al. Mask R-CNN//Proceedings of the IEEE International Conference on Computer Vision, Venice, 2017.

[18]　Joseph R, Divvala S, Girshick R, et al. You only look once: unified, real-time object detection. Proceedings of IEEE Conference on Computer Vision and Pattern Recognition, 2016: 779-788.

[19]　Liu W, Anguelov D, Erhan D, et al. SSD: Single Shot Multibox Detector. New York: Springer, 2016.

[20]　Redmon J, Farhadi A. YOLO9000: better, faster, stronger//Proceedings of the IEEE Conference on Computer Vision and Pattern Recognition, Honolulu, 2017.

[21]　Redmon J, Farhadi A. Yolov3: an incremental improvement. 2018, arXiv: 1804. 02767.

[22]　Fu C Y, Liu W, Ranga A, et al. DSSD: deconvolutional single shot detector. 2017, arXiv: 1701. 06659.

[23] Li Z, Zhou F. FSSD: feature fusion single shot multibox detector. 2017, arXiv: 1712. 00960.

[24] Antonio J A, Romero M. Pedestrians' detection methods in video images: a literature review//The International Conference on Computational Science and Computational Intelligence, Las Vegas, 2018.

[25] Dalal N, Triggs B. Histograms of oriented gradients for human detection//The IEEE Computer Society Conference on Computer Vision and Pattern Recognition, San Diego, 2005.

[26] Tian Y, Luo P, Wang X, et al. Deep learning strong parts for pedestrian detection//The IEEE International Conference on Computer Vision, Santiago, 2015.

[27] Li J, Liang X, Shen S, et al. Scale-aware fast R-CNN for pedestrian detection. IEEE Transactions on Multimedia, 2018, 20(4): 985-996.

[28] Lu Y, Javidi T, Lazebnik S. Adaptive object detection using adjacency and zoom prediction. Proceedings of IEEE Conference on Computer Vision and Pattern Recognition, 2015: 2351-2359.

[29] Sun X, Wu P, Hoi S C H. Face detection using deep learning: an improved faster RCNN approach. Neurocomputing, 2018, 299: 42-50.

[30] Terven J, Cordova-Esparza D. A comprehensive review of YOLO: from YOLOv1 and beyond. 2023, arXiv: 2304. 00501.

[31] Szegedy C, Liu W, Jia Y, et al. Going deeper with convolutions. Proceedings of IEEE Conference on Computer Vision and Pattern Recognition, 2015:1-9.

[32] Lin T Y, Dollár P, Girshick R, et al. Feature pyramid networks for object detection. Proceedings of IEEE Conference on Computer Vision and Pattern Recognition,2017:936-944.

[33] He K, Zhang X, Ren S, et al. Identity mappings in deep residual networks//European Conference on Computer Vision, New York, 2016.

[34] Wang C Y, Liao H Y M, Wu Y H, et al. CSPNet: a new backbone that can enhance learning capability of CNN//2020 IEEE/CVF Conference on Computer Vision and Pattern Recognition Workshops, Seattle, 2020.

[35] He K, Zhang X, Ren S, et al. Spatial pyramid pooling in deep convolutional networks for visual recognition. IEEE Transactions on Pattern Analysis and Machine Intelligence, 2015, 37(9): 1904-1916.

[36] Mei Y, Fan Y, Zhang Y, et al. Pyramid attention networks for image restoration. 2020, arXiv: 2004.13824.

[37] Hu J, Shen L, Sun G. Squeeze-and-excitation networks//The IEEE/CVF Conference on Computer Vision and Pattern Recognition, Salt Lake City, 2018.

[38] Lin M, Chen Q, Yan S. Network in network. 2013, arXiv: 1312.4400.

[39] Wang Q, Wu B, Zhu P, et al. ECA-Net: efficient channel attention for deep convolutional neural networks//The IEEE/CVF Conference on Computer Vision and Pattern Recognition, Seattle, 2020.

第3章 城市轨道交通客流预测理论与方法

客流预测是城市轨道交通系统客流组织与优化研究领域的重要方向，虽然已有不少研究学者开展了相关工作,但随着轨道交通业务在网络化运营条件越来越复杂,需要提高客流预测技术水平以适应这些变化。本章首先对城市轨道交通长期、中期、短期和实时客流预测理论的研究现状进行了概述,并将客流预测方法归纳为宏观客流预测和微观客流预测两个类别进行阐述,介绍了宏观客流预测和微观客流预测领域的常见理论方法及各自特点,接下来针对三种运营场景的客流规律和构成特点,提出了三种相适应的客流预测方法。

针对城市轨道交通乘客组分构成复杂,客流波动性、随机性较强,客流时序变化呈现非线性特点的枢纽类车站客流预测需求,本章提出了一种基于小波分析的支持向量机客流预测算法。该算法首先对原始客流时间序列数据进行小波分解,然后利用最小二乘支持向量机对分解得到的低频和高频信息进行学习与预测,最后用小波合成重构低频预测信号与高频预测信号,得到预测客流时间序列数据。实验采用北京市轨道交通客流数据和标准评价方法,结果表明该算法具有较好的预测效果,且优于两种常见的客流预测算法。

针对城市轨道交通客流随机性、波动性较强的大型活动和节假日运营场景的预测需求,本章提出了一种基于灰色马尔可夫的大客流实时预测算法。该算法利用灰色预测算法对客流数据建立灰色模型,然后建立马尔可夫修正模型,最后利用预测误差对灰色预测结果进行修正得到大客流预测值。实验针对多种类型的大型活动和重大节假日进行大客流实时预测,结果表明该模型对真实的重大事件大客流预测效果较好。

针对轨道交通客流数据呈现明显非线性特征的部分运营场景,常规预测方法在非线性特征场景中预测效果较差,本章提出了一种基于深度神经网络的预测算法。该算法构建了一种端到端神经网络体系结构模型来解决非线性特征的客流预测问题,通过使用深度神经网络方法来减少对人工特征工程的依赖性。实验采用北京市轨道交通客流数据和标准评价方法,结果表明该算法在非线性特征场景具有较好的预测效果。

3.1 客流预测理论方法研究现状

在城市轨道交通客流预测领域,根据预测的时间范围可以将其分为长期、中期以及短期或实时预测。其中,中长期的客流预测通常时间范围较长,需要综合考虑多种因素，如城市人口情况、经济发展情况与社会等方面的因素，主要用于线网规划阶段。这样的预测需要对城市轨道交通系统进行全面的调研和分析，结合历史数据、统计模型以及实地考察等方法来得出相应的结论，帮助规划者制定科学的轨道交通线路和站点布局。短期或实时客流预测通常以客流数据为研究基础，通过挖掘客流数据规律进行客流预测。由于其准确性要求高、实时性要求强，往往需要在短时间内做出决策，主要面向运营阶段。这样的预测可通过分析历史客流数据，提取数据特征并构建相应的预测模型来实现。此外，在实际运营中，还需要考虑各种因素对客流的影响，如天气、节假日等，进一步提高预测准确性，以便更好地满足乘客出行需求，提高轨道交通的运营效率。

城市轨道交通客流预测根据预测内容的不同，主要分为线网客流量预测、线路客流量预测、车站客流量预测、分流客流量预测、换乘客流量预测以及出入口客流量预测等方面。其中，线网客流量预测可用于对线网高峰时期客流量和线网全天客流量进行预测。线路客流量预测包括线路全天客流量预测以及线路分时段客流量预测等，可以帮助运营部门制定有效的运行计划并优化线路资源的配置。车站客流量预测是针对单个车站的客流情况进行预测，包括突发客流预测、高峰时刻系数、早晚高峰及全天客流量、早晚高峰及全天乘降量等方面。这样的预测有助于车站运营部门在高峰期间制定有效的应急措施，提高车站服务水平。分流客流量预测包含早晚高峰及全天时间内全网 OD 客流预测、区域 OD 客流预测、车站去向 OD 客流预测、关键 OD 对客流预测、全日分级运距的客流量及高峰时刻分级运距的客流量预测等方面。这样的预测可以为运营部门提供有效的决策支持，帮助他们制定科学的路线规划和换乘路线优化方案。换乘客流量预测主要针对早晚高峰及全天各个站台在换乘时候的客流量进行预测。这样的预测有助于车站运营部门在换乘高峰期间制定有效的应急措施，减少客流拥挤现象的发生。出入口客流量预测主要是针对车站各个进出站口在高峰时期分担的客流量进行预测。这样的预测有助于车站运营部门制定合理的进出站管理措施，缓解高峰时期的客流压力，提高车站服务水平。

城市轨道交通客流预测根据预测周期的时效性和适应范围，可以分为宏观客流量预测方法和微观客流量预测方法两类。宏观客流量预测主要针对轨道线网规划阶段，基于城市总体规划和公共交通发展思路，重点分析城市各区域的经济、人口等各方面基本情况以及潜在客流等因素，最终定量描述线网各线路的客流规模与分布，并预测线网及各线路的客流总量。这种预测方法解决了中长期客流预测问题，为轨道交通系统规划提供科学依据。微观客流量预测主要针对轨道交通线网线路运营阶段，以轨道交通各类运营场景客流数据为基础，预测某一个较短时间内线网、线路、区间和车站的客流量，以及重大节假日和重大突发事件引起的特殊客流情况等，定量地给出详细的客流预测结果。这样的预测方法解决了短期和实时客流量预测问题，能够为轨道交通系统的运营决策提供短期和实时指导，以便更好地满足乘客出行需求。

3.1.1　客流宏观预测

轨道交通客流宏观预测方法主要包括四阶段法、土地利用法和非聚集模型。

1. 四阶段法

四阶段法是我国轨道交通领域常用的宏观客流预测方法。该算法采用"出行产生—出行分布—方式划分—交通分配"等四个阶段预测方法。首先，四阶段法将研究对象划分为交通小区，并通过对区域内人口、土地利用、就业情况、出行信息等相关资料进行综合分析[1]，建立数学模型，最终对客流总量进行宏观预测。其次，在出行产生阶段，包括出行产生量和出行吸引量，其中出行产生量和出行吸引量一般通过人口数、出行产生率、岗位数和吸引率之间的数学模型计算得出。接着，在出行分布阶段，主要预测发生在交通区域间的分布，一般指在换乘站周围的发生吸引量，该阶段预测方法经常采用增长率法和模型构造法。然后，在方式划分阶段，预测市民出行选择不同交通工具的比例[2]，并以市民出行选择交通工具的历史数据为基础，考虑交通工具需求的变化，建立数学模型，对出行方式进行预测。最后，在预测交通分配阶段，将现状的出行数据配置到特定的运输网络上去，是公路和轨道交通的规划、设计和评价的基础。例如，在线网中两点之间有很多可选择路径，如何将一个客流对合理分配到两点之间的路径上，就是交通分配预测要解决的问题。

2. 土地利用法

土地利用法通过分析城市交通多年来的客流变化规律，是在研究、分析和吸收"三次吸引法"算法思想的基础上提出来的。土地利用法主要研究轨道交通线网车站周围一定范围内的土地利用情况，来推测出未来的客流量，并分为进站量研究、客流量研究、换乘站研究和线网研究等四个阶段[3]。土地利用法以一定范围内的土地利用率为基础，在没有市民出行相关数据的情况下，能够较好地对轨道交通进行宏观客流预测，该方法能够为城市规划和土地利用提供参考，以便更好地适应未来的客流需求。然而，土地利用法也存在一些缺陷。首先，它只能提供宏观客流预测，无法对个别站点的客流情况进行精确预测。其次，该方法的预测结果受到土地利用情况和人口分布等因素的影响，需要对这些因素进行准确的估计和预测。最后，土地利用法只适用于轨道交通，无法适用于其他交通方式。

3. 非聚集模型

非聚集模型又称为交通特征模型，以实际产生交通活动的个人为研究对象，对个人的出行行为，包括个人是否出行、去往何处、利用何种交通工具以及选择哪条路径等进行预测，同时对出行分布、交通方式和交通路线分别进行统计，得到交通需求总量模型。该模型利用现代心理学研究成果，其核心思想是效用最大化理论，其基本假设为：个人将在可能的、选择性相互独立的集合中，选择最大效用的出行选择肢，即个人首先选择"可利用的选择肢群"，然后选择"对其效用最大的选择肢"。非集聚模型中参数设定和自变量标定的工作量大，计算复杂，但具有明确的行为假说支持，容易建模、效率高、可操作性强。模型的可转移性强，具有较强的时间稳定性，适用于长周期轨道交通建设工程和远景交通需求预测[4]。

3.1.2　客流微观预测

轨道交通客流微观预测方法是现阶段学者们研究较多的内容，主要包括基于数理统计的客流预测方法、基于机器学习的客流预测方法、基于深度学习的客流预测方法、基于组合模型的客流预测方法等。这些微观预测方法的代表性模型和各自优缺点如表 3.1 所示。

表 3.1　客流微观预测主要方法

方法	代表模型	优点	缺点
基于数理统计的客流预测方法	历史平均水平预测方法、时间序列预测方法、卡尔曼滤波模型预测方法、K 阶最近邻、灰色理论及马尔可夫链等	建模简单，对数据要求较低，在常态下且时间颗粒度较大的情况下效果较好，具有可解释性，技术成熟稳定	根据历史静态数据的预测在非常态下失效，难以准确捕捉短时交通客流的非线性特征
基于机器学习的客流预测方法	支持向量机、人工神经网络以及极端梯度提升模型等	可以学习到数据的非线性特征，模型原理较为简单且具有可解释性	在数据量大时计算效率低，难以学习更复杂的规律
基于深度学习的客流预测方法	循环神经网络、长短期记忆神经网络、卷积神经网络和图神经网络等	可以学习线性和非线性的规律，数据拟合能力强	可解释性低，需要较多数据拟合模型，网络搭建复杂时运行速度较慢
基于组合模型的客流预测方法	基于神经网络的组合预测方法、多模型融合预测方法等	通过组合模型弥补了单个模型的缺点，提高了模型的预测性能	预测模型各有各的预测优势，如果一味追求预测精度而舍弃一些预测精度相对较低的方法，预测过程中可能会造成重要信息丢失，对预测结果造成显著影响

1. 基于数理统计的客流预测模型

基于数理统计的客流预测模型主要包括历史平均水平预测方法、时间序列预测方法、卡尔曼滤波模型预测方法、K 阶最近邻、灰色理论及马尔可夫链等。

1)历史平均预测模型

历史平均预测模型的主要思想是将历史数据与最近的观察数据通过一定的比例进行加权组合，历史平均预测算法简单易懂，参数可利用最小二乘法进行在线估计，能够在一定程度上解决不同时段、不同时间的交通流变化问题。

2）时间序列预测模型

时间序列预测模型将被预测量按照时间顺序排列起来，构成一个所谓的时间序列，并分析这组时间序列的过去变化，来推测今后可能的变化趋势和变化规律。时间序列模型主要包括线性平稳模型和非线性平稳模型，其中，线性平稳模型有自回归模型、滑动平均模型和自回归-滑动平均模型。时间序列模型建模简单，在历史数据充分的情况下具有较高的预测精确度。但该模型也存在一些不足：此类模型通过研究交通系统历史数据的变化规律进行推测和预测，没有考虑其他影响交通的客观因素；当别的影响因素变化较大时，该模型不能很好地发挥作用，故不能较好地对随机性较强的事件进行预测。

3）卡尔曼滤波模型

卡尔曼滤波模型是由 Kalman 于 1960 年提出的一种应用广泛的现代控制理论方法。卡尔曼预测方法主要将控制理论中的卡尔曼模型应用于交通客流的预测，由状态方程和观测方程组成的状态空间模型描述交通系统，并利用状态方程、观测方程和卡尔曼滤波预测交通流。卡尔曼滤波采用较灵活的递推状态空间模型，并具有线性、无偏、最小均方差等优点[5]，既适应于处理平稳数据，又可用于非平稳数据处理，因此广泛应用于交通客流预测方面[6-8]。

4）K 阶最近邻

K 阶最近邻算法的思路是给定训练集和测试样本，计算出测试样本与训练集距离最近的 K 个训练样本，这 K 个训练样本中出现次数最多的标签就作为测试样本的新标签。因此 K 阶最近邻算法是计算预测时间点的状态向量与历史城市轨道交通站点短时客流量的状态向量的 K 个最匹配的客流量，然后根据预测算法得到预测结果。

5）灰色理论

灰色理论是我国邓聚龙教授于 20 世纪 70 年代末提出，该理论核心是灰色预测模型，灰色预测方法是根据过去及现在已知的或非确知的信息，建立一个从过去引申到将来的灰色模型，据此确定系统在未来发展变化的趋势，为规划决策提供依据[9]。在灰色系统建模过程中，累加生成运算是基本手段，其生成函数是灰色预测模型的基础。初始时间序列来自所收集的描述过去、现在状况的数据，是构造系统数学模型的依据。在缺少信息的情况下，寻求规律是困难的，但对于离散过程，通过累加生成运算生成累加后时间序列，可以在一定程度上强化其确定性。进行非线性客流预测时，多数采用的模型是一阶单变量的 GM(1,1) 模型[10]。利用灰色模型进行预测，其具体步骤包括数据处理、参数标定、确定预测模型和模型检验[11]。

灰色模型利用累加生成后的新数据进行建模，在一定程度上弱化了原始数据的随机性，容易找出数据变化规律，具有所需建模信息少、运算方便、建模精度较高的特性，因而在各种预测领域有着广泛应用。但该模型针对随机波动大的时间序列的预测效果不理想。

6) 马尔可夫链

马尔可夫链是具有马尔可夫性质的离散时间随机过程，该算法思想是在给定当前指示或信息的情况下，以前的历史状态对预测以后的状态是无关的。如果 n 个连续变动事物在变动过程中，其中任一次变动的结果都具有无后效性，那么，这 n 个连续变动事物的集合就称为马尔可夫链，这类事物演变的过程称为马尔可夫过程。

马尔可夫链已被广泛应用于解决多个领域中的预测问题[12,13]。如果预测流满足状态无后效性、过程平稳等特点，可采用马尔可夫链进行预测[14]。马尔可夫链预测根据预测状态之间的转移概率预测动态系统的发展变化，转移概率反映了各种随机因素的影响程度以及各状态之间转移的内在规律，因此比较适合随机波动性较大的预测问题。

用马尔可夫链进行预测，首先需要定义各种状态，然后对历史数据进行统计分析并计算出状态转移矩阵，最后利用当前状态和状态转移矩阵对未来进行预测。文献[15]采用马尔可夫链模型对春运期间的铁路客流量进行预测，其效果较好。

2. 基于机器学习的客流预测方法

针对复杂的非线性系统的预测问题，基于机器学习的预测方法应运而生。其中，主要有支持向量机、人工神经网络以及极端梯度提升模型（Extreme Gradient Boosting，XGBoost）等。

1) 支持向量机

支持向量机是一种统计学习理论的通用学习方法，已应用于交通预测领域[16]。支持向量机是在统计学习理论（Statistics Learning Theory，SLT）与结构化风险最小化（Structural Risk Minimization，SRM）的基础上发展起来，其基本思想是：如果样本数据 X 线性可分，直接用二次规划进行划分；如果样本数据 X 非线性可分，则通过选择一个非线性映射将输入空间的数据 X 映射到一个高维特征空间，并在高维特征空间中构造最优线性回归函数，将非线性问题转化为高维空间中的线性问题；同时，利用结构风险最小化原则，引入间隔的概念，并利用核函数代替高维空间的内积运算，巧妙地解决了非线性回归中的复杂计算问题。

支持向量机在解决非线性和高维模式识别问题中表现出许多独特的优势，除此之外还具有良好的泛化性能，以及鲁棒性好、精度高、预测结果优于 BP 神经网络和动态递归神经网络的优点[17]。但是，SVM 需要求解二次规划问题，其规模与训练量成正比，因此存在训练速度慢、计算复杂度高、存储开销大等特点。另外，支持向量机对核函数和损失函数的选择尚没有确定的方法和结论，更多需依靠使用者的经验和直觉[18]。

2) 神经网络

神经网络是一种新型的模拟人脑结构及其功能的处理系统，是由大量简单的神经元处理单元以某种拓扑结构连接构成的非线性动力学系统。神经网络是由一些高度相关的处理单元组成的计算机系统，属于一种新型的数学建模方法，具有识别复杂非线性系统的特性，因此该方法适应于交通流量的预测。神经网络预测方法是利用大量的历史数据训练神经网络模型，得到输出对输入的一种映射关系，利用这种映射关系对相应的输入可以得到相关的预测结果[19]。

神经网络对环境变化具有较强的自适应学习能力和抗干扰能力，不需任何经验公式，能对已有数据自动进行规则归纳，获得这些数据的内在规律，即使不清楚预测问题的内部机理，只要有大量的输入和输出样本，通过神经网络"黑箱"内部自动调整后，可建立良好的输入与输出映射模型[20]。

神经网络根据网络结构的不同，可以分为 BP 神经网络、深度神经网络、小波神经网络、径向基神经网络和贝叶斯神经网络等。

3）XGBoost

XGBoost 是决策树算法的改进版本，于 2014 年由陈天奇提出[21]。通常单棵决策树用于分类回归的预测精度往往达不到预期目标，XGBoost 算法通过集成多个决策树模型的预测结果来共同决定该样本取值，很大程度上提高了模型的预测精度。

3. 基于深度学习的客流预测方法

常见的深度学习模型主要包括循环神经网络、长短期记忆神经网络、卷积神经网络和图神经网络。

1）循环神经网络

在全连接神经网络中，数据首先从输入层输入，然后传递到隐藏层，最后到输出层输出，相邻层的神经元相互连接，但是同层内的神经元之间却是相互割裂的。对于序列数据而言，下一时刻的数据不仅和当前时刻的数据有关，还和之前时刻的数据相关。例如，在自然语言处理中，在预测得到下一个单词时，需要结合当前和之前的单词进行预测，才能理解其语义给出精准的预测结果。为了解决前后时刻相互关联的问题，提出了循环神经网络模型（RNN）。RNN 能够使同一层神经元相互连接，把当前时刻和之前的信息关联起来，即 RNN 会记忆之前的数据信息，利用之前的数据结合当前的数据输出预测结果。

2）长短期记忆神经网络

为了解决梯度消失问题，有学者提出了改进后的长短期记忆神经网络。长短期记忆神经网络的核心是单元状态，让其来保存长期的状态，用贯穿单元的水平线表示，通过门控制将短期记忆与长期记忆结合起来，一定程度上解决了梯度消失的问题。

3）卷积神经网络

卷积神经网络是一种多层监督学习网络，用来处理网格状数据的神经网络，数据的种类包括时间序列型数据和图像数据。通常搭建的卷积神经网络包含五个网络层，每一层都有其重要的作用[22]。输入层进行数据输入，神经网络的输入格式通常为一维向量，而卷积神经网络的输入可以为二维矩阵，也可以为三维矩阵，可以保留数据本身结构；卷积层通过卷积计算逐层提取特征，计算流程首先是用特定的卷积核通过局部连接和权值共享的方式对数据进行卷积操作，之后和偏置相加，最后经过激活函数输出数据；池化层进行数据压缩，通过池化函数降低数据的维度，实现降采样并提高卷积神经网络的计算效率；全连接层用于处理卷积层或池化层中能够区分类别的局部信息；输出层用于对之前的数据进行计算并对输出计算结果。

4）图神经网络

为突破卷积神经网络中网络结构受到欧氏结构的限制，近年来研究学者提出一种可以借助图邻接矩阵进行网络拓扑模型学习的图神经网络模型，该模型可以根据轨道交通网络拓扑结构进行站点间空间关系的学习，将基于区域预测的深度学习模型应用于轨道交通客流预测领域。图神经网络是一种连接模型，它通过图中节点之间的消息传递来获取图的相关性。与标准神经网络不同的是，图神经网络保留了一种状态，可以表示任意深度的邻域信息。时空图神经网络大多基于谱方法进行研究。通过定义节点之间的拉普拉斯矩阵，进行节点之间的消息传递，从而建模节点的时空关系。

4. 基于组合模型的客流预测方法

基于组合模型的预测方法主要将两种或两种以上的预测方法组合进行预测，目的是发挥各种预测方法的优点，以求得到更理想的预测结果。常用方法有基于神经网络的组合预测方法、多模型融合预测方法等。

在城市轨道交通客流量预测刚兴起时，由于中长期、近期、短期的地铁客流量的预测时间周期长，客流分布规律比较简单稳定，所以预测模型多为计算复杂度较低的数理统计预测模型。由于城市轨道交通短时客流量具有动态性、突变性和不确定性等特点，基于数理统计的预测方法往往不能满足预测所需要的鲁棒性、准确性的要求。因此伴随着能够解决复杂问题的机器学习和深度学习的兴起，越来越多的智能算法模型和组合模型被应用到城市轨道交通的短时客流量预测中。

3.2　基于小波分析的支持向量机短期客流预测算法

针对轨道交通乘客组分构成复杂、客流波动性大、随机性较强，以及客流时序变化呈现非线性特点的车站和线路，例如，北京地铁 2 号线北京站进出站客流，其由属地的居住客流、工作客流以及来自北京站的随机旅行客流构成，单一的客流预测模型和方法无法完全匹配。因此，本节提出了一种多种模型高效有机组合的预测方法，以发挥不同预测模型各自的优点，克服各自的缺陷，从而获得更加理想的预测效果。

具体而言，采用离散一维 Daub4 小波分析方法对某一时间段的原始客流时间序列数据进行分解。将分解得到的高频分量和低频分量作为样本数据，利用最小二乘支持向量机进行训练，确定最小二乘支持向量机的核参数 σ 以及系数 α 和 b。通过利用训练后的最小二乘支持向量机预测未来一段时间客流时间序列数据的高频分量和低频分量，并利用 Daub4 小波分析方法对预测的高频分量和低频分量进行数据重构，最终得到预测未来一段时间客流时间序列数据的结果。

该方法将小波分析方法和最小二乘支持向量机方法进行高效有机组合，充分发挥了各自的优点，从而有效地克服了单一的预测模型和方法所存在的不匹配情况。

3.2.1　客流数据预处理

1. 客流类型

通常情况下，轨道交通客流信息是以车站、区间、线路和全线网等四个不同层次进行统计的，例如，普通车站客流包括进站客流、出站客流和站内客流，换乘车站还包括换乘客流。总体来说，轨道交通线网中主要包括五类客流：进站客流、出站客流、站内客流、换乘客流和区间客流。

(1) 进站客流，针对车站 s_i，以时间间隔 t 统计在时间段 $(t_i, t_{i+1}]$ 内 s_i 的累加进站客流量，在一定的时间范围内得到进站客流时间序列 $Y = \{y_1, y_2, \cdots, y_n\}$。

(2) 出站客流，针对车站 s_i，以时间间隔 t 统计在时间段 $(t_i, t_{i+1}]$ 内 s_i 的累加出站客流量，在一定的时间范围内得到出站客流时间序列 $Y = \{y_1, y_2, \cdots, y_n\}$。

(3) 站内客流，指在某一个时刻车站内所有乘客数量，包括车站站台和站厅区域内的乘客数量，如果车站为换乘站，则还包括车站换乘通道内的乘客数量，但不包括当前时刻在车站内停靠列车上运载的乘客数量。针对车站 s_i，在时间段 s_i 内，统计每一个时间间隔 t 内的平均站内客流，在一定的时间范围内得到站内客流时间序列 $Y = \{y_1, y_2, \cdots, y_n\}$。

(4) 换乘客流，针对逻辑换乘车站 s_i 分别在 J 号线和 K 号线的物理车站，在时间段 $(t_i, t_{i+1}]$ 内，统计每一个时间间隔 t 内具有明确换乘方向的换乘通道内客流总量，在一定的时间范围内得到换乘车站 s_i 从 J 号线换乘 K 号线的换乘客流时间序列 $X = \{x_1, x_2, \cdots, x_n\}$ 和换乘车站 s_i 从 K 号线换乘 J 号线的换乘客流时间序列 $Y = \{y_1, y_2, \cdots, y_n\}$。

(5) 区间客流，针对同一条线路上相邻车站 s_i 和 s_j，在时间段 $(t_i, t_{i+1}]$ 内，统计每一个时间间隔 t 内具有明确区间方向的所有列车搭载乘客的客流总量，在一定的时间范围内得到车站 s_i 至车站 s_j 的区间客流时间序列 $X = \{x_1, x_2, \cdots, x_n\}$ 和车站 s_j 至车站 s_i 的区间客流时间序列 $Y = \{y_1, y_2, \cdots, y_n\}$。

2. 客流时间序列

针对轨道交通线网中各种客流信息,本节将采取 5 分钟、15 分钟、30 分钟和 60 分钟四种不同的采样频率,对于相同时间范围内的客流,由于采样频率不同,生成的客流时间序列也将不一样。本节将以 60 分钟为频率采样,生成原始客流时间序列 $\{f(n)\,|\,n=1,\cdots,N\}$,其中 N 为客流时间序列中总采样数。

北京轨道交通线网运营时间为每日 5:00~24:00,共计 19 小时运营时间。如果采取 60 分钟时间粒度的采样频率,每一个完整的运营日将获得 19 个观察值。

以 2018 年 4 月 13 日北京站进站客流为例,表 3.2 是以 60 分钟为时间粒度情况下的观察值,图 3.1 是以 60 分钟时间粒度下的客流时间序列曲线图。

表 3.2　2018 年 4 月 13 日北京站进站客流 60 分钟粒度

时间范围	人次	时间范围	人次	时间范围	人次	时间范围	人次
5:00~6:00	2849	10:00~11:00	5429	15:00~16:00	4349	20:00~21:00	2356
6:00~7:00	3178	11:00~12:00	4077	16:00~17:00	2779	21:00~22:00	2844
7:00~8:00	3659	12:00~13:00	3251	17:00~18:00	5149	22:00~23:00	2170
8:00~9:00	4652	13:00~14:00	3871	18:00~19:00	4849	23:00~24:00	159
9:00~10:00	2990	14:00~15:00	3223	19:00~20:00	1877		

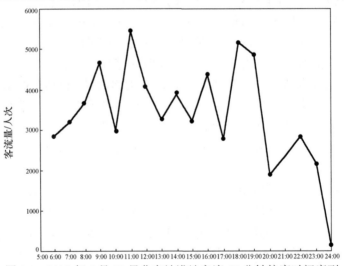

图 3.1　2018 年 4 月 13 日北京站进站客流 60 分钟粒度时间序列

3.2.2　融合多种模型特点的短期客流预测算法

本节将融合一维 Daub 小波分析和最小二乘支持向量机,提出了一种基于小波分析的支持向量机短期客流预测算法,算法流程如图 3.2 所示。

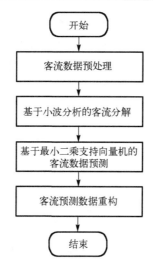

图 3.2　基于小波分析的支持向量机短期客流预测算法流程图

(1)客流数据预处理。对多种类型的客流数据进行不同频率的采样,生成客流时间序列。

(2)基于小波分析的客流分解。利用小波变换对预处理得到的客流时间序列逐步进行分解,生成对应的高频序列和低频序列。

(3)基于最小二乘支持向量机的客流数据预测。利用最小二乘支持向量机分别对小波分解得到的高频序列和低频序列进行训练学习和预测,生成高频预测序列和低频预测序列。

(4)客流预测数据重构。利用小波分析理论将高频预测序列和低频预测序列进行重构,生成预测客流时间序列。

1. 基于小波分析的客流分解

小波分析中"小波"一词顾名思义就是小的波形,所谓"小"是指它具有衰减性,而"波"是指它的波动性,其振幅正负相间的震荡形式。小波变换是时间(空间)频率的局部化分析,通过伸缩平移运算对信号逐步进行多尺度细化,最终实现高频处的时间细分和低频处的频率细分,满足自动适应时频信号分析的要求。

本节采用多贝西小波(Daubechies Wavelet)[23],其分类是以消失动量的值 A(亦为消失动量的个数)为依据,调整函式及小波函式的平滑度皆会随着消失动量的值增加而增加。例如,当 $A=1$ 时,多贝西小波即是哈尔小波(Haar Wavelet),调整函式和小波函式都是不连续的;当 $A=2$ 时,多贝西小波的调整函式和小波函式为不能平滑微分的连续函式;当 $A=3$ 时,多贝西小波的调整函式和小波函式已经是连续可微的函式。以此类推,当 A 愈大时,多贝西小波的两个函式平滑度愈高。

针对客流预处理过程中生成的原始客流时间序列,采用多贝西小波对其进行小波分解，可分别得到 1 组低频分量 cA_1 和 1 组高频分量 cD_1；将低频分量 $A_1(n)$ 看成一组新的待分解客流时间序列信号，继续用小波分解又可得到 1 组低频分量 cA_2 和 1 组高频分量 cD_2；由此往复，最终得到频率基本稳定的 1 组低频分量 cA_r 和 r 组高频向量 $\{cD_1,\cdots,cD_r\}$。在本节中，多贝西小波算法采用 $r=7$，即每一个原始客流时间序列经过小波分解后，最终得到 1 组低频向量 cA_7 和 7 组高频向量 $\{cD_1,\cdots,cD_7\}$，其分解过程如图 3.3 所示。

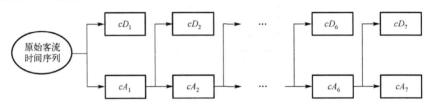

图 3.3 原始客流时间序列分解图

原始客流时间序列信号 $f(n)$ 为第 0 层分解得到的低频向量，即 $f(n) = cA_0$，则对 $f(n)$ 进行第 t 次小波分解 $(t=1,2K,7)$ 的具体算式为

$$cA_t(n) = \sum_{k=1}^{l} h(k-2n)cA_{t-1}(k) \tag{3-1}$$

$$cD_t(n) = \sum_{k=1}^{l} g(k-2n)cA_{t-1}(k) \tag{3-2}$$

其中，l 为分解得到客流时间序列 cA_{t-1} 中的采样数，系数 $h(k-2n)$ 和 $g(k-2n)$ 是由小波函数 $\phi(x)$ 确定的两列共轭滤波器系数。

记 $H_{n,k} = h(k-2n)$，$G_{n,k} = g(k-2n)$，变换公式得

$$cA_t(n) = H_{n,k}cA_{t-1}(k) \tag{3-3}$$

$$cD_t(n) = G_{n,k}A_{t-1}(k) \tag{3-4}$$

由分解过程可知，cA_{t-1} 经过一次分解，得到的 cA_t 和 cD_t 采样数减少。

2. 基于最小二乘支持向量机的客流数据预测

支持向量机是一种统计学习理论的通用学习方法，是在静态学习理论与结构化风险最小化的基础上发展起来，其基本思想是：如果样本数据 X 线性可分，直接用二次规划进行划分；如果样本数据 X 非线性可分，则通过选择一个非线性映射将输入空间的数据 X 映射到一个高维特征空间，并在高维特征空间中构造最优线性回归函数，将非线性问题转化为高维空间中的线性问题；同时，利用结构风险最小化原则，引入间隔的概念，并利用核函数代替高维空间的内积运算，巧妙地解决了非线性回归中的复杂计算问题。

最小二乘支持向量机（Least Squares Support Vector Machine，LSSVM）是支持向量机的一种扩展，在构造最优决策函数时，遵循了结构风险最小化原则，同时引入了间隔的概念，并巧妙利用了原空间的核函数取代高维特征点的点积运算，降低了计算复杂度。

本书将以小波分解得到的 7 组高频向量 $\{cD_1,\cdots,cD_7\}$ 和 1 组低频向量 cA_7 作为样本数据，采用最小二乘支持向量机算法进行训练，选择和验证核参数 σ 和规范化常数 γ [24]。

针对小波分解得到的 7 组高频向量 $\{cD_1,\cdots,cD_7\}$ 和 1 组低频向量 cA_7，利用最小二乘支持向量机进行预测。针对 m 组的低频向量 $\{cA_7^1,\cdots,cA_7^m\}$，其长度为 l，预测向量 cA_7 具体包括以下三步。

（1）选择 $(1,cA_7^1(1))$，$(2,cA_7^2(1))$，$\cdots$，$(m,cA_7^m(1))$ 作为训练数据样本，m 表示训练数据的时间序列次序，核函数 K 选择径向基函数

$$K(x_i,x_j) = \exp(-\| x_i - x_j \|_2^2 / \sigma^2) \tag{3-5}$$

同时采用 5 倍交叉验证选择核参数 σ 和 γ。

（2）利用训练完的最小二乘支持向量机进行预测得到 $cA_7(l)$，客流预测核心方程为

$$y(x) = \sum_{t=1}^{n} a_t K(x,x_i) + b \tag{3-6}$$

其中，y 为预测目标值，K 为核函数，(x,x_i) 为训练数据样本，n 表示训练样本总数。

（3）重复前两步，可预测得到 $cA_7(2) \sim cA_7(l)$。

重复预测低频向量 cA_7 的过程，同样可得到高频向量预测向量 $(cD_1,\cdots,cD_7)$。

3. 客流预测数据重构

根据最小二乘支持向量机的客流数据预测方法，得到客流时间序列高频向量预测值 $(cD_1,\cdots,cD_7)$ 和低频向量预测值 cA_7。再利用得到的高频向量和低频向量进行小波重构，得到预测客流时间序列，如图 3.4 所示。

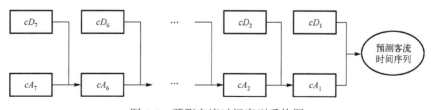

图 3.4　预测客流时间序列重构图

客流预测数据重构公式为

$$cA_t = H^* cA_{t-1} + G^* cD_{t-1} \tag{3-7}$$

其中，H^* 和 G^* 分别是式 (3-3) 中 H 和式 (3-4) 中 G 的对偶算子。

由重构过程可知，预测客流时间序列信号 cA_t 和 cD_t 经过重构得到 cA_{t-1}，数据量增加，重构后的信号时间分辨率增加。

3.2.3 实验数据与评价方法

1. 实验数据

本节客流预测算法采用的实验数据为 2018 年 1 月 1 日～5 月 20 日北京市轨道交通客流数据，其中，2018 年 5 月 14 日～5 月 20 日的真实客流分布数据作为标准客流数据 (Standard Passenger Data)。

在客流数据采样过程中，本节采用 60 分钟时间粒度，生成原始客流时间序列，再利用客流预测算法生成对应的预测客流时间序列。

客流预测算法首先对 2018 年 1 月 1 日～5 月 13 日共 19 周的进站客流、出站客流、站内客流、换乘客流和区间客流进行学习，然后预测 5 月 14 日～5 月 20 日一周的进站客流、出站客流、站内客流、换乘客流和区间客流数据，并与标准客流数据进行对比评价。

2. 评价方法

按一定时间间隔统计长度为 n 的真实客流数据序列 $y = \{y_1, y_2, \cdots, y_n\}$ 为标准客流数据，根据预测算法得到长度为 n 的预测客流序列 $\hat{y} = \{\hat{y}_1, \hat{y}_2, \cdots, \hat{y}_n\}$，本书采用平均相对误差 (RME) 和均方根误差 (RMSE) 两种国际公认的标准判定方法对预测客流序列和真实客流序列进行评价。

1) RME

RME 称平均相对误差，用于评价预测客流数据与真实客流数据的相对误差的平均值，计算公式如下

$$\text{RME} = \sum_{i=1}^{n} w_i \frac{|y_i - \hat{y}_i|}{y_i} \times 100\% \tag{3-8}$$

其中，$y = \{y_1, y_2, \cdots, y_n\}$ 为真实客流数据，$\hat{y} = \{\hat{y}_1, \hat{y}_2, \cdots, \hat{y}_n\}$ 为对应的预测客流数据。w_i 为真实客流数据 y_i 在 $y = \{y_1, y_2, \cdots, y_n\}$ 中的权重。

在实际评价过程中，$y = \{y_1, y_2, \cdots, y_n\}$ 中每个 y_i 的权重均相同，即 $w_i = 1/n$，因此，RME 的计算公式可改为

$$\text{RME} = \frac{1}{n} \sum_{i=1}^{n} \frac{|y_i - \hat{y}_i|}{y_i} \times 100\% \tag{3-9}$$

RME 值越接近 0，说明预测客流数据与真实客流数据拟合程度越好，即客流预测算法的准确性越高。

2）RMSE

RMSE 称均方根误差，用于评价预测客流数据与真实客流数据对应误差平方和的均值平方根，计算公式如下

$$RMSE = \sqrt{\sum_{i=1}^{n} w_i(y_i - \hat{y}_i)^2} \qquad (3\text{-}10)$$

其中，$y = \{y_1, y_2, \cdots, y_n\}$ 为真实客流数据，$\hat{y} = \{\hat{y}_1, \hat{y}_2, \cdots, \hat{y}_n\}$ 为对应的预测客流数据。

w_i 为真实客流数据 y_i 在 $y = \{y_1, y_2, \cdots, y_n\}$ 中的权重，满足 $\sum_{i=1}^{n} w_i = 1$。

在实际评价过程中，$y = \{y_1, y_2, \cdots, y_n\}$ 中每个 y_i 的权重均相同，即 $w_i = 1/n$，因此，RMSE 的计算公式可改为

$$RMSE = \sqrt{\sum_{i=1}^{n} w_i(y_i - \hat{y}_i)^2} \qquad (3\text{-}11)$$

RMSE 越接近 0，说明客流预测算法的准确性越好。

3.2.4　算法验证

1. 情况一：北京站进站客流

1）预测客流时间序列生成

实验采用 60 分钟粒度对原始客流数据进行采样，2018 年 1 月 1 日～5 月 13 日共 19 周进站客流,其中 1 月 1 日～1 月 7 日第 1 周和 1 月 8 日～1 月 14 日第 2 周北京站进站客流时间序列如图 3.5 和图 3.6 所示。

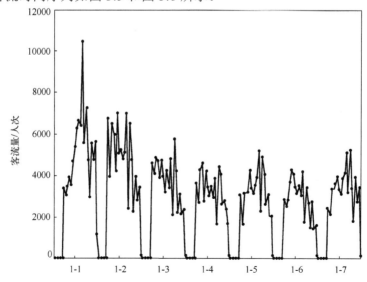

图 3.5　2018 年 1 月 1 日～1 月 7 日北京站进站客流 60 分钟粒度时间序列

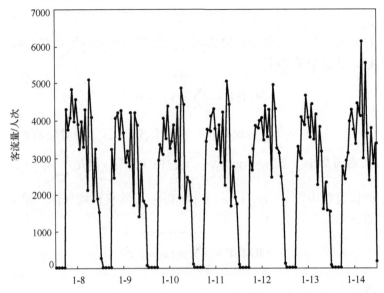

图 3.6　2018 年 1 月 8 日～1 月 14 日北京站进站客流 60 分钟粒度时间序列

　　首先，分别对每一周的进站客流时间序列进行小波分解，每一周的原始客流时间序列均被分解为 7 组高频向量 $\{cD_1,\cdots,cD_7\}$ 和 1 组低频向量 cA_7，图 3.7 和图 3.8 分别展示了第一周和第二周原始客流时间序列被小波分解的具体情况，图中高频向量 cD_i 由 cdi($i=1,\cdots,7$) 曲线表示，低频向量 cA_7 由 ca7 曲线表示。

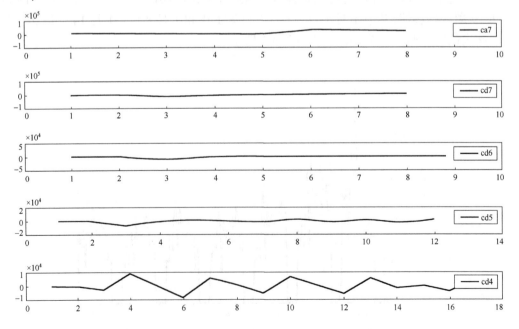

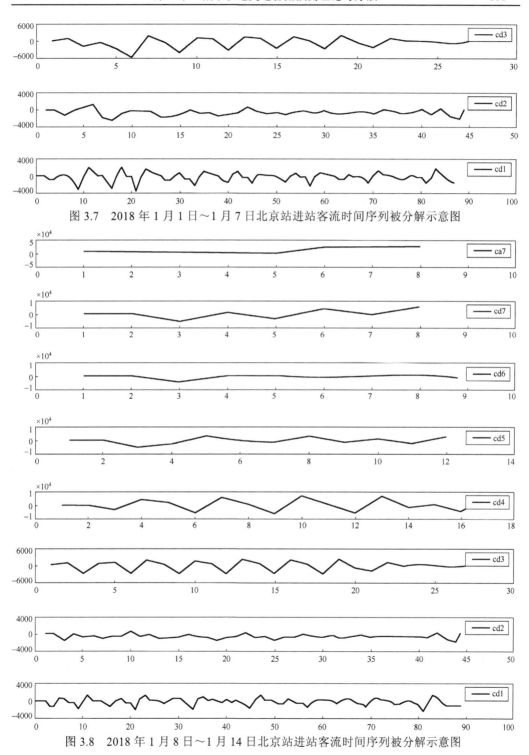

图 3.7　2018 年 1 月 1 日～1 月 7 日北京站进站客流时间序列被分解示意图

图 3.8　2018 年 1 月 8 日～1 月 14 日北京站进站客流时间序列被分解示意图

接着,最小二乘支持向量机训练和学习 19 周原始客流时间序列被分解的低频向量 cA_7,即 ca7 曲线,然后预测第 20 周(5 月 14 日~5 月 20 日)的低频向量 cA_7,同样依次预测出第 20 周的 7 组高频向量 $cD_1,\cdots,cD_7$,至此第 20 周的高频向量和低频向量全部预测出来,如图 3.9 所示。

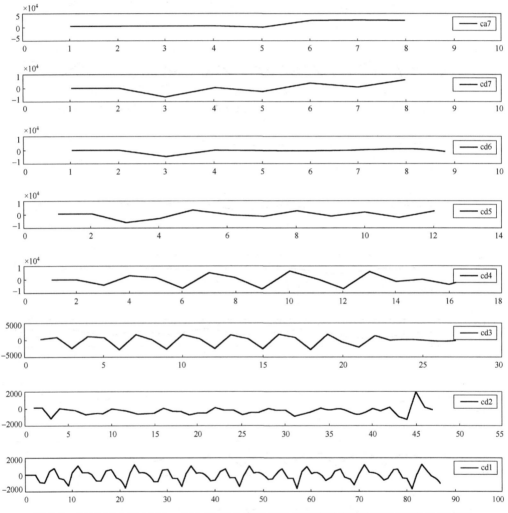

图 3.9　2018 年 5 月 14 日~5 月 20 日北京站进站预测客流的高频和低频向量示意图

最后,根据最小二乘支持向量机预测得到的第 21 周预测客流高频向量和低频向量,利用小波进行重构处理,得到第 21 周预测客流时间序列,其结果如图 3.10 所示。

2)一周预测客流对比

此外,实验采用平均预测法与本节算法对 2018 年 5 月 14 日~5 月 20 日北京站

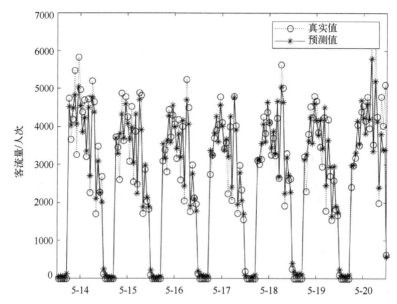

图 3.10　2018 年 5 月 14 日～5 月 20 日北京站进站预测客流 60 分钟粒度时间序列

进站客流进行客流预测，预测结果如表 3.3 所示。可知，本节算法的各项评价结果均优于平均预测法。

表 3.3　2018 年 5 月 14 日～5 月 20 日北京站进站客流量预测结果比较表

		平均预测法	本节算法
60 分钟	RME	10.55%	10.13%
	RMSE	417.43	385.28

2. 情况二：西单站 4 号线换 1 号线换乘客流

1）预测客流时间序列生成

实验采用 60 分钟粒度对原始客流数据进行采样，2018 年 1 月 1 日～5 月 20 日共 20 周西单站 4 号线换 1 号线换乘客流，其中 1 月 1 日～1 月 7 日第 1 周和 5 月 14 日～5 月 20 日第 20 周换乘通道客流时间序列如图 3.11 和图 3.12 所示。

首先，分别对每一周的换乘通道客流时间序列进行小波分解，每一周的原始客流时间序列均被分解为 7 组高频向量 $\{cD_1,\cdots,cD_7\}$ 和 1 组低频向量 cA_7，图 3.13 和图 3.14 分别展示了第 1 周和第 20 周原始客流时间序列被小波分解的具体情况，图中高频向量 cD_i 由 $cdi\,(i=1,\cdots,7)$ 曲线表示，低频向量 cA_7 由 ca7 曲线表示。

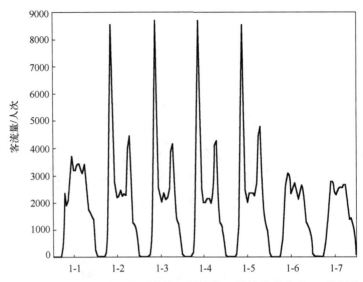

图 3.11　2018 年 1 月 1 日～1 月 7 日西单站 4 号线换 1 号线换乘客流 60 分钟粒度时间序列

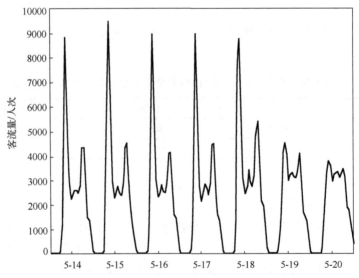

图 3.12　2018 年 5 月 14 日～5 月 20 日西单站 4 号线换 1 号线换乘客流 60 分钟粒度时间序列

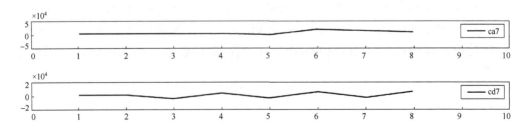

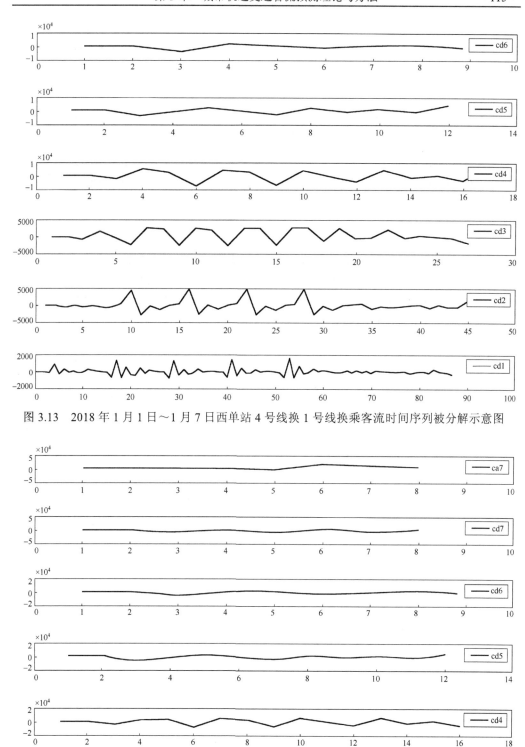

图 3.13　2018 年 1 月 1 日～1 月 7 日西单站 4 号线换 1 号线换乘客流时间序列被分解示意图

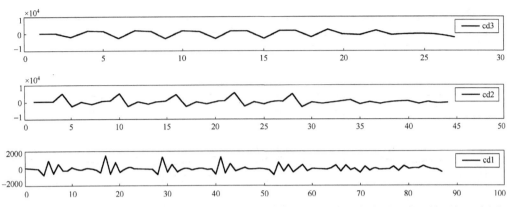

图 3.14 2018 年 5 月 14 日～5 月 20 日西单站 4 号线换 1 号线换乘客流时间序列被分解示意图

接着，最小二乘支持向量机训练和学习 20 周原始客流时间序列被分解的低频向量 cA_7，即 ca7 曲线，然后预测第 21 周(5 月 21 日～5 月 27 日)的低频向量 cA_7，同样依次预测出第 21 周的 7 组高频向量 $\{cD_1,\cdots,cD_7\}$，至此第 21 周的高频和低频向量全部预测出来，如图 3.15 所示。

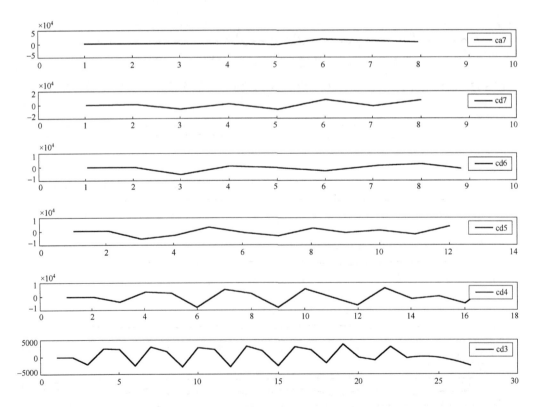

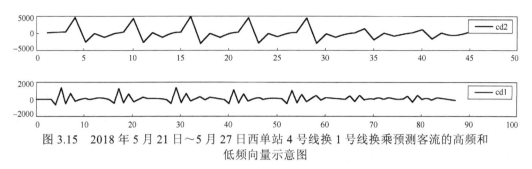

图 3.15　2018 年 5 月 21 日~5 月 27 日西单站 4 号线换 1 号线换乘预测客流的高频和
低频向量示意图

最后，根据最小二乘支持向量机预测得到的第 21 周预测客流高频向量和低频向量，利用小波进行重构处理，得到第 21 周预测客流时间序列，其结果如图 3.16 所示。

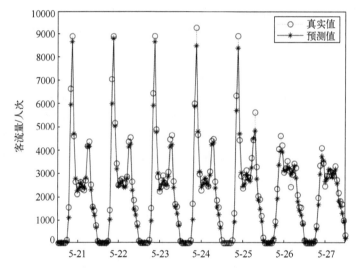

图 3.16　2018 年 5 月 21 日~5 月 27 日西单站 4 号线换 1 号线换乘
预测客流 60 分钟粒度时间序列

2）一周预测客流对比

实验采用 60 分钟为时间粒度，利用平均预测法和本节算法对 2018 年 5 月 21 日~5 月 27 日西单站 4 号线换乘 1 号线换乘通道客流量进行预测，预测结果如表 3.4 所示。

表 3.4　2018 年 5 月 21 日~5 月 27 日西单站 4 号线换 1 号线换乘客流预测结果比较表

		平均预测法	本节算法
60 分钟	RME	9.45%	8.09%
	RMSE	340.89	256.56

表 3.4 是两种预测算法在 60 分钟时间粒度情况下的预测效果，可以得出，当时间粒度较大时（60 分钟）的预测效果明显优于平均预测法。

3.3 基于灰色马尔可夫的大客流实时预测算法

目前，国内外的研究学者已经对交通领域客流预测算法进行了深入的研究。这些研究主要集中在地面公交和轨道交通的客运总量、区间断面流量和车站进出站客流等客流指标的研究和预测方面。然而，大多数现有的交通领域客流预测方法仅针对正常出行情况下的客流进行分析与预测，并未考虑大型活动(如体育赛事、演唱会等)和重大节假日对交通客流的影响。

相对于正常情况下的乘客出行客流(称为正常客流)，大型活动和重大节假日能够在较短时间和较小空间内汇聚大量的客流(称为大客流)。这些大客流给城市公共交通系统尤其是大型活动附近的交通状况造成巨大的压力，甚至可能影响周围居民的正常生活。因此，考虑到大型活动对公共交通安全平稳运行构成较大的影响，需要建立大客流的预测预警机制。

由于大型活动和重大节假日形成的短时间内的大客流相比于正常客流具有较大的随机性和波动性，其特点在轨道交通客流方面尤其显著。然而，目前几乎没有针对轨道交通重大事件大客流实时预测的相关文献。为此，本节提出了一种基于灰色马尔可夫的大客流实时预测模型，旨在分析大型活动和重大节假日期间轨道交通大客流的实时预测预警问题，并提高运营管理部门在处理突发大客流客运组织时的能力。

本节所提出的大客流实时预测模型利用灰色模型与马尔可夫模型来处理波动性较大的数据，以提高预测精度。该算法中，灰色预测模型用于拟合客流数据、分析和判断大客流变化趋势；同时，在灰色预测基础上进行马尔可夫修正预测可较大程度提高针对随机波动较大的大客流数据的预测准确度。此外，本节提出的大客流实时预测模型不仅具备分析判断不同大型活动类别的特点，而且还具有较好解决实时客流较大波动性问题的能力。

3.3.1 重大事件对客流的影响

在轨道交通客流组织分析中，区分正常客流和大客流的特征具有重要意义。特别是在大型活动或节假日等重大事件发生时，由于客流量的剧增，客流组织管理面临着极大的挑战。因此，本节将对这些大客流产生的影响进行深入探讨。针对不同类型的重大事件，其所引起的大客流表现特征各异，例如，大型体育赛事和演唱会等活动，虽然总体客流量并未对轨道交通线网产生过大影响，但却会在特定时间段内引发邻近车站的进出站客流急剧增加，从而导致车站客流密度高、车站滞留及列车过载等问题。而在重大节假日期间，尤其是春运等旅游高峰期，由于大量乘客出行，轨道交通线网的客流压力巨大，对相关车站及线路造成了较大的影响。

为了更好地应对大客流的挑战，本节将分别对上述两类重大事件所引起的大客流进行分析和统计，以便为大客流预测和管理奠定基础。

1. 演唱会大型活动的影响

每年在北京举办的大型演唱会很多，其中，五棵松体育馆（可容纳观众18000人）是经常举办大型演唱会的场所之一，且附近就是五棵松地铁站，可根据五棵松地铁站客流数据分析和研究五棵松体育馆篮球比赛对五棵松地铁站客流组织的影响。

张信哲巡回演唱会于 2018 年 10 月 14 日晚 19:00 在五棵松体育馆隆重上演，为分析五棵松体育馆的演唱会对五棵松站客流组织的影响，本节详细统计分析了 10 月 14 日和 10 月 28 日 16:30～20:30 期间的出站客流量，如表 3.5 所示。

表 3.5　2018 年 10 月 14 日和 10 月 28 日 16:30～20:30 出站客流量

10 月 14 日出站量		10 月 28 日出站量	
站名	出站客流量/人次	站名	出站客流量/人次
五棵松	10302	五棵松	17414

从表中可清晰得出，由于 10 月 14 日 19:00 在五棵松体育馆举办了张信哲演唱会，五棵松站在 14 日 16:30～20:30 的出站客流量比正常客流量（10 月 28 日）增加了35.33%，增加的出站客流总量达到 7000 人次左右，占到演唱会座位量（18000 人）的 38.89%，说明接近四成的观众在演唱会开始前选择轨道交通出行方式抵达五棵松体育馆。

2. 重大节假日的影响

为分析重大节假日大客流对旅游景点特殊车站的客流影响，本节对西单地铁站客流进行分析。由于 2018 年 4 月 30 日和 5 月 1 日为国家法定的五一劳动节假日，这两天 10:30～12:30 期间西单地铁站出站客流量分别为 14794 人次和 13478 人次，而 5 月 6 日普通周日同时间段的出站客流量仅为 9027 人次，由此可见，重大节假日10:30～12:30 期间所引发的大客流新增 5767 人次，大约比普通周日同时段的出站客流量增加了 1.6 倍。

3.3.2　大客流实时预测算法

1. 算法流程

当前大部分交通领域的客流预测算法主要针对正常客流进行分析，即仅能对客流曲线变化较小的情况进行预测。通过分析大型活动对客流的影响可知，大型活动期间的客流曲线与正常情况下相比具有显著的突变，因此，目前流行的客流预测算法均无法对大型活动期间的大客流数据进行分析与预测。

由于大型活动类型的不同，大客流对地铁站客运组织的影响也各不相同。以鸟巢为例，虽然有 80000 个固定座位，但是由于鸟巢举办的活动类型不同，出售的门票总量也不同，而且不同类型活动的观众采用轨道交通出行的比例各异。因此，大型活动产生的大客流对相关地铁站而言具有较大的波动性。由此可见，大客流预测模型不仅需要具有分析判断不同大型活动类别的特点，而且还需兼顾较好解决实时客流较大波动性问题的能力。

为精准地对重大事件形成的大客流进行分析与预测，本节以灰色理论和马尔可夫模型为基础，结合轨道交通实际大客流业务，提出了一种基于灰色马尔可夫的大客流实时预测算法。其中，灰色理论主要研究较少数据的不确定性问题，而马尔可夫模型预测的对象是一种随机变化的动态系统，比较适用于随机波动性较大的预测问题。

本节提出的基于灰色马尔可夫的大客流实时预测算法流程如图 3.17 所示。

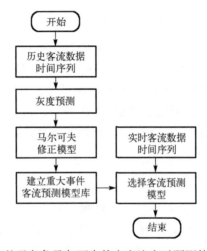

图 3.17　基于灰色马尔可夫的大客流实时预测算法流程图

灰色预测模型对客流数据进行拟合，分析和判断大客流的变化趋势，并在灰色预测基础上进行马尔可夫修正预测，能较大程度提高针对随机波动较大的大客流数据的预测准确度。此外，为较好解决大客流预测模型具有分析判断不同重大事件类别的特点，在本节模型中专门建立了重大事件客流预测模型库。

2. 灰色预测

灰色预测算法主要针对历史客流数据时间序列 $X = (x_1, x_2, \cdots, x_n)$，其中 n 表示时间序列中客流数据的总个数，建立灰色 GM(1,1) 模型，求出拟合值序列 $X = (\hat{x}_1, \hat{x}_2, \cdots, \hat{x}_n)$、1 次残差序列 Vx_t 和拟合相对误差 e_t。

（1）灰色预测模型主要利用累加生成手段和微分方程描述历史客流时间序列数据间的内在规律，理论应用和工程实践中经常采用 1 阶 1 个变量的灰色模型 GM(1,1)。历史客流数据时间序列为 $X = (x_1, x_2, \cdots, x_n)$，用三点滑动处理得到新的客流数据序列为 $X' = \left(x_1 = x_1, x_2 = \dfrac{x_1 + x_2 + x_3}{3}, \cdots, x_n = \dfrac{x_{n-1} + x_n + x_{n+1}}{3} \right)$。

（2）令 Y 是 X 的一次累加生成序列，即 $Y = (y_1, y_2, \cdots, y_n)$，其中，$y_k$ 的定义为

$$y_k = \sum_{i=1}^{k} x_i, \quad k = 1, 2, \cdots, n。$$

（3）灰色模型 GM(1,1) 的微分方程为 $\dfrac{d_Y}{d_t} + aY = b$，其中，$a$ 和 b 作为待定参数使用最小二乘法确定，可得灰色模型 GM(1,1) 的白化方程，其时间响应式为

$$\hat{y}_{k+1} = \left(x_1 - \frac{b}{a} \right) e^{-ak} + \frac{b}{a} \tag{3-12}$$

记参数序列为 $\hat{a} = [a, b]^T$，$\hat{a}$ 可用下式求解

$$\hat{a} = (B^T B)^T B^T Y_n \tag{3-13}$$

其中，$B = \begin{bmatrix} -\dfrac{1}{2}(y_1 + y_2) & 1 \\ -\dfrac{1}{2}(y_2 + y_3) & 1 \\ \vdots & \vdots \\ -\dfrac{1}{2}(y_{n-1} + y_n) & 1 \end{bmatrix}$，$Y_n = (x_2, x_3, \cdots, x_n)^T$。

（4）由此可以得到 Y 的拟合值为 $Y = (\hat{y}_1, \hat{y}_2, \cdots, \hat{y}_n)$，设 $\hat{x}_k$ 是 x_k 的拟合值，则还原有 $\hat{x}_{k+1} = \hat{y}_{k+1} - \hat{y}_k$，$k = 1, 2, \cdots, n-1$，并求出 1 次残差 Vx_t 和拟合相对误差 e_t。

3. 马尔可夫修正模型

建立马尔可夫修正模型，对灰色模型中得到的拟合相对误差序列划分状态，若划分状态后的序列通过马氏性检验，统计状态转移频数，进而确定状态转移概率矩阵，最后预测误差对灰色预测结果进行修正。

（1）对灰色预测模型中得到的相对误差序列进行状态序列标记，误差序列分成 m 个状态，用 $E_1, E_2, \cdots, E_m$ 表示。

（2）利用 x^2 统计量检验 y_t 是否具有马氏性。设 n_{ij} 为状态，E_i 经过一步转移到 E_j

的频数，记为 $M_{oj} = \dfrac{\sum\limits_{i=1}^{m} n_{ij}}{\sum\limits_{i=1}^{m}\sum\limits_{j=1}^{m} n_{ij}}$ ， $M_{ij} = \dfrac{n_{ij}}{\sum\limits_{j=1}^{m} n_{ij}}$ 。统计量 $x^2 = 2\sum\limits_{i=1}^{m}\sum\limits_{j=1}^{m} n_{ij}\left|\log\dfrac{M_{ij}}{M_{oj}}\right|$ 服从

$(m-1)^2$ 的分布。选定置信度 a ，查表得 $x_n^2((m-1)^2)$ ，如果 $x^2 > x_n^2((m-1)^2)$ ，则认为序列 y_t 符合马氏性，适用于马尔可夫预测。

(3)若状态 E_i 经过 k 步转向 E_j 的概率为 p_{ij}^k ，则 $p_{ij}^k = \dfrac{n_{ij}^k}{N_i}$ ，其中， n_{ij}^k 为状态 E_i 经过 k 步转向 E_j 的频数， N_i 为状态 E_i 出现的次数，则 k 阶马尔可夫转移矩阵为

$$p^k = \begin{bmatrix} p_{11}^k & L & p_{1m}^k \\ M & O & M \\ p_{m1}^k & L & p_{mm}^k \end{bmatrix} \tag{3-14}$$

若现在状态为 i ，转移矩阵 p^k 的第 i 行表示 k 步后，系统转移到各种状态的概率。这里主要使用 1 阶马尔可夫转移矩阵。

设系统现处于状态 E_j ，转移矩阵的第 i 行表示系统经过 k 步后的未来状态及其转移概率，其 k 步预测值可由状态中点与相应的转移概率乘积之和求得

$$\hat{y}^k = \sum_i \frac{1}{2}(\theta_{1i} + \theta_{2i}) p_{ij}^k \tag{3-15}$$

其中， $E_i = [\theta_{1i}, \theta_{2i}]$ ， θ_{1i} 和 θ_{2i} 分别是状态 E_i 的上下限。

(4)对灰色模型 $\mathrm{GM}(1,1)$ 预测值 $X = (\hat{x}_1, \hat{x}_2, \cdots, \hat{x}_n)$ 进行马尔可夫修正，设修正后的值为

$$X^m = (\hat{x}_1^m, \hat{x}_2^m, \cdots, \hat{x}_n^m) \tag{3-16}$$

$$\hat{x}_t^m = \frac{\hat{x}_t}{1 + \hat{y}^k}, \quad t = 1, 2, \cdots, n \tag{3-17}$$

该修正值即为灰色马尔可夫的预测值。

4. 预测模型选择

利用实时客流数据提取客流特征，并选择合适的重大事件预测模型进行实时大客流预测，其流程如图 3.18 所示。

(1)根据历史重大事件客流数据生成专用的大客流判定模型,运用该模型对实时客流数据特征进行判断。

(2)通过提取实时客流的大小规模、变化趋势等特征,以及关键车站的相关信息,在预测模型库中检索合适的预测模型。

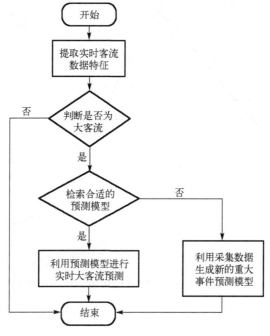

图 3.18　预测模型选择流程图

（3）当实时客流数据被判断为重大事件客流，但并未在模型库中检索到合适的预测模型时，判定此客流数据为新类型的大客流数据，利用灰色预测和马尔可夫修正模型生成新的大型活动预测模型，并存入预测模型库。

（4）通过实时得到的大客流数据，采用合适的预测模型对实时大客流进行预测，保存预测的大客流数据，并利用实时获取的大客流数据修正马尔可夫状态转移矩阵，提高大客流预测的准确度。

3.3.3　算法验证

1. 情况一：大型活动

本节实验以 2018 年 2 月 10 日～10 月 28 日期间五棵松体育馆举办大型演唱会时的五棵松站出站总客流量历史记录为基础，建立五棵松体育馆演唱会事件大客流预测模型。

2018 年 10 月 14 日五棵松体育馆举办了张信哲的大型演唱会，而 2018 年 10 月 28 日五棵松体育馆没有举办演唱会。本节根据 2018 年 10 月 14 日、10 月 28 日 16:30～20:30 五棵松站出站总客流数据，利用本节提出的预测算法，预测 14 日和 28 日 16:30～20:30 的五棵松站的出站总客流量，其预测结果如图 3.19、图 3.20 和表 3.6 所示。

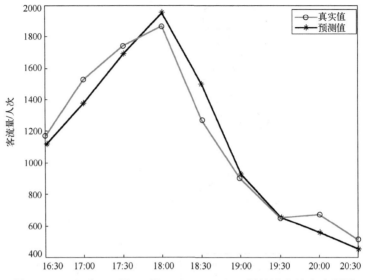

图 3.19　2018 年 10 月 14 日 16:30～20:30 五棵松站出站客流预测

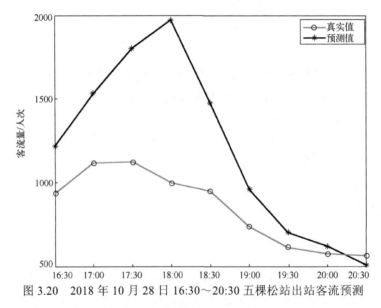

图 3.20　2018 年 10 月 28 日 16:30～20:30 五棵松站出站客流预测

　　由于 2018 年 10 月 28 日五棵松体育馆没有举办演唱会，16:30～20:30 期间五棵松地铁站的出站客流不具备大事件客流特征。从图 3.20 可知，本节算法的预测曲线与实际客流曲线的差距非常大，表明其预测效果很差。

　　分析图 3.19 可知，本节算法的预测曲线与实际客流曲线的总体走势非常接近，总体预测效果较好，间接说明 10 月 14 日 16:30～20:30 五棵松地铁站出站客流因受到大型活动的影响存在大客流现象。但是在个别时刻，预测客流与真实客流值相差较大。

从表 3.6 可得知，当预测 10 月 14 日由大型演唱会引发的大客流时，由于选择了合适的五棵松体育馆大型演唱会事件大客流预测模型，基于灰色马尔可夫的大客流实时预测算法预测准确度比较高，RME 值和 RMSE 值分别为 7.11% 和 105.16。当预测 10 月 28 日乘客正常出行客流时，由于不恰当地选择了五棵松演唱会事件大客流预测模型，其 RME 值高达 43.08%，RMSE 值高达 470.98。

表 3.6　五棵松演唱会客流预测结果统计

	10 月 14 日 17:30～19:30	10 月 28 日 17:30～19:30
RME	7.11%	43.08%
RMSE	105.16	470.98

此外，可将五棵松地铁站实时出站客流量与五棵松体育馆演唱会事件大客流预测模型结合，判断实时客流是否为由大型演唱会引起的大客流。

2. 情况二：重大节假日

本节实验以 2018 年 1 月 2 日～5 月 20 日期间西单重大节假日时的出站客流量历史记录为基础，建立西单重大节假日大客流预测模型。

2018 年 5 月 1 日是国家法定节假日，而 2018 年 5 月 8 日为普通工作日。本节根据 2018 年 5 月 1 日和 5 月 8 日 10:30～12:30 西单地铁站的出站客流数据，利用本节提出的预测算法，分别预测 5 月 1 日和 8 日 10:30～12:30 西单地铁站的出站客流量，其预测结果如图 3.21、图 3.22 和表 3.7 所示。

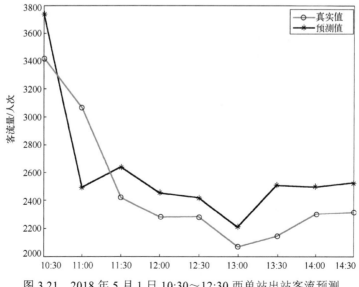

图 3.21　2018 年 5 月 1 日 10:30～12:30 西单站出站客流预测

由于 2018 年 5 月 8 日是普通工作日，所以 10:30～12:30 期间西单地铁站的出站客流不具备大事件客流特征。从图 3.22 可知，本节算法的预测曲线与实际客流曲线的差距非常大，表明其预测效果很差。

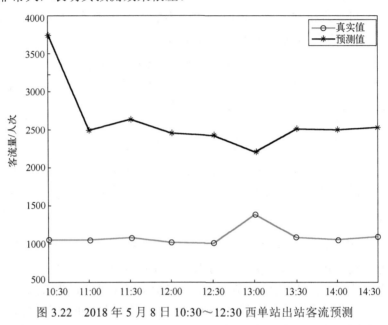

图 3.22　2018 年 5 月 8 日 10:30～12:30 西单站出站客流预测

分析图 3.21 可知，本节算法的预测曲线与实际客流曲线的总体走势非常接近，总体预测效果较好，说明 5 月 1 日 10:30～12:30 西单地铁站出站客流因受到重大节假日影响存在大客流现象。但是在个别时刻，预测客流值与真实客流值相差较大。

从表 3.7 可知，在预测 5 月 1 日由重大节假日引发的大客流时，由于选择了合适的西单重大节假日大客流预测模型，基于灰色马尔可夫的大客流实时预测模型预测准确度比较高，RME 值和 RMSE 值分别为 10.43% 和 291.84。当预测 5 月 8 日乘客正常出行客流时，由于不恰当地选择了西单重大节假日大客流预测模型，其 RME 值和 RMSE 值分别到达 139.54% 和 1587.79，预测结果较实际偏差较大。

此外，可将实时采集的西单站出站客流量与西单重大节假日大客流预测模型结合，判断实时客流是否由重大节假日引起的大客流。

表 3.7　西单五一节客流预测结果统计

	5 月 1 日 10:30～12:30	5 月 8 日 10:30～12:30
RME	10.43%	139.54%
RMSE	291.84	1587.79

通过对表 3.5～表 3.7 的误差分析，可采用某类大客流预测模型对实时客流数据

进行分析与预测，并利用预测结果的 RME 值是否低于 20%来判断实时客流是否为由相应大型活动引起的大客流。

综上所述，为了提高轨道交通应对大型活动中大客流对客运组织影响的能力，本节首先分析了两种重大事件对轨道交通个别车站客运组织的影响。在此基础上，利用灰色预测模型和马尔可夫模型，提出了基于灰色马尔可夫的大客流实时预测模型，以支撑对重大事件大客流的预测预警工作。

该模型通过使用历史客流时间序列数据，采用灰色预测算法建立 GM(1,1)灰色模型，并通过三点滑动处理生成一次累加生成序列，求解拟合值序列、一次残差序列和拟合相对误差。然后，利用马尔可夫修正模型对灰色模型中得到的拟合相对误差序列进行状态划分，并通过马氏性检验确定状态转移概率矩阵。最后，利用预测误差对灰色预测结果进行修正来得到最终的预测大客流值。

最后基于北京地铁客流数据，分别针对大型活动中的五棵松篮球赛和西单重大节假日进行实时大客流预测。实验结果表明，本节提出的基于灰色马尔可夫的大客流实时预测模型对真实的大客流预测效果较好，较好解决了重大事件期间客流随机波动性较大的预测问题。但是，对乘客正常出行客流的预测效果较差。此外，采用某类大客流预测模型对实时客流数据进行分析与预判，并利用预测结果的 RME 值是否低于 20%来判断实时客流是否为由相应重大事件引起的大客流。

3.4　基于深度神经网络的预测算法

3.4.1　算法概述

轨道交通实际运营中，乘客的出行需求和路径选择会受到一些非常规因素的影响，如恶劣天气、线路/车站异常停运、突发事件、交通管制等因素，使得个体乘客的出行需求和出行方式在时间和空间上发生偏离，这种偏离会引发群体客流状态的突发性变化，这种突发性变化无法通过历史规律提前预知，称为轨道交通客流的非线性特征，非线性特征的场景用常规方法预测效果较差。

为解决此类问题，本节提出了一种端到端神经网络体系结构模型来解决非线性特征的客流预测问题，该模型设计注意力机制模块来分析挖掘客流规律中隐含的非线性特征，包括客流时间序列数据对时间要素的依赖性、预测目标地铁站的客流量和相邻车站的空间依赖关系等，减少对人工特征工程的依赖性，注意力机制部分将所有输入特征加权求和作为深度神经网络(Deep Neural Networks，DNN)输入；设计 FM(Factorization Machine)模块处理其他特征；深度神经网络完全连接层输出和 FM 模块输出结果共同输入线性回归预测层，最终实现目标车站客流量的预测。

3.4.2　数据集及数据处理方法介绍

为了充分挖掘城市轨道交通客流状态背后隐藏的时间、空间依赖关系，选用北京地铁 5 号线 2017 年全年的 5 分钟粒度进站量、出站量作为实验数据集，在删除异常数值样本后，有效数据集包含 1854994 个样本，将 2017 年 1 月 1 日～11 月 30 日的客流数据作为训练数据集，2017 年 12 月 1 日～12 月 31 日的客流数据作为测试数据集，数据在训练和测试中均进行归一化处理。

在实验应用中，将北京地铁 5 号线所有车站的进站量、出站量、进站时间、出站时间和车站编码信息等作为输入数据，分析挖掘客流数据规律，预测 5 号线所有车站的 5 分钟粒度的客流数据。

3.4.3　预测算法

为了探索不同客流特征之间的相互关系，本节提出了一种端到端的神经网络模型，在深度神经网络模型的基础上，考虑到预测目标站点客流量的四类影响因素。

(1) 预测目标站点的历史时间序列客流特征，例如，在第 t 个时间间隔的出站客流量与第 $t-1$ 个时间间隔的出站客流量、第 $t-2$ 个时间间隔的出站客流具有相关性。

(2) 预测目标站点客流量与相邻站点客流量的空间相关性，例如，目标站邻近较远的周边举办大型活动，大型活动期间引起邻近车站客流量大幅度增加，进而会引起目标车站客流量的增加，即邻近车站之间存在着空间相关性。

(3) 预测目标站客流量与运营场景紧密相关，如同一车站客流量在工作日、周末和节假日的不同日期特征下会有较大区别，工作日以职住客流为主，节假日旅游客流占的比重较大。

(4) 车站客流量还受到列车运行信息和车站状态影响，如上下行列车的间隔会影响列车满载率，影响到乘车舒适程度，进而影响乘客的出行路径；车站拥挤度过高情况下会采取限流措施，进而影响到乘客的出行方式选择等。

根据以上分析，本节提出的预测模型整体框架如图 3.23 所示。使用注意力机制捕获目标车站预测客流量与历史客流量的时序相关性特征，与目标站邻近车站客流量之间的空间相关性特征，注意力机制模块将所有输入特征加权求和作为深度神经网络输入。设计 FM 模块处理其他特征，例如，时间戳、年份日期和上下顺序等。最后，FM 模块和深度神经网络完全连接层的输出将被串联到线性回归预测层中，实现目标车站客流量的预测。

数据基本定义、数据处理过程和车站客流预测问题建模如下：

(1) $X_i(t+1)$ 表示第 i 个车站在第 $t+1$ 个时间间隔内的客流量；

(2) 第 i 个车站的历史流量可以描述为 $H_i(i,t) = \{X_i(t), X_i(t-1), \cdots\}$；

(3) 第 i 个车站的周边车站历史流量可以描述为 $S_{i,t} = \{H_{i,t,1,1}, H_{i,t,2}, \cdots\}$，其中 $H_{i,t,1}$

表示在第 t 个时间间隔中与第 i 个相邻车站的第 1 站，$H_{i,t,2}$ 表示在第 t 个时间间隔中与第 i 个相邻车站的第 2 站。

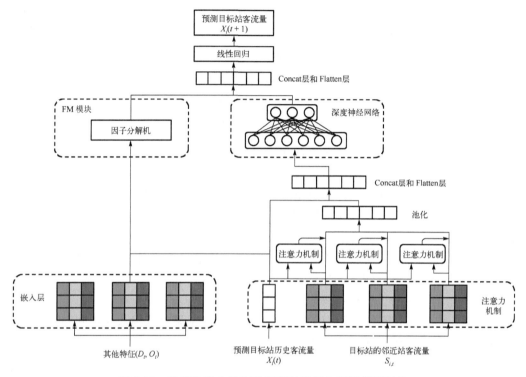

图 3.23　基于注意力机制的深度神经网络预测模型架构

据此，本节的研究问题是如何利用第 i 个车站的历史信息和相关信息来预测第 i 个车站在第 $t+1$ 个时间间隔内的乘客流量，可以表示为

$$X_i(t+1) = F[S_{i,t}, D_t, O_t] \tag{3-18}$$

其中，$S_{i,t}$ 表示第 i 个车站的周边车站历史流量，D_t 表示日期特征信息，例如时间戳、一年中的工作日、周末或假期等，O_t 包括其他相关信息，如上下行信息和车站状态等。

客流日期特征信息、其他相关信息具有多个编码类别，每个编码类别中的数据项可有多个取值，例如，时间戳中的运营日信息包括周一、周二、周三、周四、周五、周六、周日 7 个取值，可以通过 one-hot 编码将其转换为高维稀疏二进制编码数据，具有 k 个单独值的编码类别字段可以表示为 $p \in \mathbf{R}^k$ 向量。因此，$X_i(t+1)$ 表示为

$$X_i(t+1) = F[S_{i,t}, P_D^{\mathrm{T}}, P_O^{\mathrm{T}}] \tag{3-19}$$

one-hot 编码向量中的值是二进制的。例如，如果随机样本的运营日是周五，则此样

本的运营日字段将被编码为 $\{0,0,0,0,1,0,0\}$，周五对应位字段为"1"，其余对应位字段为"0"。

在图 3.23 中，在注意力机制中设计注意力机制单元用于训练和表示目标车站客流量与周围邻近车站的客流量相关性。注意力机制单元用 $U_{i,t+1}(X)$ 表示，计算公式为

$$U_{i,t+1}(X) = \text{Attention}(X_{i,t+1}, S_{i,t+1})$$
$$= \text{Attention}(X_{i,t+1}, H_{i,t+1,1}, H_{i,t+1,2,\cdots,}) \qquad (3\text{-}20)$$
$$= \sum_t +1 \sum_{j=1}^{k} a\left(\frac{X_{i,t+1}, H_{i,t+1,j}}{\sqrt{d}}\right) H_{i,t+1,j}$$

其中，$\bar{X}$ 和 $\bar{H}$ 是预测目标车站客流量和来自周围车站客流量的嵌入向量。在模型中，函数 a 是一个前馈网络，用于生成权重。该模型采用注意力机制，能够关注目标车站周围邻近车站的事件信息，并忽略序列中的顺序。除了每个站点的依赖性外，时间特征和站点特征也被输入预测模型中。此外，DNN 完全连接层进一步提高了模型的泛化能力。

除此以外，将 D_t、O_t 输入 FM 模块进行训练和学习，使用 FM 模块来捕获注意力机制中缺少的信息，例如，预测普通车站的工作日、周末等场景进站量时，会自动获取预测场景中的工作日和周末等特征。

最后，将 FM 处理结果和 DNN 完全连接层输出结果串联输入线性回归预测层，实现对目标车站客流量 $X_i(t+1)$ 的预测和输出。

3.4.4　算法验证

本节基于北京地铁 5 号线的客流数据进行基于注意力的神经网络模型实验，并将本节设计的模型(DNN-Attention)实验结果与其他三种模型进行比较。采用 RMSE 和 MAE 作为模型评价指标，在实验中模型评价指标计算公式如下

$$\text{RMSE} = \sqrt{\frac{1}{N}\sum_{i=1}^{N}(\hat{y}_i - y_i)^2} \qquad (3\text{-}21)$$

$$\text{MAE} = \frac{1}{N}\sum_{i}^{N}|\hat{y}_i - y_i| \qquad (3\text{-}22)$$

其中，y_i 是实际观测到的客流，$\hat{y}_i$ 是第 i 个样本采用模型的预测值。

实验结果与以下三种模型进行了性能比较，包括 DNN、XGBoost 和 DeepFM。

表 3.8 展示了基于北京地铁 5 号线数据集，使用四种预测方法进行进站和出站客流预测的结果对比。实验结果数据中，进站客流量的 RMSE 值分别为 45.46、36.50、32.05 和 27.34，出站客流量的 RMSE 值分别为 61.05、43.84、40.13 和 37.50，相同的结果也显示在 MAE 值上。预测结果表明，首先，本节提出的 DNN-Attention 方法

在进出站客流预测中表现优异,优于DNN、XGBoost和DeepFM方法,说明DNN-Attention架构能够更好地描述车站客流趋势。其次,在预测出站客流方面,DNN-Attention 的预测精度显著提高,证明注意力机制能够表达周围车站之间的潜在依赖关系。

表 3.8　基于北京地铁客流数据的预测结果对比

模型	RMSE		MAE	
	进站量	出站量	进站量	出站量
DNN	45.46	61.05	21.03	31.07
XGBoost	36.50	43.84	19.05	24.30
DeepFM	32.05	40.13	17.85	23.29
DNN-Attention	27.34	37.50	16.63	23.38

为了解 DNN-Attention 方法的广泛适用性,对比测试四种模型在不同类型车站、不同运营场景下的预测效果,结果如表 3.9 和表 3.10 所示。

表 3.9　不同类型车站、不同场景出站量预测结果比较

模型	常规车站		换乘站		工作日		周末	
	RMSE	MAE	RMSE	MAE	RMSE	MAE	RMSE	MAE
DNN	72.84	36.76	44.18	25.65	69.90	35.97	30.71	19.31
XGBoost	53.40	29.72	32.10	20.77	49.00	26.91	27.74	18.06
DeepFM	49.00	28.72	30.25	20.76	44.35	25.46	27.46	18.10
DNN-Attention	48.02	27.56	29.09	19.32	40.86	25.12	26.83	17.20
增加比例/%	2	4.03	3.83	6.93	7.86	1.33	2.29	4.97

表 3.10　不同类型车站、不同场景进站量预测结果比较

模型	常规车站		换乘站		工作日		周末	
	RMSE	MAE	RMSE	MAE	RMSE	MAE	RMSE	MAE
DNN	54.11	25.05	43.43	18.43	52.32	24.36	21.37	13.96
XGBoost	42.90	22.04	29.18	16.94	41.42	21.31	20.25	13.62
DeepFM	37.25	20.40	26.57	16.21	35.95	19.66	19.72	13.50
DNN-Attention	33.35	19.86	26.36	16.67	30.07	18.07	19.28	13.17
增加比例/%	10.46	2.64	0.79	−2.83	16.35	8.08	2.23	2.44

首先,DNN-Attention 模型针对不同类型车站(常规车站、换乘站)、不同类型运营场景(工作日、周末),出站量的预测效果较其他三种模型在 RMSE、MAE 性能指标上均有显著提升。

其次,比较工作日和周末的进站量、出站量的预测结果,注意力机制实现了性能的显著提高,周末周围车站的客流快速波动可以通过注意力机制反映出来,进一

步提高了预测精度。

　　综上所述，传统的时间序列方法在获取客流趋势规律方面已经遇到了瓶颈，为了获得更好的预测性能，本节提出了一种基于注意力的深度神经网络架构来捕捉空间和时间特征之间的潜在关系，通过北京地铁 5 号线进站量、出站量的多场景实验和验证比较，表明本节提出的方法获得了更好的效果。

参 考 文 献

[1] 李枭. 轨道交通换乘站客流预测方法研究. 北京: 北京交通大学, 2010.

[2] 兰鹏. 基于出行目的链的轨道交通客流预测模型研究. 北京: 北京交通大学, 2009.

[3] 钟绍林. 城际快速轨道交通客流预测方法研究. 铁道运输与经济, 2007, 29(5): 71-74.

[4] 马鹤龄, 郭志勇. 轨道交通客流预测非集聚模型研究初探. 华中科技大学学报, 2002, 1(1): 67-70.

[5] 孔雪萍. 短时交通信息动态预测方法的研究与实现. 北京: 北京航空航天大学, 2010.

[6] Wang Y B, Papageorgiou M. Real-time freeway traffic state estimation based on extended Kalman filter. Transportation Research Part B: Methodological, 2005, 39(2): 141-167.

[7] Yang J S. Travel time prediction using the GPS test vehicle and Kalman filtering techniques// Proceedings of the American Control Conference, Portland, 2005.

[8] 傅慧, 徐建闽. 基于卡尔曼滤波的路径行程时间预测方法. 微型计算信息, 2007, 22(2): 123-128.

[9] 邓聚龙. 灰预测与灰决策. 武汉: 华中科技大学出版社, 2002.

[10] Lin C T, Yang S Y. Forecast of the output value of Taiwan's opto-electronics industry using the grey forecasting model. Technological Forecasting and Social Change, 2003, 70(2): 177-186.

[11] 任工昌, 刘丽, 苗新强. 改进灰色模型在电力负荷中的预测与实现. 机械设计与制造, 2010, 1(2): 232-234.

[12] 盖春英, 裴玉龙. 公路货运量灰色模型——马尔可夫链预测方法研究. 中国公路学报, 2003, 3(16): 113-116.

[13] Hassan M R. A combination of hidden Markov model and fuzzy model for stock market forecasting. Neurocomputing, 2009, 72(16-18): 3439-3446.

[14] 胡腾波, 叶建栲. 马尔科夫链模型在 GIS 数据预测中的应用. 计算机系统应用, 2008, 1(8): 90-93.

[15] 刘晓琴, 姚晓晖. 马尔科夫链模型在铁路春运客流预测中的应用. 安全科学技术, 2010, 1(12): 5-8.

[16] Yan X K, Liu Y, Mao Z Y, et al. SVM-Based elevator traffic flow prediction//The 6th World Congress on Intelligent Control and Automation, Dalian, 2006.

[17] Vanajaksi L, Rilett L R. Support vector machine technique for the short term prediction of travel time//The IEEE Intelligent Vehicles Symposium, Istanbul, 2007.

[18] 杨兆升, 王媛, 管青. 基于支持向量机方法的短时交通流量预测方法. 吉林大学学报(工学版), 2006, 26(6): 881-884.

[19] Liu J S, Fu H, Liao X X. Combination prediction for short-term traffic flow based on artificial neural network//The 6th World Congress on Intelligent Control and Automation, Dalian, 2006.

[20] Feng H L, Chen D, Lin Q J, et al. Multi-Scale network traffic prediction using a two-stage neural network combined model//The International Conference on Wireless Communications, Networking and Mobile Computing, Wuhan, 2006.

[21] Chen T Q, Guestrin C. XGBoost: a scalable tree boosting system. Proceedings of the 22nd ACM SIGKDD International Conference on Knowledge Discovery and Data Mining, 2016: 785-794.

[22] LeCun Y, Bengio Y, Hinton G. Deep learning. Nature, 2015, 521(7553): 436-444.

[23] Zhao S Z. A new approach to the prediction of passenger flow in a transit system. Computers and Mathematics with Application, 2010, 61(8): 1968-1974.

[24] Suykens J A K, de Brabanter J, Lukas L, et al. Weighted least squares support vector machines: robustness and sparse approximation. Neurocomputing, 2002, 48(1): 85-105.

第 4 章　城市轨道交通客流仿真理论

在网络化运营条件下，城市轨道交通车站在工作日早晚高峰、大型活动和突发事件情况下，经常出现"大客流"现象，这种巨量、集中、空间分布不均衡甚至突变的大客流给运营组织带来了严重挑战，如何评估车站客流疏散瓶颈点以及建立科学的客流疏散引导方案是"大客流"挑战亟须解决的技术问题。因此，开展城市轨道交通车站内的乘客运动仿真和疏散模型研究，尤其是建立多向行人疏散流的向量地场模型具有重要的意义。

本章提出了一种向量地场模型，用于模拟地铁站内多向行人的行走和疏散过程。由于行人对于不同方向的敏感程度不同，该模型着重考虑方向对行人之间相互作用的影响，以更准确地表现在不同方向的行人之间的相互影响。仿真实验表明，该模型能够较好地模拟和再现地铁站内不同场景下多向行人之间的复杂作用和自组织现象。

此外，本章在传统地场模型的基础上，利用排斥作用代替适用于模拟紧急疏散情况的跟随作用，建立了一个引入排斥动态场的行人疏散地场模型。仿真结果表明，适当增加排斥力作用可以提高模拟场景的拥堵临界密度。

本章提出的向量地场模型和行人疏散地场模型为评估车站客流疏散瓶颈点和建立科学的客流疏散引导方案提供了理论方法，并为城市轨道交通车站内不同场景下乘客疏散模拟仿真问题提供了解决思路。

4.1　面向多向行人疏散流的向量地场模型

近年来，随着城镇化进程的加快，大城市轨道交通逐步成网，进入网络化运营状态，越来越多的市民选择轨道交通作为主要的公共交通出行方式，如图 4.1 所示。城市轨道交通工作日早晚高峰、重大活动和突发事件场景下客流拥挤问题日益凸显，轨道交通公共安全和地铁站内客流组织受到越来越多的重视，因此，对地铁站内乘客运动仿真和疏散模型研究的重要性和迫切性显得更加突出。

在离散的地场模型中，静态地场的值称为 s 玻色子，动态地场的值称为 d 玻色子，分别记为 $\tau_s(x,y)$ 和 $\tau_d(x,y)$。当一个行人从元胞 cell(x,y) 位置转移到相邻元胞中时，cell(x,y) 的 d 玻色子加 1。同时，在接下来的时间步长中，d 玻色子会以一个概率 α 衰退。方向 (i,j) 上的转移概率 $P_{i,j}$ 为

$$P_{i,j} = Ne^{\beta J_d A_d(i,j)}(1-n_{ij})d_{ij} \tag{4-1}$$

图 4.1　双向行人拥堵场景

其中，$\Delta_d(i,j)=\tau_d(i,j)-\tau_d(0,0)$。$N$ 是一个标准化因子，使得 $\sum_{i,j}P_{ij}=1$。d_{ij} 是一个修正因子，使障碍物占据的区域行人不能进入。J_s 和 J_d 系数控制 s 玻色子和 d 玻色子的比重，β 是权重因子。对于一个空的元胞，$n_{ij}=0$；反之，$n_{ij}=1$。

　　通过设置简单的规则，地场模型可以模拟和再现真实行人流的基本现象，如行人间的吸引、排斥、自动渠化等。同时，地场模型将空间长距离的相互作用转化成一定时间内短距离相互作用，而且地场的引入简化了复杂地形中行人视线遮挡、跟随、绕行的判断逻辑，提高了计算效率。

　　在标准的地场模型基础上，研究者们又提出了很多新的扩展模型以适应更多的场景，提高仿真效果。然而目前已经提出的地场模型中，静态地场与动态地场的取值都是标量，这种设置不利于体现不同方向行人间的差异。

　　为更好解决地场模型中不同方向行人间的差异问题，且能够较好地针对地铁站内等具有多向行人流的复杂场景进行仿真模拟，本节提出了一种面向多向行人流混合运动的向量地场模型。在这个模型中，向量化的地场信息替代了原有模型中的标量地场信息。静态向量地场中的每一个格点都可以表示一个倾向行走方向，而动态向量场中的每一个格点可以记录下不同方向行人流的运动趋势。行人运动趋势取决于邻域内的元胞状态以及本元胞上记录的向量化运动趋势。除此之外，本节模型还引入了社会力模型中的力学效应，比如墙或其他障碍物的排斥力，用于仿真模拟地铁站内墙或其他固定设施对乘客运动的影响。仿真实验结果表明，本节提出的向量地场模型适用于地铁站内的复杂场景。针对岛式站台、站台两侧楼梯通向站厅处、闸机群外非付费区至出站口等多处具有双向或多向行人流的复杂场景进行仿真模拟，所有模拟场景均再现了真实行人流中的一些典型自组织现象，比如自动渠化现象。而且还与真实实验进行了比较，证实了本节模型的有效性。

4.1.1 向量地场模型

通过对经典地场模型中的静态地场和动态地场进行向量化处理，并引入地场方向信息，本节模型算法详细过程分为以下四个步骤。

1. 行人速度离散化

首先根据行人的基本物理特征，将整个场景划分为若干个 40cm×40cm 的方格。每个格点可以是空的、被占据的或者是被阻挡的。格点的大小约为一位行人所占的平面面积。假设以左下方的格点为坐标原点，x 轴向右，y 轴向上。

时间同样被离散化为基本时间片，基本时间片被设为 1/24s，即 1s 包含 24 个基本时间片。行人拥有不同的速度等级，并且整个行人流都由一个标准时钟控制。假设一个行人的速度等级为 k，那么该行人可以每隔 k 个时间片行动一步。

地铁站内乘客的速度通常在 1.0~1.8m/s，所以相应的速度等级在 5~10，如表 4.1 所示。在本节中若没有特殊说明，行人的速度等级统一设置为 6，即所有的行人都每隔 6 个时间片更新一次。但是行人的起始更新时刻随机分布，这样设置使得每一个时间片内都有一部分行人在更新。速度等级与实际速度对照表如表 4.1 所示。

表 4.1 速度等级与实际速度对照表

速度等级	实际速度/(m/s)
1	9.6
2	4.8
3	3.2
4	2.4
5	1.92
6	1.6
7	1.37
8	1.2
9	1.07
10	0.96

2. 地场向量化

在地场模型中，行人根据两种地场选择下一步运动位置：静态地场和动态地场，前者反映了当前位置到出口的距离，后者记录行人的运动情况，反映行人的运动趋势。

本节的向量地场模型用向量化的地场替代经典地场模型中静态标量地场和动态标量地场，并称为静态向量场和动态向量场。每个向量场的坐标设置与元胞位置坐标相同，这样可直接表示行人行走的偏好方向和偏好程度。

1）静态向量场的生成

静态向量场表示静态场景对行人的影响，包括出口、墙等其他场景中的物体。每一个出口都会形成一个专属的静态向量场，该静态向量场是以该出口为目标的行人的作用场，表明选择该目标的行人在当前位置上的倾向行走方向，而以其他出口为目的的行人则完全不受这个静态向量场的影响。静态向量场类似于流体的流速场，流速场表示流体的流向和速度，而静态向量场则描述了行人的偏好方向和偏好大小。

计算静态向量场的方法是以经典地场模型中静态场为基础，通过四种因子计算静态向量场。静态向量场中每一个格点的向量被称为静态向量因子，静态向量因子是静态因子在不同方向上的加权，静态因子是目标因子和障碍因子的叠加。目标因子描述当前格点到出口的曼哈顿距离，障碍因子反映墙和其他障碍物对于行人的排斥力效果。

目标因子的值被称为 $value_g$，障碍因子的值被称为 $value_w$，静态因子的值被称为 $value_s$，静态向量因子的值被称为 $vector_s$。

静态向量因子的详细计算过程可划分为四个步骤。

（1）计算每一个格点的目标因子。

①设置一个空队列，设置目标格点为 $value_g = 0$，并把目标格点依次添加至队列尾部，把其他格点设为无穷大。设置一个计数器 $counter = 0$。

②从队列首部找到并取出所有目标因子 $value_g(x, y) = counter$ 的格点，并且检查与它们相邻的格点 (i, j)。如果格点 (i, j) 是障碍物，则 $value_g(i, j) = -1$；如果格点的目标因子 $value_g(i, j)$ 比计数器 $counter + 1$ 大，则将其值设为 $counter + 1$，并将其添加至队列尾部。

③ $counter = counter + 1$。

④如果队列为空，那么跳转至步骤（2），否则跳转至步骤（1）②。

（2）计算每一个格点的障碍因子。

①设置墙的最大影响范围 $wall\_effect\_area$，并设置一个计数器 $counter = wall\_effect\_area$。

②设置一个空队列，将被阻挡格点的障碍因子设为 $counter + 1$，并将其添加至队列尾部，把其他格点的值设为 0。

③从队列首部找到并取出障碍因子 $value_w(x, y) = counter + 1$ 的格点，并且检查与它们相邻的格点 (i, j)。如果格点 (i, j) 是目标，则维持现状。如果格点的障碍因子 $value_w(i, j)$ 比计数器 $counter$ 小，则将其值设为 $counter$，并将其添加至队列尾部。

④ $counter = counter - 1$。

⑤如果 $counter = 0$，那么跳转至步骤（3），否则跳转至步骤（2）③。

（3）计算每一个格点的静态因子，不包括那些被阻挡的格点。

①对于每一个格点 $value(i, j) = value_g(i, j) + value_w(i, j)$，如果格点是被阻挡的，则跳过。

②找到具有最大值的 value(i, j) 其值赋给变量 max，每个格点的静态因子 value$_s(i, j) = \max - \text{value}(i, j)$。

(4)计算每一个格点的静态向量因子，不包括那些目标和被阻挡的格点。

①计算每个格点 (i, j) 的权重矩阵 martrix(i, j)

$$\text{matrix}(i, j) = \begin{bmatrix} \text{value}_x(i, j+1) \\ \text{value}_x(i-1, j) \\ \text{value}_x(i+1, j) \\ \text{value}_x(i, j-1) \end{bmatrix} \tag{4-2}$$

如果格点 (i, j) 不存在或者被阻挡了，value$_s(i, j) = -1$。

②计算静态向量因子 vector$_s(i, j)$

$$\text{vector}_s(i, j) = \begin{bmatrix} 0 & -1 & 1 & 0 \\ 1 & 0 & 0 & -1 \end{bmatrix} \times \text{matrix}(i, j) \tag{4-3}$$

图 4.2 描述了静态向量场的生成过程，图中深色的格点代表被墙阻挡，浅色的

-1	-1	-1	-1	-1	-1	-1
0	1	2	3	4	5	6
0	1	2	3	4	5	6
0	1	2	3	4	5	6
0	1	2	3	4	5	6
0	1	2	3	4	5	6
-1	-1	-1	-1	-1	-1	-1

(a)目标因子

-1	-1	-1	-1	-1	-1	-1
0	1	2	3	4	5	6
0	1	2	3	4	5	6
0	1	2	3	4	5	6
0	1	2	3	4	5	6
0	1	2	3	4	5	6
-1	-1	-1	-1	-1	-1	-1

(b) 障碍因子

-1	-1	-1	-1	-1	-1	-1
7	5	4	3	2	1	0
7	6	5	4	3	2	1
7	6	5	4	3	2	1
7	6	5	4	3	2	1
7	5	4	3	2	1	0
-1	-1	-1	-1	-1	-1	-1

(c) 静态因子

-1	-1	-1	-1	-1	-1	-1
7	5	4	3	2	1	0
7	6	5	4	3	2	1
7	6	5	4	3	2	1
7	6	5	4	3	2	1
7	5	4	3	2	1	0
-1	-1	-1	-1	-1	-1	-1

(d) 静态向量因子

图 4.2　静态向量场的生成过程

格点代表目标,白色的格点代表行人可以通过的区域。对于走廊或者大厅类型的场景,静态向量场中的目标因子、障碍因子、静态因子和静态向量因子均可由上述方法计算得到。

静态向量因子是四个方向向量的加权平均,权重由矩阵 matrix(i,j) 给出。根据相邻格点的静态因子,得到每一个格点的静态向量因子,这个向量因子也就表明了处于这个位置上行人的倾向行走方向。

然而对于转弯类型的场景来说,不能使用经典地场模型中静态场来计算目标因子。而是要把转弯处按照转弯方向分成两段,每段分别采用走廊场景下的目标因子计算结果,如图 4.3 所示(图中出口格点在弯道左侧省略,重点突出弯道部分)。

-1	-1	-1	-1	-1	-1	-1
10	11	12	13	14	15	-1
10	11	12	13	15	16	-1
10	11	12	15	17	17	-1
10	11	15	18	18	18	-1
10	15	19	19	19	19	-1
-1	20	20	20	20	20	-1

(a) 目标因子

-1	-1	-1	-1	-1	-1	-1
19	18	17	16	15	14	-1
20	19	18	17	15	13	-1
20	19	18	15	13	12	-1
20	19	15	12	12	11	-1
19	15	11	11	11	10	-1
-1	9	10	10	10	9	-1

(b) 静态因子

/	/	/	/	/	/	
-1,-2	-2,-2	-2,-2	-2,-2	-2,-1	-2,0	
-1,-1	-2,-1	-2,-1	-3,1	-4,2	-3,2	
-1,0	-2,0	-4,3	-5,5	-3,3	-2,2	
-1,1	-5,4	-7,7	-3,4	-1,2	-2,2	
-4,2	-8,10	-4,5	0,2	-1,2	-2,2	/
	2,6	1,2	0,2	-1,2	-2,1	/

(c) 静态向量因子

图 4.3　转弯处静态向量场的生成

(1)首先计算弯道外侧各个格点的目标因子,得到外侧拐角处格点目标因子值为 value$_{g外角}$。

(2)沿弯道的内侧拐角处格点和外侧拐角处格点连接一条对角线,被扫过的格点的目标因子都设为 value$_{g外角}$。该对角线将外道分为两部分，每一部分分别按照步骤(3)的方法计算。

(3)过弯道外侧的格点作一条与墙面垂直的直线，直线上的每一个格点的目标因子值都与最外侧格点的目标因子值相同。

在本节模型中，行人只有四个方向可以行走（前进、后退、左转、右转），因此在计算静态向量场时只取了四个方向向量的加权平均，若要移植到八方向行走的模型中，用类似的思想相应地对八个方向向量进行加权平均。

2)动态向量场的生成

动态向量场用来模拟不同方向的行人流以及行人间的相互影响。相比于地场模型中的动态地场，动态向量场可以记录不同方向的行人流信息，尤其在多向路口场景中可以更加精细地刻画多向行人的诱导或干扰作用。例如，一个正要朝北走的行人可能并不会受到之前一个向东行走的行人的影响，而却会被一个之前向南走的行人所排斥。而在经典地场模型中，之前任何方向的行人都会对其表现出吸引跟随的效应，没有体现出方向影响的异质性，不符合真实行人流中行人之间的相互影响。

动态向量因子的值称为 vector$_d$，其初始值被设为 $(0,0)$，当一个行人从格点 (i,j) 移动到相邻格点 (x,y) 时，vector$_d$ (x,y) = vector$_d$ (i,j) + $(x-i, y-j)$。与此同时，在每一个时间片内，动态向量场会以 γ 衰减，也就是说动态向量场中的各个因子将会剩余前一时间片的 γ。在本节模型中，γ 的取值为 0.005。

在动态向量场中，行人会在自己走过的足迹上留下方向的信息，这样会吸引同向的人跟随自己的路径，也会阻碍反向的人占据自己的路径。在四方向行走模型中，动态向量因子的方向也只是每次经过这个格点的行人方向的一种统计结果，该统计方式同样也可以应用在八方向或更多方向行走的模型中。计算动态向量因子对行人影响时，只需将其向行人运动方向做投影即可得到一个影响因子，影响因子为正则是积极影响，为负则是消极影响，向量模值表示影响大小。

3. 行人移动规则

在本节模型中，行人只有四个方向可以行走，模型需将静态向量场投影在四个方向上，得到倾向行走方向。如果在倾向行走方向上的格点没有被别的行人占据，则立刻选择这个格点；如果这个格点被占用，那么行人可以左转、右转、后退或者停留。行人的方向选择主要受静态向量场和动态向量场的影响，其他的影响因素都忽略不计。模型首先计算静态向量因子与动态向量因子加权之和，再与四个方向向量做点积，并计算每个方向行走的概率，使得最优方向有更大的概率被选中。此外，由于行人有向右行走的偏好，在向量地场模型中右行参数也被引入，右行的概率将被加大。

假设一个行人在格点 (i,j)，其移动规则可以按照下面的算法执行。

（1）根据静态向量因子 $\text{vector}_s(i,j)$ 计算出倾向方向的方向向量 $\text{directionvector}(dx,dy)$，该方向是静态向量因子 $\text{vector}_s(i,j)$ 与四个方向中点积最大值所代表的方向。有时会出现两个方向差异很小的情况，随机选择其中一个方向（其中 $x,y \in \{\pm1,0\}$，并且 $|x|+|y|=1$）。

（2）如果倾向方向与当前位置相邻的格点是空的，那么直接选择这个格点。之后进行冲突解决。

（3）如果倾向方向与当前位置相邻的格点已经被占据或者阻挡，则向其他方向 $\text{directionvector}(dx,dy)$ 的转移概率 $p(x,y)$ 可以由下面的公式表示

$$p(x,y) = N^{-1}R_{x,y}\text{e}^{[k_S \cdot \text{vector}_s(i,j) + k_D \cdot \text{vector}_d(i,j)] \cdot (x,y)}(1-n_{x,y})\xi_{x,y} \tag{4-4}$$

其中，$x,y \in \{\pm1,0\}$，并且 $|x|+|y| \leqslant 1$。当格点 $(i+x,j+y)$ 为空或者 (x,y) 为 $(0,0)$（即保持原位）时，$n_{x,y} = 0$，表示可以选择。而当格点 $(i+x,j+y)$ 被占据时，$n_{x,y} = 1$。$\xi_{x,y} = 0$ 表示格点 $(i+x,j+y)$ 被阻挡，否则 $\xi_{x,y} = 1$。$R_{x,y}$ 是一个反映右行偏好的参数。当前进方向与倾向方向满足 $(x,y) = (dy,-dx)$（即右行），$R_{x,y} = 3$，否则 $R_{x,y} = 1$。N^{-1} 是归一化参数，用来保证 $\sum_{(x,y)} p(x,y) = 1$。在本节模型中参数设置分别为 $k_s = 3$，$k_D = 1$。

4．冲突解决策略

每一个时间片内的行人采用并行更新的方式。如果有 K 个行人选择了同一个格点，那么从 K 个行人中随机选择一个行人移动到该格点上。每个行人都有 $1/K$ 的概率移动到选中的格点，其余的行人必须等待到下一次更新。

4.1.2　模型仿真与验证

本节将针对多向行人流混合运动的向量地场模型进行仿真实验并详细分析，仿真实验的具体流程图如图 4.4 所示。

在仿真实验中，调整行人的速度等级为 6，即行人在自由走行时的速度为 1.6m/s，非常接近实际中行人的自由行走速度 $v_0 = 1.55 \pm 0.18\text{m/s}$。

1．场景一：模拟走廊场景

1）仿真背景及设置

地铁站内大多数行人通道都可以简化为走廊场景，本节针对走廊场景进行了详细的仿真实验。

模拟走廊场景如图 4.5 所示，行人从走廊两边进入或者离开。

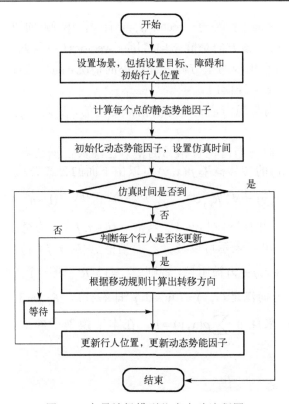

图 4.4　向量地场模型仿真实验流程图

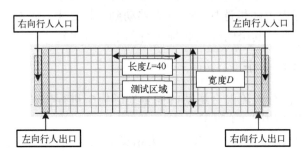

图 4.5　模拟走廊场景示意图

　　图中分右向和左向两种行人流，其中右向行人从左边进入，向右边的格点行走；左向行人从右边进入，向左边的格点行走。

　　走廊的宽度被设定为 8 个或 9 个格点，这代表了 320cm 或 360cm 的宽度。测试区域的长度为 4m。行人从每一侧进入走廊的频率档位包括 $T = 8,10,12,16,24,48$ 时间片一人，即 $fr = 1/8,1/10,1/12,1/16,1/24,1/48$。墙的最大影响范围 wall_effect_area 被设置为 1。

仿真实验中，左向行人和右向行人相继通过走廊的情景如图 4.6 所示，其中黑色的扇形部分表示行人在上一次更新之后的朝向。

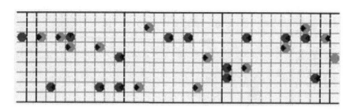

图 4.6　走廊模拟场景的运行截图

平均流量 f 是指每秒钟通过一条直线的平均人数，可以由行人通过测量区域中任何一条直线的人数除以测量时间得出。

平均密度 ρ 是指测量区域中行人在单位面积上的人数。

平均速度 v 是指测量区域中所有行人的平均瞬时速度。

在测量区域，平均流量 f、平均密度 ρ、走廊宽度 D 和平均速度 v 满足下面的公式

$$f = v \times \rho \times D \tag{4-5}$$

根据原始数据，每隔 3s 计算一次平均流量 f 和平均密度 ρ。再根据已知的宽度 D，由式(4-5)计算平均速度 v，此时 v 就是测量区域中所有行人每隔 3s 的平均瞬时速度。在开始的 9s 和结尾的 9s，只有较少一部分行人在走廊中，这部分可略去以减少统计误差。

2) 行人注入率对总体流量和速度的影响

为了验证仿真实验中行人的生成速率能够模拟通道宽度对整体密度的影响，本节罗列了几种典型宽度下仿真实验的流量-密度基本图(图 4.7 和图 4.8)和速度-密度基本图(图 4.9 和图 4.10)。

图 4.7 和图 4.8 表明，在走廊宽度 D 一定时，人群密度可以由进入场景生成间隔 T 控制。随着 T 的减小，人群的密度逐步上升。如在走廊宽度为 320cm 时，T 处于 8~48 范围，可控实验将人群密度控制在 0.1~3.1 人/平方米，符合正常情况下地铁站通道内乘客运动时的人群密度范围。然而这个关系并不是纯线性的，$T=48,24,12$ 时，人群密度为 0.1~0.3 人/平方米、0.2~0.7 人/平方米、0.6~1.6 人/平方米，即随着生成间隔的减小，人与人的碰撞等相互影响增加，导致人群平均速度减小，人群密度增加过快。人群平均速度随着生成间隔的减小而减小也可以从速度-密度基本图中看出。当生成间隔一定时，人群密度随着走廊宽度的增加而减少。如 $T=16$ 的情况下，走廊宽度为 320cm 时，人群密度在 0.4~1.3 人/平方米；而走廊宽度为 360cm 时，人群密度在 0.3~0.9 人/平方米。

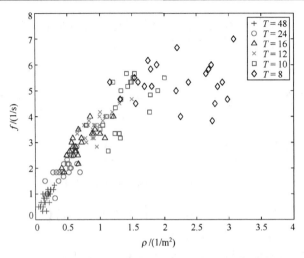

图 4.7　模拟走廊宽度为 320cm 的流量-密度基本图

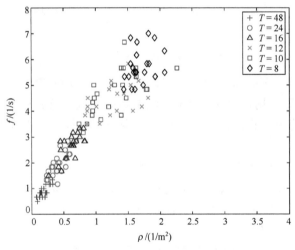

图 4.8　模拟走廊宽度为 360cm 的流量-密度基本图

从图 4.9 和图 4.10 可知，在生成间隔 T 一定的情况下人群的密度、流量分布相对集中，不同的 T 取值下人群密度流量的差异也较大。如走廊宽度为 320cm、$T=24$ 时人群密度范围 0.2～0.7 人/平方米，流量范围 0.8～2.5 人/秒，速度范围 0.8～2.2 米/秒；$T=10$ 时人群密度范围 0.8～2.0 人/平方米，流量范围 2.7～5.8 人/秒，速度范围 0.7～1.4 米/秒。除了速度分布重叠部分较多以外，密度和流量都有很大差异。当走廊宽度增大到 360cm 时，密度与流量分布更加集中，不同生成间隔 T 下的行人密度差异更加明显，在仿真实验中，可以通过控制不同的生成间隔实现对人群整体密度及流量的控制。

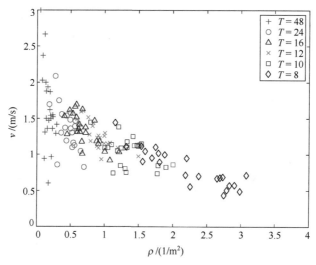

图 4.9　模拟走廊宽度为 320cm 的速度-密度基本图

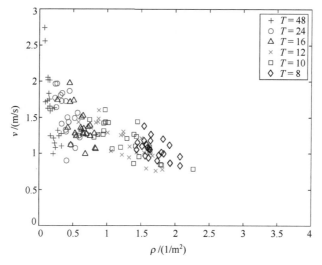

图 4.10　模拟走廊宽度为 360cm 的速度-密度基本图

3）基本图分析

本小节分别对模拟走廊宽度为 320cm、360cm 的流量-密度基本图和速度-密度基本图中的数据进行回归分析，如图 4.11～图 4.14 所示。

分析图 4.11～图 4.14 可知，在仿真实验中，人的流量主要由进入走廊的频率来控制。当进入的频率一定时，走廊越宽人群平均密度就越小。这个结果可以解释当宽度 $D = 320$cm 时，平均密度 ρ 在 0.1～3.1 人/平方米变化，而当宽度 $D = 360$cm 时，平均密度 ρ 却只在 0.1～2.3 人/平方米之间变化。

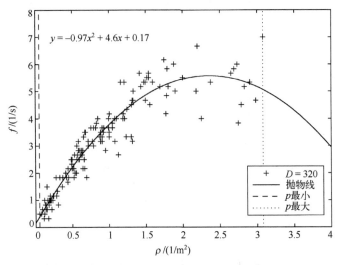

图 4.11　模拟走廊宽度为 320cm 的流量-密度数据回归分析基本图

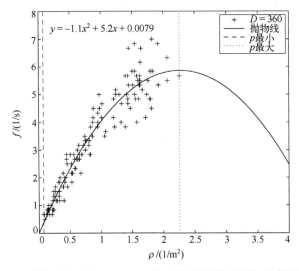

图 4.12　模拟走廊宽度为 360cm 的流量-密度数据回归分析基本图

　　从回归分析的拟合结果上来看,走廊宽度为 320cm 或 360cm 时,流量密度分布都呈一条开口向下的二次曲线,曲线的最高点都在密度为 2.3 人/平方米时取到,流量为 5.6 人/秒,且曲线的二次项系数都接近于−1。而速度密度分布则呈一条向下倾斜的直线,斜率分别为−0.41 和−0.42,在 y 轴上的截距都为 0.17,两组速度-密度分布十分接近。这表明实验走廊宽度并不影响实验中的速度-密度、流量-密度基本图的分布,这两组实验也在一定程度上反映出了行人流量与密度、速度与密度的真实特征关系。

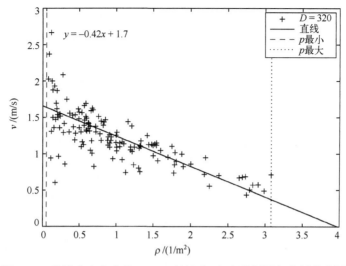

图 4.13　模拟走廊宽度为 320cm 的速度-密度数据回归分析基本图

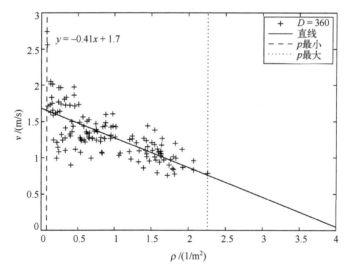

图 4.14　模拟走廊宽度为 360cm 的速度-密度数据回归分析基本图

　　该实验着重分析了人群密度较低，不出现拥堵相变情况下的疏散仿真，从实验所呈现出来的结果可以看出，当平均密度 ρ 从 0.1 增加至 3.1 人/平方米时，平均速度 v 线性降低，而平均流量 f 仅仅在平均密度 ρ 为 0.1~2.3 人/平方米变化时增加；平均密度的继续增加会导致人与人之间的相互作用加剧，使得平均流量下降。而实验中其他的参数，如 γ、k_S 和 k_D，对于仿真结果没有明显的影响作用，故此处略去。

　　4）自动渠化现象

　　本节利用自组织校验法，通过直接观察仿真过程是否能再现真实行人流某些典型的自组织现象来定性地验证模型的合理性。自动渠化现象是相向行人流中典型的自组织现象，也是走廊场景中一种非常重要的行人特征表现。自动渠化现象是指行人通常紧跟前方的同向行人从而避免与反向行人的冲突。

本节模型的仿真实验再现了行人的自动渠化现象，这些队列在整个仿真过程中随机地出现和消失，如图 4.15 所示。

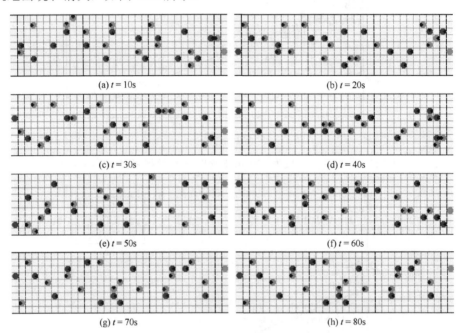

(a) $t=10\text{s}$ (b) $t=20\text{s}$

(c) $t=30\text{s}$ (d) $t=40\text{s}$

(e) $t=50\text{s}$ (f) $t=60\text{s}$

(g) $t=70\text{s}$ (h) $t=80\text{s}$

图 4.15　模拟走廊场景中不同时间出现的渠化现象

行人进入走廊的频率为每 16 个时间片一人，走廊宽度 $D=360\text{cm}$。实验结果表明，右向行人形成的队列在时间为 20s、50s、70s 时出现，而左向行人形成的队列在 20s、40s、80s 时出现，并且它们出现的地点也不一样。

在其他参数值下的仿真实验中，自动渠化现象也随处可见，而且渠化的位置、持续时间都不相同。行人的自动渠化具有随机性和挥发性，仅持续一段时间，没有固定的方向和位置。而且当人群密度越大时，自动渠化现象越明显。

5) 障碍物的排斥对流量分布的影响

本节研究分析障碍物的排斥对流量分布的影响，行人流量的分布图如图 4.16 所示。

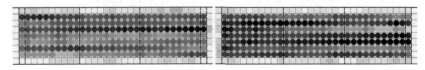

(a) 墙的最大影响范围 wall_effect_area = 0

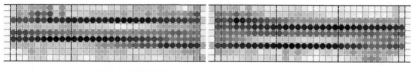

(b) 墙的最大影响范围 wall_effect_area = 1

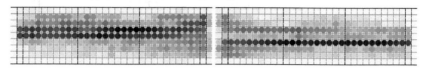

(c) 墙的最大影响范围 wall_effect_area = 2

图 4.16　模拟走廊场景中障碍物排斥作用对流量分布的影响

行人的流量由不同深浅的颜色标记在格点上，颜色越浅，表示所通过的人流量越少。对比图 4.16 中三种墙的最大影响范围可知，障碍因子使行人远离墙壁，墙的最大影响范围 wall_effect_area 越大，行人离墙壁就会越远。

实验结果表明，墙的最大影响范围 wall_effect_area 的作用是显著的，它可以使得墙附近格点上的静态向量因子 vector_s 指向背离墙的方向。 wall_effect_area 越大，影响范围也越大。

值得注意的是，当墙的最大影响范围 wall_effect_area = 0 时，行人依旧不会沿着墙走，因为没有人贴墙进入走廊，后来也就不会有人沿着墙走。这种现象可以做如下解释：在计算静态向量因子 vector_s 时，根据式 (4-2) 的设置，墙的影响已经表现出来，"如果格点 (i, j) 不存在或者被阻挡了， $\text{value}_s(i, j) = -1$ 。"这就足以使那些贴墙行走的人最后远离墙壁。

通过实验图对比显示，这条通道被一种方向的行人所占据。但是在不同的仿真实验中，被占据通道的大小、形状、位置都不一样，他们和行人自动渠化一样都是随机出现的。这一现象也是动态向量场比动态地场更能表达的现象，即行人的跟随是有一定方向性的，而且一旦形成就会影响后面行人的行为，一直到场景内的人十分稀少，动态向量场逐渐消逝。当有新的批次行人经过时，又会随机产生新的方向占据区域。

2. 场景二：真实走廊场景仿真

1) 实验背景和场景设置

本节分析了德国乌珀塔尔大学 (University of Wuppertal) 进行的走廊场景下受控实验的数据，并将仿真结果和该实验中得到的经验数据做比较。该实验是 Hermes 计划[1]的一部分，实验数据结果将会被用于校准和测试行人疏散模型。图 4.17 给出了实验的场景设计平面图。

在实验中，走廊的长度 $L = 8\text{cm}$，行人在离走廊两侧 4m 远的等待区准备。行人

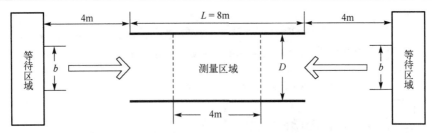

图 4.17　德国实验场景设计框架图

流量及密度可以由出口宽度 b 和走廊宽度 D 控制。其中，$b = 50, 65, 75, 85, 100$cm，$D = 300$cm 或者 $b = 50, 75, 90, 120, 160, 200, 250$cm，$D = 360$cm。

实验结果由架设在天花板上的两台摄像机记录，如图 4.18 所示。

图 4.18　摄像机拍摄效果图

实验观测到行人的自由行走速度 $v_0 = 1.55 \pm 0.18$m/s。在走廊的中部是测量区域，长度 $L = 4$m，测量到的原始数据在参考文献[2]中给出。本节的仿真实验主要关注的指标包括行人流的平均速度、平均密度、平均流量之间的关系。

在受控实验中，行人平均流量 f、平均密度 ρ、走廊宽度 D 和平均速度 v 的统计方法与仿真实验完全一致。每次受控实验前 9s 和最后 9s 因人流量较少不计入统计。

为检验通道宽度对总体流量的影响，本节罗列了几种典型宽度下的流量-密度基本图(图 4.19 和图 4.20)和速度-密度基本图(图 4.21 和图 4.22)。

从受控实验中各个宽度下的实验结果可以看出，当走廊宽度 D 一定时，人群密度可以由进入场景的宽度 b 控制。随着 b 的增大，人群的密度逐步上升。由于人要占用一定空间，真实的疏散环境下，人群密度存在上界。受控实验将人群密度控制在 0.2~3.6 人/平方米，符合地铁内大多数正常情况下疏散人群密度范围。

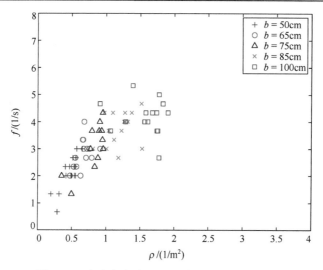

图 4.19　走廊宽度为 300cm 的流量-密度基本图

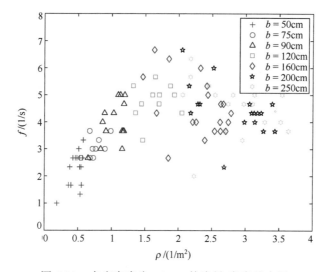

图 4.20　走廊宽度为 360cm 的流量-密度基本图

　　实验结果表明，当 b 和 D 都一定时，密度-流量与密度-速度的分布都相对集中，而且相邻的分布会有一些交错，这正是行人在正常情况下行走时由各种不确定因素造成的。受控实验中，走廊宽度为 360cm 时进行了两组 $b=120$cm 的实验。从这两组实验中可以看出行人的密度分布虽然相对集中但又有所差异。实验结果表明行人密度在 0.9～2.4 人/平方米之间，流量在 3.7～4.0 人/秒之间，速度在 0.3～1.3 米/秒之间。

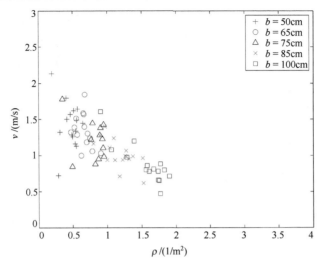

图 4.21　走廊宽度为 300cm 的速度-密度基本图

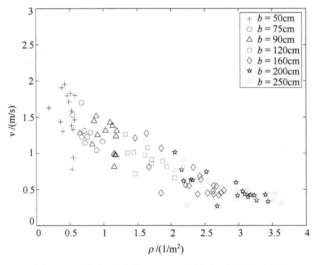

图 4.22　走廊宽度为 360cm 的速度-密度基本图

2) 基本图分析

本节对流量-密度基本图和速度-密度基本图中的数据分别进行数据回归分析，如图 4.23～图 4.26 所示。

当走廊宽度 D=300cm 时，行人平均密度 ρ 在 0.2～1.9 人/平方米之间变化。然而当走廊宽度 D=360cm 时，行人平均密度 ρ 却在 0.2～3.6 人/平方米之间变化。在这个实验中，人流量可以由出口宽度 b 进行大致控制。当走廊宽度 D=300cm 时，出口宽度 b 小于走廊宽度 D=360cm 的情况，因此平均密度 ρ 也会较小。

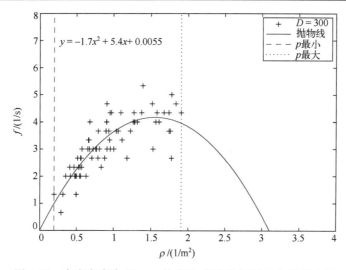

图 4.23 走廊宽度为 300cm 的流量-密度数据回归分析基本图

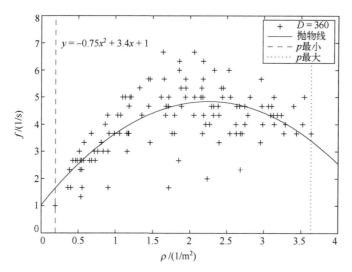

图 4.24 走廊宽度为 360cm 的流量-密度数据回归分析基本图

当平均密度 ρ 取值在 0.2～1.9 人/平方米之间时,两种实验结果得到了相同的趋势:平均流量 f 随着平均速度 v 的减少而增加。在走廊宽度 D=360cm 的情况下,当平均密度 ρ 继续增加到 3.6 人/平方米时,行人的平均流量和平均速度都有所下降。

从回归分析结果来看,走廊宽度对流量-密度基本图分布的影响很大。走廊宽度为 300cm 时,回归曲线的最大值在密度为 1.5 人/平方米时取到流量最大值 4 人/秒;而宽度为 360cm 时,回归曲线的最大值在密度为 2.3 人/平方米时取到流量最大值 4.8 人/秒。两条二次曲线的二次项系数差别也较大。

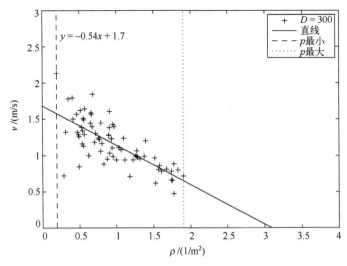

图 4.25　走廊宽度为 300cm 的速度-密度数据回归分析基本图

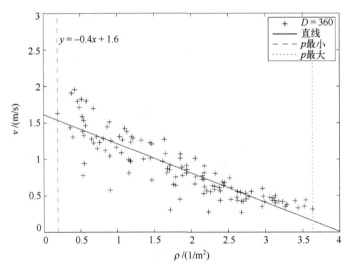

图 4.26　走廊宽度为 360cm 的速度-密度数据回归分析基本图

3) 与经典地场模型的比较

　　本部分对同样的走廊场景采用了经典地场模型进行模拟实验。走廊场景的设置如图 4.5 所示。其中宽度 D=360cm，测试区域的长度为 4m，经典地场模型的详细描述及参数设置详见参考文献[3]。为了消除不同更新方式对实验结果产生的干扰，在经典地场模型中，时间同样被离散化为基本时间片，行人的速度等级被设定为 6，行人进入场景的时间间隔 T=7,8,10,12,16,24,48，从而控制行人的流量和密度。在经典地场模型比较的实验中，所有墙的最大影响范围 wall_effect_area 统一设为 0，以消除墙对实验结果的干扰。

在对比实验中，每次仿真包含了 7200 个基本时间片即总计 300s。本节统计了最后 100s 的行人流量-密度（图 4.27）和速度-密度（图 4.28）。在此实验结果中，行人平均流量 f、平均密度 ρ、走廊宽度 D 和平均速度 v 的统计方法与仿真实验完全一致。

图 4.27 和图 4.28 中 Exp 表示实际数据，FF 表示经典地场模型，VFF 表示向量地场模型。可以看出，在受控实验中，当宽度 $D=360\text{cm}$ 时，人群密度在 0.2～3.6 人/平方米。其中，当密度从 0.2 人/平方米增大到 1.9 人/平方米时，总流量随之增加

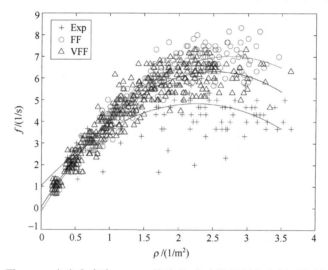

图 4.27 走廊宽度为 360cm 的流量-密度数据回归分析对比图

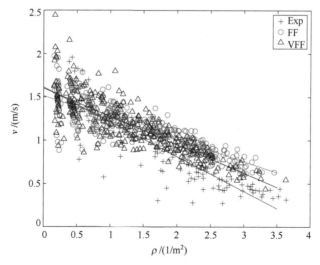

图 4.28 走廊宽度为 360cm 的速度-密度数据回归分析对比图

而速度减少。当密度继续增大到 3.6 人/平方米时，人均速度和总流量同时减小。该模型与经典地场模型同样存在这样的趋势，并且向量地场模型的趋势更加趋近于受控实验。

实验结果也反映出了受控实验和仿真实验的差异，受控实验的每个点要更加分散，而仿真实验相对更加接近趋势线。这说明仿真实验可以表明行人运动的基本特征，但是缺乏一定的随机性。

综合来看，两种仿真实验的结果分布以及趋势线有很大的一致性，而向量地场模型的趋势更加趋近于受控实验，尤其在人群密度较大时，向量地场模型的实验结果要明显优于经典地场模型。这说明了向量地场模型更加适合于地铁这种人流量较大的场景中。

3. 场景三：其他场景模拟

本节对地铁站内多处具有双向人流的简单场景进行仿真，比如岛式站台两侧楼梯通向站厅处可模拟成转弯场景，针对闸机群外的非付费区至出站口，可简单地模拟仿真为单一出口场景。利用本节提出的面向多向行人流混合运动的向量地场模型进行仿真实验，实验结果表现出了一些集群效应和自组织现象。

1) 转弯场景的模拟仿真

在模拟转弯场景中，通道部分长 4.8m，宽 3.6m，拐弯部分为边长 3.6m 的正方形区域，如图 4.29 所示。

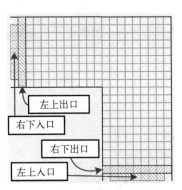

图 4.29　模拟转弯场景示意图

图 4.29 一个经典的直角弯，左上行人从右下方的入口生成，朝左上方的出口移动，而右下行人从左上方的入口生成，朝右下方的出口移动。

转弯处目标因子修正后在低人群密度下的仿真实验结果如图 4.30 所示。其中wall_effect_area =1，行人进入场景的时间间隔 T=18。从截图中可以看到行人在转弯处依次通过，比较稀疏没有产生拥堵，从流量分布可以看到行人能够利用整个转弯处的宽度。

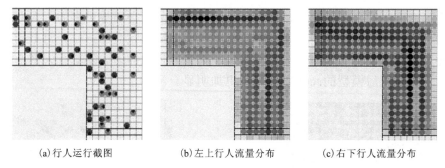

(a)行人运行截图　　　(b)左上行人流量分布　　　(c)右下行人流量分布

图 4.30　目标因子修正后模拟低密度转弯场景的流量分布情况

转弯处目标因子修正前在低人群密度下的仿真实验结果如图 4.31 所示，其中 wall_effect_area =1 ，行人进入场景的时间间隔 T=18，与图 4.30 中实验设置相同。

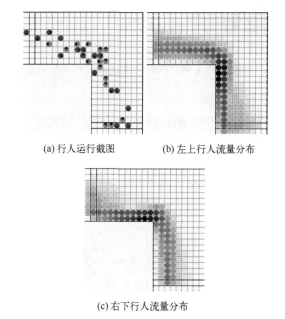

(a)行人运行截图　　　(b)左上行人流量分布

(c)右下行人流量分布

图 4.31　目标因子修正前模拟低密度转弯场景的流量分布情况

从截图中可以看到行人集中在靠近转弯的一侧，较为拥堵，从流量分布可以看到行人仅仅利用了很少量的空间通行，通道宽度没有完全利用。而事实上，行人在这类通道中行走时更趋近于平均分布在通道内，而不是集中在某一个拥堵区域。可见在目标因子修正后的模型中，可以对行人的运动有更加良好的导向作用，与实际情况更相符。

图 4.32 为高行人密度下目标因子修正前后的对比图，其中 wall_effect_area =1 ，行人进入场景的时间间隔 T=9，结果表明，目标因子修正后有着更高的空间利用率，

更适合高密度下行人的仿真模拟。在目标因子修正前，会引导更多的行人向着转弯的方向靠拢，最终形成拥堵。而在修正后的模型中情形完全不一样，每个行人都会被引导着按照自己的通道前进，从而避免了聚拢导致的拥堵。随着行人密度的不断增加，这种修正后模型的高效率体现得更加明显。

 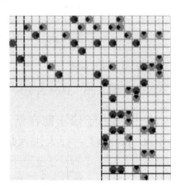

(a) 目标因子修正前　　　　　　　　　　　　(b) 目标因子修正后

图 4.32　目标因子修正前后模拟高密度转弯场景的仿真实验对比

2) 单一出口场景的模拟仿真

本节中测试了本节模型在单一出口场景下的仿真情况。

图 4.33(a) 是一个单一出口的简单场景，也可看成一个瓶颈场景，其中右侧虚线部分代表了场景的出口。行人随机从左边的开放区域进入场景，朝右边的出口行走。行人是随机生成的，即随机在最左一列中出现。

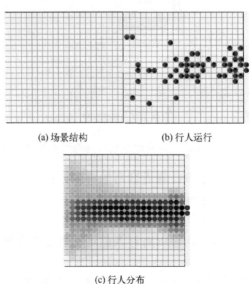

(a) 场景结构　　　　　　(b) 行人运行

(c) 行人分布

图 4.33　模拟单一出口场景示意图

　　单一出口场景仿真实验模拟了另一典型的自组织现象——瓶颈拱形现象。仿真实验结果的流量分布如图 4.33(b)、(c)所示，虽然行人一开始是随机出现的，但其后又呈现明显靠近中间出口的趋势，而到了接近出口的地方又渐渐形成了一个弧形。该现象解释如下：在静态地场的影响下，一开始在两边的行人向右与向中间靠拢的趋势相同，在静态向量场中也只能在两者之中随机选择一个最优方向，这使得行人在经过少量几步之后就有极大的概率向中间靠拢。当到了出口，由于出口较小，而行人较多，大量的行人拥堵在出口，于是行人只好向所有尽可能有利的方向行走，这就逐渐在出口周围形成了一个圆弧形。

　　实验还对不同长宽比的单一出口场景进行了仿真测试，如图 4.34 所示，其实，验结果都是相似的。该场景可以大致划分为三个区域：入口区、平稳区、出口区。其中，入口区呈三角形分布，平稳区呈长方形分布，出口区呈圆弧形分布。

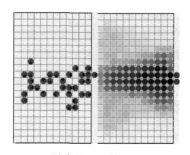

(a)宽 20cm，长 10cm

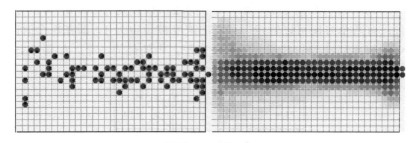

(b)宽 20cm，长 30cm

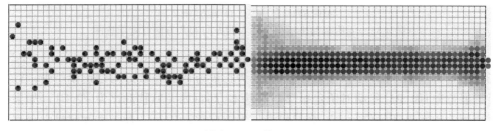

(c)宽 20cm，长 40cm

图 4.34　模拟单一出口场景中不同长宽比的流量分布情况

4.2　一种引入排斥动态场的行人疏散地场模型

在经典的地场模型中，通过引入动态场来表示行人之间的跟随效应，模拟紧急事件下行人的疏散行为。然而对于城市轨道交通车站内正常的客运组织，乘客的运动走行状态不存在明显的跟随效应。相反，陌生人喜欢与他人保持一定的距离，即行人在正常情况下不希望和他人靠得太近，这在微观现象中表现为一种排斥作用。经典地场模型中的动态场是一种长距离、长时效的跟随场，而这种排斥作用是短距离、短时效的，一旦行人离开这个位置则这种排斥作用就不复存在，与经典地场模型中的动态场有本质差别。

为了更好地对城市轨道交通车站内乘客常态下的运动进行模拟仿真，本节提出了一种引入排斥动态场的行人疏散地场模型，对经典地场模型中动态场进行改进，用行人间的排斥地场作用取代跟随作用。通过对经典场景的仿真实验，结果表明适当的排斥作用有利于提高拥堵临界密度。本节模型可广泛应用于地铁站内正常的乘客走行过程，尤其对行人通道、换乘通道和转弯等交汇行人流有较好的仿真效果。

4.2.1　新型行人疏散地场模型

1. 行人移动方式

在经典的元胞自动机模型中，每个格子的边长被设定为40cm，每位行人只占一个格子，且只有四个方向可以行走。行人的速度被设定为1，即在每个时间步长内，行人有一定的概率移动到与其相邻的四个格子之中的任何一个，如图4.35(a)所示。

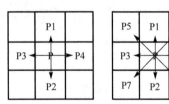

(a) 四方向行走　　　(b) 八方向行走

图 4.35　元胞自动机模型中行人四方向和八方向行走示意图

在本节模型中，行人有八个方向可以选择，如图4.35(b)所示，定义P1、P2、P3和P4为基本方向，P5、P6、P7和P8为扩展方向。在八方向行走模型中，行人沿扩展方向(如 P5)移动时所走距离与沿基本方向(如 P3)移动比为$\sqrt{2}:1$，如果按照相同的频率更新每位行人，会导致沿扩展方向移动的行人行走速度明显大于基本方向移动的行人。差异化两类方向行走(正走和斜走)的更新频率使行人的行走速度维持不变。

将时间离散化为基本时间片序列，基本时间片被设定为 1/24s，即每秒钟包含 24 个基本时间片。行人的更新不是同步进行的，而是为每位行人设置一个更新计数器 C，每经过一个时间片，C 值减 1，当计数器归零后对行人进行一次更新，并且重置计数器 C。通过调节 C 值模拟不同速度下行人的通行特征。在本节模型中，当行人沿基本方向(如 P3)移动后则将 C 设置为 6，即下次更新为 6 个时间片以后；当行人沿扩展方向(如 P5)移动后则将 C 设置为 9，即下次更新为 9 个时间片以后。根据对计数器 C 的设置，沿基本方向行走的行人速度约为 1.6m/s，沿扩展方向行走的行人速度约为 1.5m/s，两者基本接近。这种划分使得每个时间片上所需更新的行人大幅减少，在一定程度上减少了行人因同步更新冲突而造成等待的现象。图 4.36 是一个冲突的例子，行人 a、b 和 c 都要向格点 D 移动，而最终只能有一个行人移动到 D 点，其他行人都需要等待而丧失一次更新的机会。假设有 K 个行人将要移动到同一个格点，则每个行人都有 $1/K$ 的移动概率，而不能移动的行人必须等待到下一次更新点。

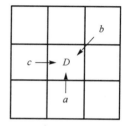

图 4.36　同步更新冲突示意图

2. 静态地场平滑化

在经典的地场模型中(行人仅有四个方向行走)，静态地场由曼哈顿距离[4]计算得出，每个格点静态地场的值反映了其到出口的距离，如图 4.37 所示，浅色的格点代表出口，深色格点代表了墙壁，白色格点代表了场景中行人可以到达的范围，格点上的数字代表了该格点到出口的曼哈顿距离，虚线为等距离线。

-1	-1	-1	-1	-1	-1	-1	-1	-1	-1	-1
-1	2	3	4	5	6	7	8	9	10	-1
0	1	2	3	4	5	6	7	8	9	-1
0	1	2	3	4	5	6	7	8	9	-1
-1	2	3	4	5	6	7	8	9	10	-1
-1	3	4	5	6	7	8	9	10	11	-1
-1	4	5	6	7	8	9	10	11	12	-1
-1	5	6	7	8	9	10	11	12	13	-1
-1	6	7	8	9	10	11	12	13	14	-1
-1	7	8	9	10	11	12	13	14	15	-1
-1	-1	-1	-1	-1	-1	-1	-1	-1	-1	-1

图 4.37　经典地场模型中的静态地场图

但是，这种方式计算出来的静态地场中距离的误差比较大，其中等距离线多为笔直的折线，而真实情况的等距离线应为以出口为圆心的弧线。

为使得等距线趋于平滑，优化斜线方向上的距离表示，本节对静态地场的计算方法进行了改进。

记格点 (i, j) 的静态值为 $S(i, j)$，详细计算步骤如下：

(1)将出口格点值设为 0，障碍物格点设为 -1，其他格点设为正无穷大。

(2)将所有出口格点添加到队列 Team 中。

(3)如果队列 Team 为空则结束。

(4)从队尾取出一个格点 (i, j)，检查 $(i, j-1)$、$(i, j+1)$、$(i-1, j)$、$(i+1, j)$ 4 个格点，如果其值大于 $S(i, j)+2$，则将这个格点的值设为 $S(i, j)+2$，并将其添加到队列 Team 中。

(5)继续针对格点 (i, j) 检查 $(i-1, j-1)$、$(i+1, j-1)$、$(i-1, j+1)$、$(i+1, j+1)$ 4 个格点，如果其值大于 $S(i, j)+3$，则将这个格点的值设为 $S(i, j)+2$，并将其添加到队列 Team 中，从队列 Team 中删除格点 (i, j)，并跳转到步骤(3)。

在与图 4.37 相同的场景下，静态地场按照改进的规则重新计算，如图 4.38 所示，图中的等距离线基本是以出口为圆心的弧线，与现实情况十分相似。

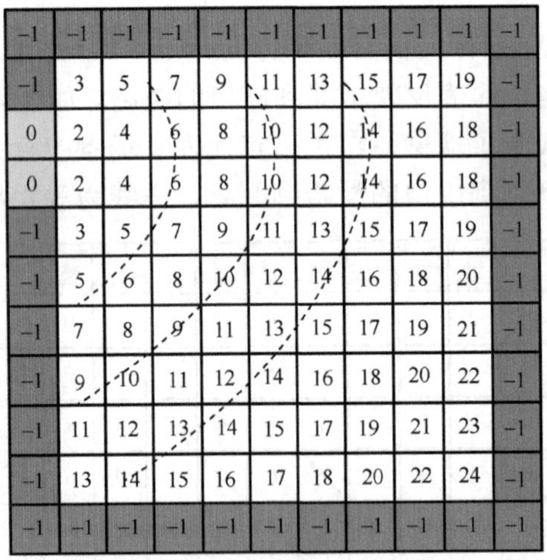

图 4.38　平滑化静态地场示意图

在计算行人行走方向时，首先判断没有被行人和障碍物占据的格点，将其列为待选格点，然后将本身所在格点的静态值与周围待选格点的静态值相减，若差为正，说明行人有很大意愿向该方向行走，则有较大概率选择该格点；若值为负，说明行人仅有很小意愿向该方向行走，则有较小的概率选择该格点。若周围格点都不可选，则只能等待。

相对于经典静态地场，平滑静态地场可以更好地模拟行人在倾斜方向上的行走。图 4.39 和图 4.40 分别展示了经典静态地场和平滑化静态地场对行人行走趋势的影响。

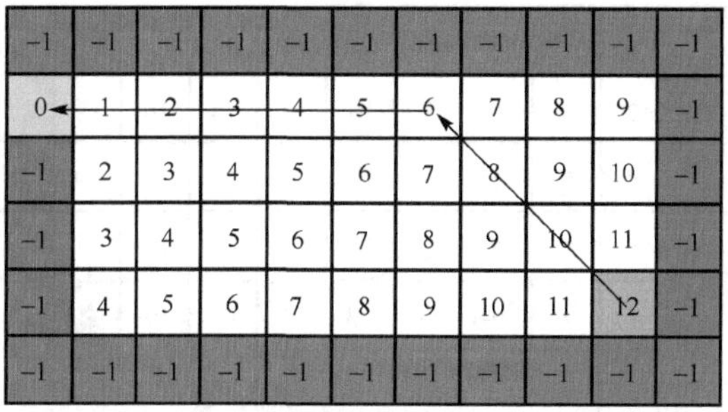

图 4.39　经典静态地场中行人运动趋势图

在经典静态地场中，行人的最优方向为 45° 对角线。行人首先沿这个方向靠近墙壁，然后贴墙直行到达出口。在仿真实验中，行人转弯时倾向于紧贴墙壁运动，这种情况不符合实际行走习惯。

在平滑静态地场中，图 4.40 表示当行人仅四方向行走情况下，行人的最优方向为直行，随后沿 45° 对角线方向靠近出口；与此同时，绿色方向也为静态地场的下降方向，在一定程度上吸引行人向绿色方向偏转，在这两种方向的共同作用下，行人最终的行走趋势可合成为黑色实箭头的弧线方向。在狭长转弯通道场景中，行人表现出先直行后转弯的行为，比经典静态地场更加接近真实情况。

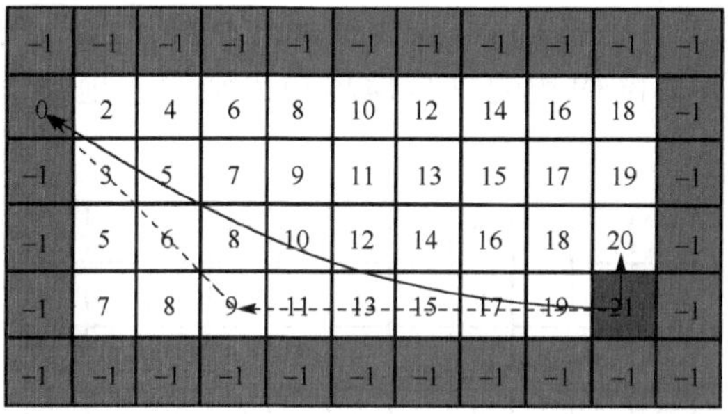

图 4.40　平滑静态地场中行人对四方向行走场景时的运动趋势图（见彩图）

在平滑静态地场中，图 4.41 表示当行人应对八方向行走场景时，行人的最优方向由红色虚箭头标出，而黑色虚箭头方向也为优势方向，行人的运动合成趋势为红色实箭头方向。在模拟仿真过程中，通过加强行人在基本方向行走的权重，行人的运动趋势方向最终被圈定在红黑虚箭头所围的平行四边形内。通过配置两个方向的权重比，可将运动趋势方向完全调整为绿色箭头方向。

3．障碍物的排斥场地

在地铁站内的站台、站厅和换乘通道内，乘客在自由行走时出于对安全和舒适等方面的考虑，倾向于在自身邻域内保持一定的空位，不会完全贴近障碍物或墙壁，由此可见，障碍物或墙壁对运动中的行人有一种排斥作用。

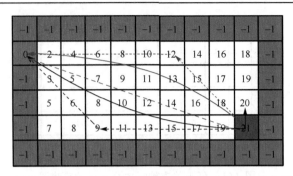

图 4.41　平滑静态地场中行人对八方向行走场景时的运动趋势图（见彩图）

　　为更好地模拟地铁站内各类设备设施等障碍物和墙壁对运动行人的排斥作用，本节模型将引入随距离下降的障碍物排斥地场，在障碍物排斥范围 Len 内，所有的行人都会受到来自障碍物的排斥作用。

　　障碍物和墙壁都是实际地铁站内各种场景结构的一部分，并且不受行人运动的影响，障碍物的排斥地场与静态地场的作用方式相似，因此，将障碍物的排斥地场与之前的平滑静态地场叠加起来，在本节统一简称为综合静态地场。

　　为使得叠加后障碍物的排斥地场抵消平滑静态地场，将格点受到障碍物排斥作用梯度设为 3，即每靠近障碍物一个格点，距离就会受到值为 3 的阻碍。当 Len=2（即排斥范围为 2 格）、障碍物排斥作用梯度为 3 时，障碍物的排斥地场效果如图 4.42 所示，障碍物的排斥地场与平滑静态地场叠加后综合静态地场如图 4.43 所示。

-1	-1	-1	-1	-1	-1	-1	-1	-1	-1
-1	6	6	6	6	6	6	6	6	-1
0	3	3	3	3	3	3	3	6	-1
0	3	0	0	0	0	0	3	6	-1
-1	6	3	0	0	0	0	3	6	-1
-1	6	3	0	0	0	0	3	6	-1
-1	6	3	0	0	0	0	3	6	-1
-1	6	3	0	0	0	0	3	6	-1
-1	6	3	3	3	3	3	3	6	-1
-1	6	6	6	6	6	6	6	6	-1
-1	-1	-1	-1	-1	-1	-1	-1	-1	-1

图 4.42　障碍物的排斥地场图

−1	−1	−1	−1	−1	−1	−1	−1	−1	−1
−1	9	11	13	15	17	19	21	23	25	−1
0	5	7	9	11	13	15	17	19	24	−1
0	5	4	6	8	10	12	14	19	24	−1
−1	9	8	7	9	11	13	15	20	25	−1
−1	11	9	9	12	14	16	21	26	−1
−1	13	11	9	11	13	15	17	22	27	−1
−1	15	13	11	12	14	18	23	28	−1
−1	17	15	16	17	18	20	22	24	29	−1
−1	19	20	21	22	23	24	26	28	30	−1
−1	−1	−1	−1	−1	−1	−1	−1	−1	−1

图 4.43　行走区域平滑静态地场和墙壁排斥地场叠加后的综合静态地场图

4. 行人间的排斥地场

Helbing 等在社会力模型中指出，常态行人流中，行人之间在近距离相互接触时表现出排斥效应。本节主要模拟地铁站内乘客正常情况下的运动状态，因此本节模型用排斥作用取代了动态场中行人之间的跟随作用，从而用动态的行人间排斥地场代替了跟随场。

设定一个动态的行人间排斥地场，记格点 (i, j) 的行人间排斥地场值为 $D(i, j)$。本节模型的行人间排斥地场为短时效，初始时每个格点的行人间排斥地场值均为 0。当一位行人进入场景时，其周围和占据格点的行人间排斥地场值都增加 1；当行人移动时，先将原位置及周围格点的行人间排斥地场值都减少 1，再将新位置及周围格点的行人间排斥地场值增加 1。

图 4.44 为行人移动前后行人间排斥地场的变化示意图，图中深色方格和浅色方格分别代表一个行人，方格上的数字为两个行人所产生的局部排斥场的叠加值。行人间排斥地场对行人影响的计算与综合静态地场对行人的影响相似，将本身所在格点的排斥地场值与周围待选格点的排斥地场值相减，若差值为正，说明该方向行走的排斥效应小，则有较大概率选择该格点；若差值为负，说明该方向行走的排斥效应大，则有较小概率选择该格点。

由于每位行人在周围八个格点上的排斥场值相同，即排斥地场各向同性，行人间排斥地场对其自身运动方向的概率没有影响。

行人间排斥地场不同于动态地场，它是一种短距离、短时效具有排斥作用的场，而动态地场则是一种长距离、长时效具有吸引作用的场，两者有本质差别，适用于不同的仿真场景。

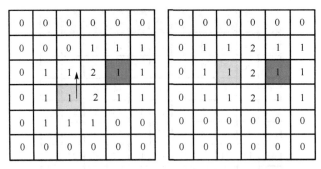

图 4.44　行人移动前后行人间排斥地场的变化示意图

5. 行人转移率

行人在格点 (i,j) 时向周围某一个格点 (x,y) 移动的概率 $p(x,y)$ 由下面的公式给出

$$p(x,y) = N^{-1}\mathrm{e}^{\{k_S \cdot \mathrm{dir}[S(i,j)-S(x,y)]+k_D\cdot[D(i,j)-D(x,y)]\}}(1-n_{x,y})\xi_{x,y} \tag{4-6}$$

其中，k_S 是综合静态地场的影响权重，k_D 是行人间排斥地场的权重，dir 是不同方向的影响权重。在本节模型中，当行人选择基本方向时，dir 的取值为 2；而当行人选择了扩展方向时，dir 的取值为 1。当格点 (x,y) 为空时，$n_{(x,y)}=0$，表示可以选择；当格点 (x,y) 被占据时，$n_{(x,y)}=1$。$\xi_{x,y}=0$ 表示格点 (x,y) 被障碍物阻挡，否则 $\xi_{x,y}=1$。N 是一个归一化系数，使得 $N=\sum\limits_{(x,y)}p(x,y)$。

4.2.2　模拟仿真与验证

本节仿真实验针对地铁站内不同场景进行模拟，主要采用转弯场景和单一出口场景进行仿真实验。仿真实验首先将一个确定的场景离散化为二维网格，设置好入口、出口以及墙壁等边界信息；其次计算每个格点的综合静态地场值，并将行人间排斥地场的值全部初始化为 0；随后设置仿真时间，仿真时间内在入口处随机生成行人，直到仿真时间结束。设行人的生成间隔为 T，即每个入口在每个时间片内有 $1/T$ 的概率生成一位行人。每位行人初始时都有一个计数器，其初值随机设定，在每一个时间片之后，行人的计数器减 1，当计数器为 0 时，根据综合静态地场和行人间排斥地场计算行人的转移概率，并随机选择运动方向，行人一旦走到出口即消失。行人更新完毕后将计数器重置，等待下一次更新。在每一个时间步长结束后，更新行人位置和行人间排斥地场。当仿真时间结束且场景内行人全部走出出口后实验结束，整个仿真实验详细流程如图 4.45 所示。

1. 场景一：转弯场景

转弯场景的模拟仿真实验共有两类行人：左上行人从右下入口进入通道，并左

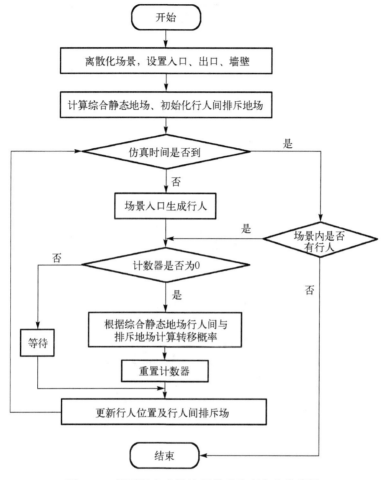

图 4.45　新型行人疏散地场模型仿真实验流程图

转从左上出口离开；右下行人从左上入口进入通道，并右转从右下出口离开，如图 4.46 所示，其中双实线间区域为测试区域，其设置与 4.1 节仿真实验部分相同，也用于统计行人流的密度、流量、速度等基本特征。

在仿真实验过程中，左上行人和右下行人相继通过转弯场景，如图 4.47 所示，其中黑色的扇形部分代表行人在上一次更新之后的朝向。从图中可明显得知，左上行人占据了下方通道的左侧以及上方通道的上侧；而右下行人占据了上方通道的下侧和下方通道的右侧，且双向行人流交汇在转弯处。实验仿真时间都设定为 60s，即在仿真前 60s 生成行人，之后行人自由行走，直到全部走出场景。模拟转弯场景的实验结果表明，行人的运动行为及分布特征主要受以下几个因素的影响。

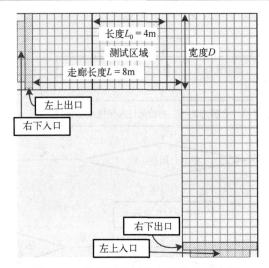

图 4.46　模拟转弯场景参数设置示意图

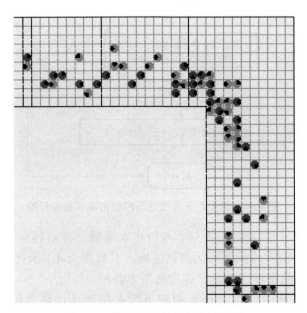

图 4.47　模拟转弯场景行人走行图

1) 行人间排斥地场的影响

行人间排斥地场的引入对行人运动仿真有显著影响，尤其对于转弯处的多向人流交织区，行人间排斥地场发挥着重要作用。在仿真实验中，走廊长度 $L=8$m，宽度 $D=4$m，$k_S=1$，$k_D=0,1,2,3$，障碍物的排斥范围 Len=2，行人的生成间隔 $T=8$，即每个入口处在每个时间片内有 1/8 的概率生成一位行人。

图 4.48 描述了行人间排斥地场权重对仿真整体时间的影响，区中曲线呈现了不同的行人间排斥地场权重下，行人总体仿真时间的变化。当行人间排斥力的权重 $k_D = 1$ 时，整体通行时间最短，k_D 过小或者过大都会使仿真整体时间增加。

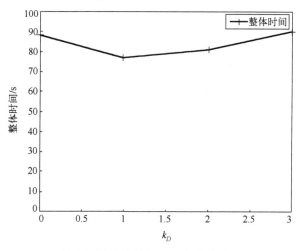

图 4.48　行人间排斥地场权重对仿真整体时间的影响

在模拟转弯场景中，行人间排斥地场的作用机理如下：当双向人流正面交汇时，排斥力使得同向行人之间保留了一定的空隙，而非同向行人能够利用这种空隙交错通过，缓解了交汇处的拥堵。然而当行人间排斥力继续增大到可以抗衡综合静态地场的作用时，同向行人之间会留出一个格子宽度的禁区，使得转弯场景中走廊的利用宽度变窄，反而加剧了行人的拥堵。

图 4.49 为模拟转弯场景在不同行人间排斥力权重时，仿真程序在 60s 时（生成行人结束时间）的截图，从图中可观察到行人间排斥力对行人的拥堵作用。

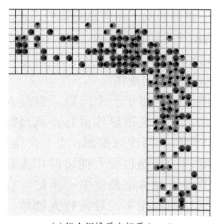 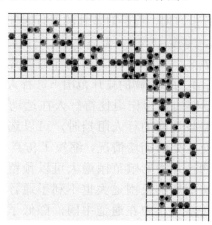

(a)行人间排斥力权重 $k_D = 0$　　　　　　　(b)行人间排斥力权重 $k_D = 1$

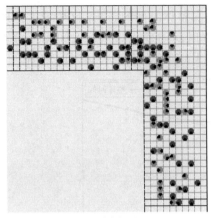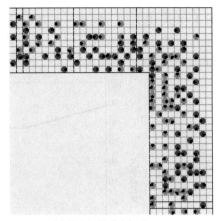

　　(c)行人间排斥力权重 $k_D = 2$　　　　　　　　　(d)行人间排斥力权重 $k_D = 3$

图4.49　　在不同行人间排斥力权重时的仿真运动截图

　　从图4.49(a)可看到在没有行人间排斥力的情况下，同向行人之间没有空隙，使得双向行人流在交汇处产生了严重的拥堵。图 4.49(b)描述了添加行人间排斥力作用的情况，使得并排行走的同向行人之间保留了一个格子的空隙，在双向行人交汇处不同方向的行人可以交错通行。图4.49(c)中加重了行人间排斥力的影响，可明显看到同向行人之间会形成一条单格"禁区"，这些禁区占用了走廊的宽度，加重了行人的拥堵。图4.49(d)与图4.49(c)的情况相似，"禁区"效应更加明显缩短了走廊的利用宽度，造成了行人局部拥堵情况。

　　总体来说，行人之间的排斥力作用在一定范围内可以提高仿真行人的通行效率，而排斥力作用过大反而会减小通道的实际利用宽度，加重行人的拥堵。

　　2)障碍物排斥效应

　　障碍物的排斥效应可以阻止行人靠近墙壁等障碍物，是仿真模型运动中接近行人的行走习惯，而且对整体的通行时间也有一定的影响。在仿真实验中，走廊长度 L=8m，宽度 D=4m，$k_S = 1$，$k_D = 1$，障碍物的排斥范围 Len=0,1,2,3，行人的生成间隔 T=8，即每个入口处在每个时间片内有 1/8 的概率生成一个行人。图4.50 中曲线表示不同障碍物的排斥范围下，行人总体仿真时间的变化。

　　墙壁的排斥作用使得行人在运动时与墙之间留出了一个间隔。当行人向前的道路被迎面的行人阻挡时，可以选择与墙之间的通道继续前行，从而减轻了转弯交汇处的拥堵情况，缩短了仿真的整体时间。同理可推测，在一定范围内，障碍物排斥力影响范围增大可以预留出更宽阔的道路供行人拥堵时作为备用通道。然而影响范围过大也不利于通行，当其接近整体道路宽度一半时，会使得行人过多地集中在通道中间，降低了整个通道的利用率，导致行人拥堵，整体通行时间上升。

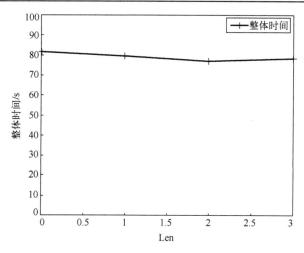

图 4.50　障碍物排斥力影响范围对仿真整体时间的影响

　　仿真实验结果证实了上述推论，当障碍物的影响范围 Len=2 时，仿真实验拥有最短的整体运行时间，而当 Len 过大或者过小时都不利于疏通行人拥堵情况。

　　图 4.51 中各图描述了障碍物排斥力影响范围对流量分布的作用。图中圆形代表格点上经过的行人，颜色越深表示经过行人的流量越大。针对上方通道行人转弯前的分布，实验结果表明在综合静态地场的作用下，行人集中在靠下的带状区域，并且在障碍物排斥力的影响下，随着影响范围的增大，行人也会更加远离墙壁。对于行人转弯后的分布，可明显看出，当障碍物排斥力影响范围较小时，在障碍物排斥力的影响下，行人更趋向于平均铺满整个通道；而随着其影响范围的增大，道路的有效利用宽度缩短，反而容易造成行人的拥堵。

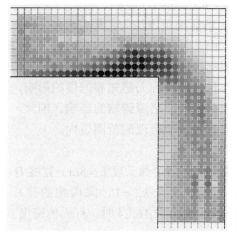

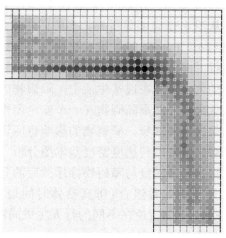

(a)障碍物排斥力影响范围 Len=0　　　　　　　　　　(b)障碍物排斥力影响范围 Len=1

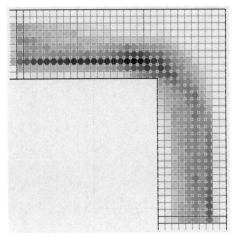 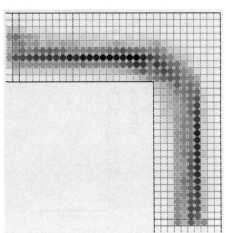

(c)障碍物排斥力影响范围 Len=2   (d)障碍物排斥力影响范围 Len=3

图 4.51   在不同障碍物排斥力影响范围的仿真流量示意图

3)走廊宽度与障碍物排斥效应

障碍物的排斥效应对整体通行的效果与转弯场景中走廊宽度有直接关系。在走廊宽度比较大的开阔转弯场景中，障碍物的排斥范围越大，模拟交汇人流与墙之间的空隙越大，越不容易产生拥堵。然而当障碍物的排斥范围过大时，走廊的有效利用宽度缩短，反而会造成拥堵。仿真实验测定了不同走廊宽度与不同障碍物排斥范围组合下的仿真结果，实验参数设置如下：

(1) $L=8\text{m}$，$D=2\text{m}$，$k_S=1$，$k_S=2$，$\text{Len}=0$，$\text{Len}=0,1,2$，$T=12$。

(2) $L=8\text{m}$，$D=4\text{m}$，$k_S=1$，$k_D=1$，$\text{Len}=0,1,2,3$，$T=8$。

(3) $L=8\text{m}$，$D=6\text{m}$，$k_S=1$，$k_D=1$，$\text{Len}=0,1,2,3,4$，$T=8$。

从图 4.52 可明显得知，当障碍物排斥力的影响范围约为走廊宽度的 1/5 时，即当 D=2m、Len=1 时，仿真整体时间最短。由此可见，如果在仿真场景中获得最短的通行时间，障碍物排斥力的影响范围要根据走廊宽度来确定，而不能设置为一个统一的值。然而在现实生活中，障碍物的排斥范围受行人感知和习惯的影响，只要行人认为自己距离障碍物在一个安全范围内，则会忽略障碍物的影响。因此，即使在非常开阔的区域，障碍物的影响也应该设置在一个合理的范围值内。

4)流量密度与速度密度基本图分析

根据走廊宽度与障碍物排斥效应的分析结论，当走廊长度 $L=8\text{m}$，宽度 $D=4\text{m}$ 时，最佳的参数组合(仿真整体时间最短)为 $k_S=1$，$k_D=1$，障碍物的排斥范围 Len = 2。下面讨论在不同的行人生成间隔 $T=6,8,10,12,16,24$ 时，行人的密度 ρ、速度 v 与流量 f 之间的关系。

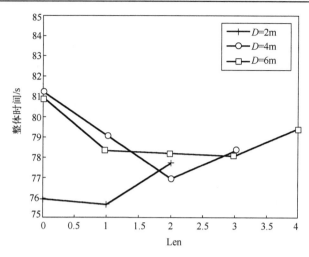

图 4.52　不同走廊宽度下障碍物排斥力对仿真整体时间的影响

图 4.53 描述了模拟转弯场景时仿真整体时间最短的双向行人流量分布情况。在测试区域内行人的分布比较平均，有很好的统计价值。每次只统计行人流稳定状态下的数据，即仿真时间在 12～60s，这样可以消除因测试区域内行人过少而导致的统计误差。

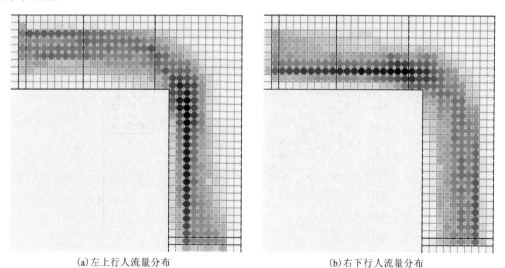

(a) 左上行人流量分布　　　　　　　　　　　(b) 右下行人流量分布

图 4.53　仿真整体时间最短的双向行人流量分布

仿真实验每隔 3s 统计一次行人的密度 ρ、速度 v 流量 f。密度 ρ 是指在这 3s 内测试区域里单位面积上的平均人数；速度 v 是指在这 3s 内测试区域里行人的平均速度；流量 f 是指在这 3s 内单位时间通过测试区域的平均人数。

　　图 4.54 和图 4.55 分别为模拟转弯场景时不同注入率的行人流量-密度基本图和行人速度-密度基本图。可以看出，在 $T=8,10,12,16,24$ 时，行人密度分布相对集中，浮动范围在 1 人/平方米以内，因此可以通过对行人生成速率的变化有效地控制测试区域内行人流的密度；而 $T=6$ 时，密度分布在 $1.3\sim3.0$ 人/平方米之间，差别较大。这是因为行人生成间隔过短，行人间产生了大量的碰撞等相互作用，行人运动的随机性增大而导致的较大波动。

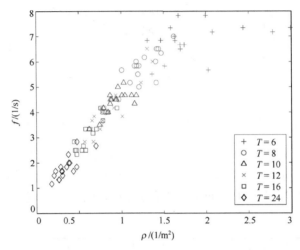

图 4.54　不同注入率的行人流量-密度基本图

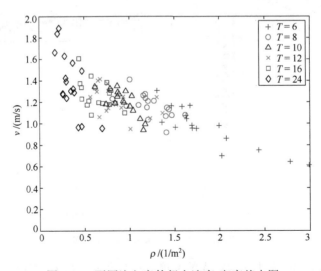

图 4.55　不同注入率的行人速度-密度基本图

　　流量-密度基本图表明，随着人群密度的增加，行人流量有了显著的提升；而当密度继续增大超过 2 人/平方米时，流量的增加到达了一个瓶颈，这主要因为行人的大量进入使得场景过于拥堵，导致流量无法继续增加。从密度-流量基本图可得知，随着人群密度的增加，行人的平均速度呈线性下降。

5）排斥力模型与经典地场模型的比较

本节对同样的转弯场景采用了经典地场模型进行模拟实验。转弯场景的设置如图 4.56 所示。其中走廊长度 $L=8\mathrm{m}$，宽度 $D=4\mathrm{m}$，测试区域的长度为 4m。为了消除不同更新方式对实验结果产生的干扰，在经典地场模型中，时间同样被离散化为基本时间片，行人的速度等级被设定为 6，行人进入场景的时间间隔为 $T=7,8,10,12,16,24,48$，从而控制行人的流量和密度。在与经典地场模型比较的实验中，所有墙的最大影响范围 Len 统一设为 2，以消除墙对实验结果的干扰。

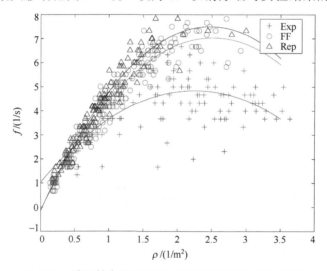

图 4.56　模拟转弯场景流量-密度数据回归分析比较图

在对比实验中，同上一节的设置，每次仿真包含了 7200 个基本时间片，总计 300s。本节统计了最后 100s 的行人流量-密度（图 4.56）和速度-密度（图 4.57）。在此实验结果中，行人平均流量 f、平均密度 ρ、走廊宽度 D 和平均速度 v 的统计方法与仿真实验完全一致。

图中 Exp 表示实际数据，FF 表示经典地场模型，Rep 表示排斥力地场模型。可以看出，在受控实验中，人群密度在 0.2~3.6 人/平方米。其中，当密度从 0.2 人/平方米增大到 1.9 人/平方米时，总流量随之增加而速度减少。当密度继续增大到 3.6 人/平方米时，人均速度和总流量同时减小。该模型与经典地场模型都存在这样的趋势但又稍有不同。在低密度情况下，从流量-密度图上看，经典地场模型略优于排斥力地场模型，但从速度-密度图上看，排斥力地场模型又略优于经典地场模型。总体来讲，低密度下两者差异并不大。

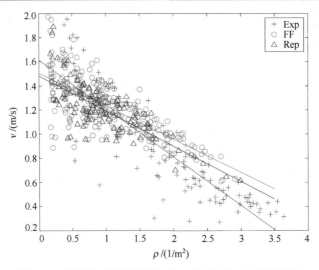

图 4.57　模拟转弯场景速度-密度数据回归分析比较图

然而当 $T=6$ 时两种模型的区别就显现出来了，图 4.58 给出了高生成率时模拟实验的不同运行时刻的模型对比截图。其中图 4.58(a)、(b)、(c)分别是引入排斥力模

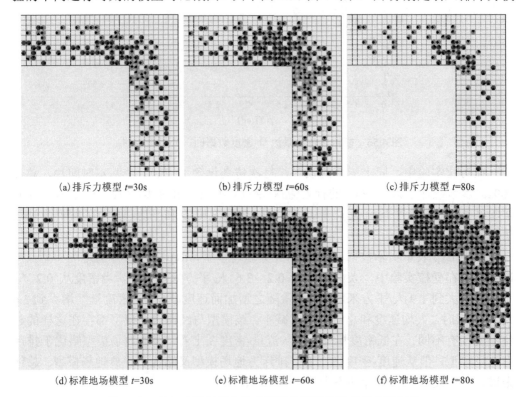

| (a)排斥力模型 $t=30s$ | (b)排斥力模型 $t=60s$ | (c)排斥力模型 $t=80s$ |

| (d)标准地场模型 $t=30s$ | (e)标准地场模型 $t=60s$ | (f)标准地场模型 $t=80s$ |

图 4.58　在 $T=6$ 的高行人生成率下转弯场景的仿真实验对比

型的模拟实验在 30s、60s、80s 的截图，可以看到虽然产生了拥堵，但在弯道的外侧以及走廊外侧依然预留出了空隙可供行人行走；图 4.58(d)、(e)、(f) 则是标准地场模型在同时刻三幅截图，可以看到走廊两侧已经被完全堵死，行人处于完全的拥堵状态。这表明了引入排斥力可以提高模型的临界拥堵密度，更好地模拟高密度下行人的运动。

2. **场景二：单一出口场景**

在单一出口场景中，单向人流从左边的入口进入通道，到右边的出口离开场景。如图 4.59 所示，场景长 L=12m，宽 D=8m，出口宽 b=0.8m。

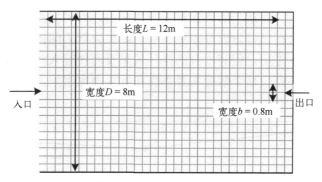

图 4.59　模拟单一出口场景参数设置示意图

在仿真实验过程中，行人相继通过单一出口的场景，如图 4.60 所示，其中黑色的扇形部分代表了行人在上一次更新之后的朝向。

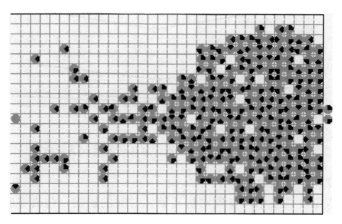

图 4.60　模拟单一出口场景行人运行图

从图 4.60 可知，行人从左边的入口进入场景之后，在综合静态地场的影响下向中间靠拢，随后场景通行能力有限导致行人在出口周围聚集，呈拱形分布。模拟单一出口场景的实验结果表明，行人的运动行为及分布特征主要受到以下几个因素的影响。

1) 行人间排斥力的影响

行人间排斥力作用在单一出口场景亦然有效。在仿真实验中，单一出口场景的长度 $L=12m$，宽度 $D=8m$，出口宽 $b=0.8m$，$k_S=1$，$k_D=0,1,2$，障碍物的排斥范围 Len=2，行人的生成间隔 $T=3,4,5,6,7$。

仿真整体时间如图 4.61 所示，实验结果表明，在相同的行人生成速率下，适当的行人间排斥力作用可以促进仿真行人的通行效率，其原因如下：由于出口比较窄，只有两个格子宽度，障碍物的排斥作用阻碍了行人选择出口周围的格点，导致出口处的空间利用率不高。而适当的增加行人间排斥力之后可抵消一部分障碍物产生的排斥作用，使得行人在出口附近分布更加均匀。如果行人间排斥力继续增大，虽然抵消了障碍物的排斥作用，但其本身的排斥效果反而使行人间相隔较大，同样造成了出口处的利用率不高。这个效应主要体现在行人不太密集、人与人周围有许多空隙的时候。

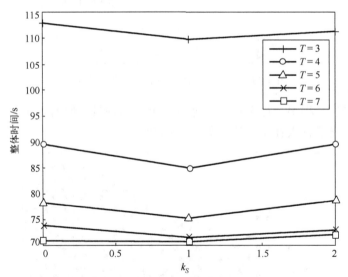

图 4.61　行人排斥力权重对整体仿真时间的影响

2) 通道宽度和出口宽度的影响

为分析通道宽度以及出口宽度对仿真整体时间的影响，仿真实验采用三组参数设置：

(1) $L=12m$，$b=0.8m$，$D=8m$，$k_S=1$，$k_D=1$，Len=2，$T=3,4,5,6,7$。

(2) $L=12m$，$b=0.8m$，$D=4m$，$k_S=1$，$k_D=1$，Len=2，$T=3,4,5,6$。

(3) $L=12m$，$b=1.2m$，$D=8m$，$k_S=1$，$k_D=1$，Len=2，$T=2,3,4,5,6$。

　　图 4.62 中的曲线表示模拟单一出口场景时不同宽度的通道和出口对仿真整体时间的影响，在仿真实验中，通道的宽度仅仅影响到整个场景的行人容量，在场景中的行人远小于场景能容纳的最大行人容量时，通道的宽度对仿真整体时间的影响可以忽略不计。此时，出口的宽度决定着整个场景的通行能力。从图 4.62 中还可以看出，在畅通情况下，最后一个生成的行人通过整个场景大约需要 10s。

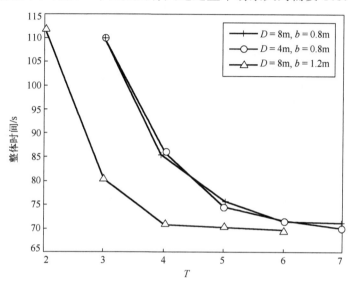

图 4.62　不同宽度的通道和出口对仿真整体时间的影响

3) 瓶颈处自组织特征

　　当实验参数设定为 $L=12\text{m}$，$b=0.8\text{m}$，$D=8\text{m}$，$k_S=1$，$k_D=1$，Len=2，$T=3$ 的仿真实验可明显看到行人在出口附近成拱分布的现象，如图 4.63 所示。

　　其中，60s 之后不再由入口处生成行人。图中仿真过程出现"气泡"现象，即尽管行人的密度已经很高，但是在高密度的行人中仍然有一部分空间没有被任何人占用。

　　上述几种自组织现象可以定性地判定本节提出的新型行人疏散地场模型在仿真行人流时具有较好的合理性。

　　综上所述，本章提出了两种行人运动模型，分别是面向多向行人疏散流的向量地场模型和引入排斥动态场的行人疏散地场模型。

　　第一种模型采用向量化的静态地场和动态地场，将方向信息嵌入到每一个格点中，从而简化路径选择并减少计算量。通过仿真实验，该模型能够较好地应用于地铁站内多处场景，包括岛式站台、站台两侧楼梯通向站厅处、闸机群外非付费区至出站口等双向或多向行人疏散流的真实场景。在其他模拟场景下，例如转弯处、丁字路口和单一出口等场景的仿真实验，该模型表现出行人疏散的基本特征和典型的自组织现象。实验数据与实际数据十分吻合。

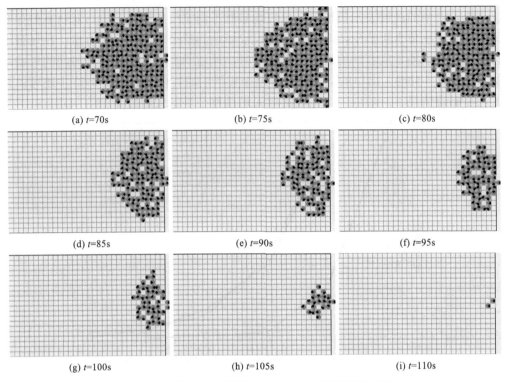

(a) $t=70s$　　　　　　　(b) $t=75s$　　　　　　　(c) $t=80s$

(d) $t=85s$　　　　　　　(e) $t=90s$　　　　　　　(f) $t=95s$

(g) $t=100s$　　　　　　　(h) $t=105s$　　　　　　　(i) $t=110s$

图 4.63　模拟单一出口场景时行人在出口附近呈拱形分布

　　第二种模型引入了平滑静态地场和行人间排斥地场,模拟地铁站内不同场景的双向行人流。平滑静态地场相对于传统静态地场优化了斜向距离,拥有更精确的方位导向,可以模拟斜向行走的行人并再现拱形效应。行人间的排斥地场在模拟交汇行人流中可以保持同向行人之间的距离,为逆向行人流提供通行空间,有效减缓拥堵的发生。该模型通过设置不同的计时器初始值平衡正向与斜向行走的速率,并应用了离散的精细时间片控制行人的更新速度。相对于面向紧急态势下行人疏散的标准地场模型,本章提出的模型更适合常态下的行人运动仿真,特别是在转弯等人流交汇处,行人间排斥地场的设定有利于提高造成拥堵的临界密度。在转弯场景的仿真实验中,行人之间的排斥地场作用对通行效率有显著影响,实验结果表明过大或过小的排斥作用都会导致一定程度的拥堵。同时,墙壁等障碍物的排斥效应也需要设置合适的范围才能达到最好的通行效率。仿真实验同样对行人流基本图进行分析,结果表明该模型仿真基本图符合行人在真实情况下的基本运动特征。

参 考 文 献

[1]　Jülich Supercomputing Centre（JSC）. On the Way to Exascale Computing. https://www.fz-

juelich.de/en/ias/jsc, 2023.

[2]　Bergische Universität Wuppertal. Computersimulation für Brandschutz und Fußgängerverkehr. http://www.asim.uni-wuppertal.de/database/corridor/video-andtrajectories.html, 2013.

[3]　Burstedde C, Klauck K, Schadschneider A, et al. Simulation of pedestrian dynamics using a two-dimensional cellular automaton. Physica A, 2001, 295 (3-4): 507-525.

[4]　Zeng J B, Leng B, Xiong Z, et al. Pedestrian dynamics in a two-dimensional complex scenario using a local view floor field model. International Journal of Modern Physics C, 2011, 22: 775-803.

第 5 章 轨道交通大数据应用探索与展望

本章基于前四章的研究内容，结合了城市轨道交通大数据技术与国家重点研发计划项目"基于北京经验的河内公共交通智能票务关键技术"研究任务，探索了其在轨道交通业务中的应用。首先，本章阐述了基于开放架构的客流大数据应用系统构建过程，该系统集成了轨道交通大数据客流数据分析、预测、仿真和运营优化相关理论和技术，并在越南首都河内公共交通大数据平台进行示范应用。接着，针对列车运行计划无法灵活应对不同运营场景客流变化的难题，提出了一种数据驱动的列车时刻表优化方法。该方法考虑了多种列车运行的实际约束因素，构建了描述乘客需求和列车运行的数学模型，并建立以乘客满意度和运营效率为目标的优化函数，设计了智能启发式算法和非线性规划算法来求解模型。最后，探讨了网络化运营形势下，城市轨道交通大数据技术发展所面临的挑战，并对大数据技术在城市轨道交通领域的发展方向和应用体系进行了展望。

5.1 基于开放架构的客流大数据应用系统设计与实现

5.1.1 系统概述

本节结合国家重点研发计划项目"基于北京经验的河内公共交通智能票务关键技术"研究目标，根据项目研究内容要求，需要研发一套河内公共交通客流大数据应用系统，该系统采集河内城市轨道交通 AFC 系统、视频系统、列车运行系统、乘客服务系统、其他公共交通系统票务数据等多源异构数据，构建数据仓库系统，支撑河内公共交通数据整合、清分结算、分析挖掘、客流预测、列车运行优化等业务应用场景。

本节运用软件工程的设计方法，在分析越南公共交通自动结算、自动清分、客流预测和运营优化等业务需求的基础上，设计公共交通大数据应用系统分层架构，如图 5.1 所示，基于 Hadoop 开放式架构设计数据仓库，研发大数据模型和多元异构数据的清洗、整合、分析挖掘技术，形成标准规范的数据指标体系，在此基础上，设计研发大数据平台，集成票务数据融合处理模型、清分结算模型、客流状态推演和预测模型、列车运行优化模型等业务模型，构建越南公共交通大数据应用系统。

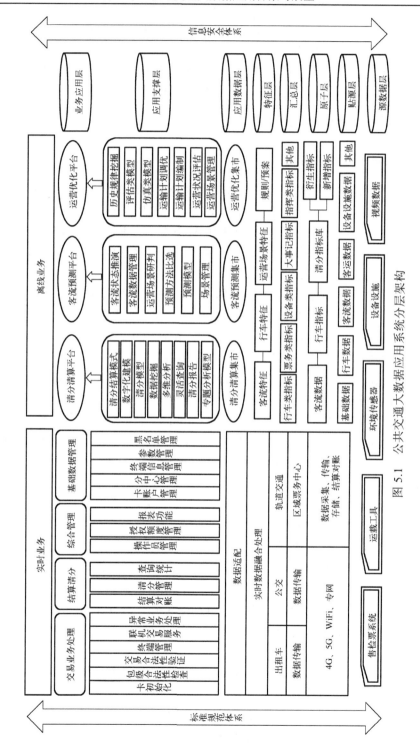

图 5.1　公共交通大数据应用系统分层架构

河内公共交通客流大数据应用系统集成了本书第 1 章的数据仓库技术(部分)、第 2 章的客流分析挖掘技术(部分)、第 3 章的客流预测理论方法(部分),支撑河内公共交通票务系统多运营商跨区域海量多源异构数据实时自动清分结算、客流数据统计分析、客流预测和列车运行优化(将在 5.2 节详细说明)等业务应用。

5.1.2　大数据平台技术实现及功能

1. 大数据平台技术实现

河内公共交通客流大数据应用系统采用 CDH(Cloudera Distribution Hadoop)作为数据仓库基础平台。该平台对于历史数据采用 FTP 服务器、SQL 脚本、Scrapy 脚本及 Sqoop 接入方式,而实时数据则采用 Web 接口、Flume、Kafka 进行接入。平台接入了来自公共交通系统的 AFC 刷卡数据、列车运行数据、视频数据、各类传感器数据和业务系统数据等。

根据大数据平台不同类别数据存储要求,数据分类存储于分布式文件系统的 Hive 数据库、HBase 数据库及 Elasticsearch 中,平台的数据处理分为离线计算和实时计算两种模式。其中,离线计算主要采用 Hive SQL、Spark、MapReduce 等技术进行处理,实时计算采用 Spark Streaming、Storm、Flink 等技术。

业务数据库基于 My SQL、SQL Server、HBase、Neo4j 等数据库技术构建,用于支撑业务数据的存储和应用。公共交通客流大数据平台技术架构如图 5.2 所示。

公共交通客流数据仓库平台是基于 Cloudera Hadoop 平台构建的,Cloudera Hadoop 平台是由 Cloudera 公司提供的开源、可伸缩、高可靠的企业级数据仓库管理系统,CDH 包括强大的数据仓库部署、管理和监控工具,丰富的数据分析和应用生态系统,可满足河内公共交通客流大数据管理和应用需求。基于 CDH 构建公共交通客流数据仓库主体过程如下。

1) 数据仓库基础平台搭建

搭建主要步骤如下,准备 CM(Cloudera Manager)与 CDH 安装包,配置好网络环境,配置主机和主机名映射,配置多主机免密登录、时钟同步功能,开启 http 服务,访问 CM 的 Web 界面,按照时序步骤进行集群的安装、配置和部署,选择需要安装的 Hadoop 组件,如 HDFS、MapReduce、Yarn、Spark、ZooKeeper 等。数据仓库平台组件安装完成后,检查集群的运行状态和健康状况,进行必要的系统优化。

2) 数据模型设计

面向越南公共交通智能票务业务需求,按照概念模型、逻辑模型和物理模型的设计顺序,形成了公共交通智能票务指标体系,包括票务类指标、客流类指标、列车运行类指标、设备设施类指标等,根据数据标准和指标口径,设计并实现票价、应收票款、实收票款、进站量、出站量、换乘量、集散量、OD 量、进站乘客去向

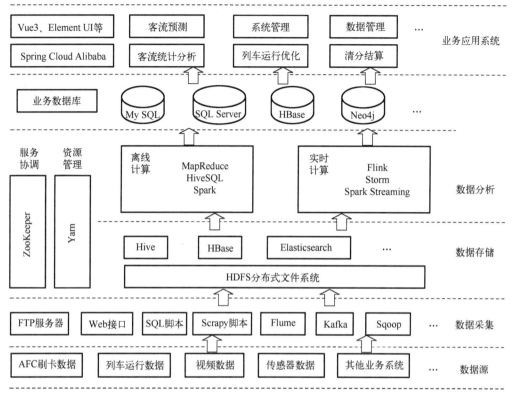

图 5.2　公共交通客流大数据平台技术架构

量、出站乘客来向量、乘距、负荷强度、断面客流量等数据指标，通过时间、空间、票种和专业等维度模型，实现对数据的有序管理并对外提供服务。

3）ETL 设计

面向数据加载和质量治理需求，设计 ETL 脚本和作业管理系统，通过 FTP 服务器、Sqoop 脚本、Web 接口、SQL 脚本、Sqoop、Flume、Kafka 等进行源数据抽取、转化，加载至 Hive、HBase、Elasticsearch 中。

4）数据分析脚本设计

根据数据分析挖掘和处理需要，设计离线计算脚本并通过 HiveSQL、Spark、MapReduce 实现数据定期分析处理，设计实时计算脚本并通过 SparkStreaming、Storm、Flink 实现数据实时处理。数据分析处理结果会导入业务数据库，供业务应用系统使用。

2. 大数据平台系统功能示例

1）大数据平台系统管理功能

大数据平台系统管理功能如图 5.3～图 5.7 所示。

机架	IP	角色	授权状态	上一检测信号	平均负载	内核	磁盘使用情况	物理内存
/default	192.168.77.6	❯ 23 Role(s)	已授权	6.81s 之前	0.09 0.18 0.21	16	203 GiB / 498 GiB	18.6 GiB / 47 GiB
/default	192.168.77.7	❯ 7 Role(s)	已授权	4.32s 之前	0.06 0.05 0.06	8	124.6 GiB / 498 GiB	4.4 GiB / 31.2 GiB
/default	192.168.77.8	❯ 7 Role(s)	已授权	12s 之前	0.00 0.02 0.05	8	123.2 GiB / 498 GiB	4.5 GiB / 31.2 GiB

图 5.3　大数据平台集群状态监测 1

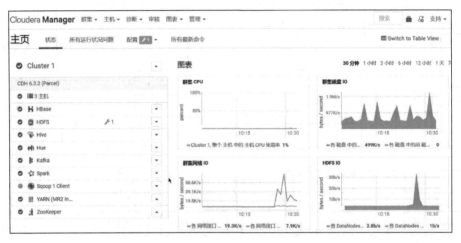

图 5.4　大数据平台集群状态监测 2

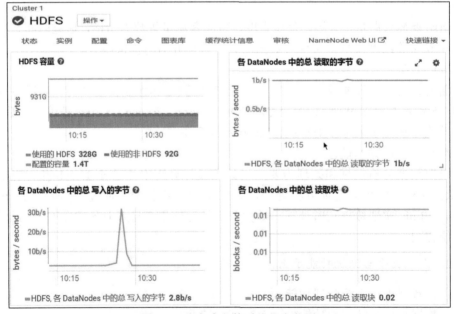

图 5.5　分布式文件系统状态监测

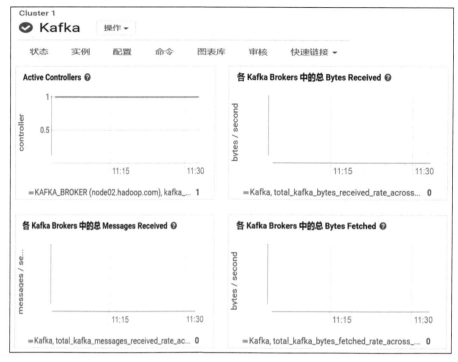

图 5.6　Kafka 状态监测

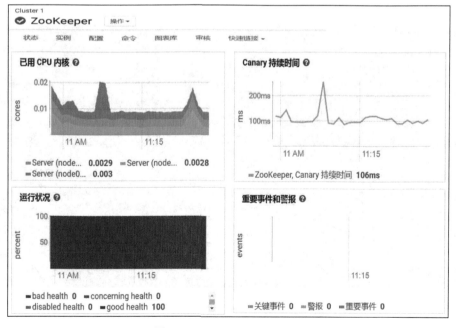

图 5.7　ZooKeeper 状态监测

2) 大数据平台系统 ETL 功能

大数据平台系统 ETL 功能如图 5.8～图 5.9 所示。

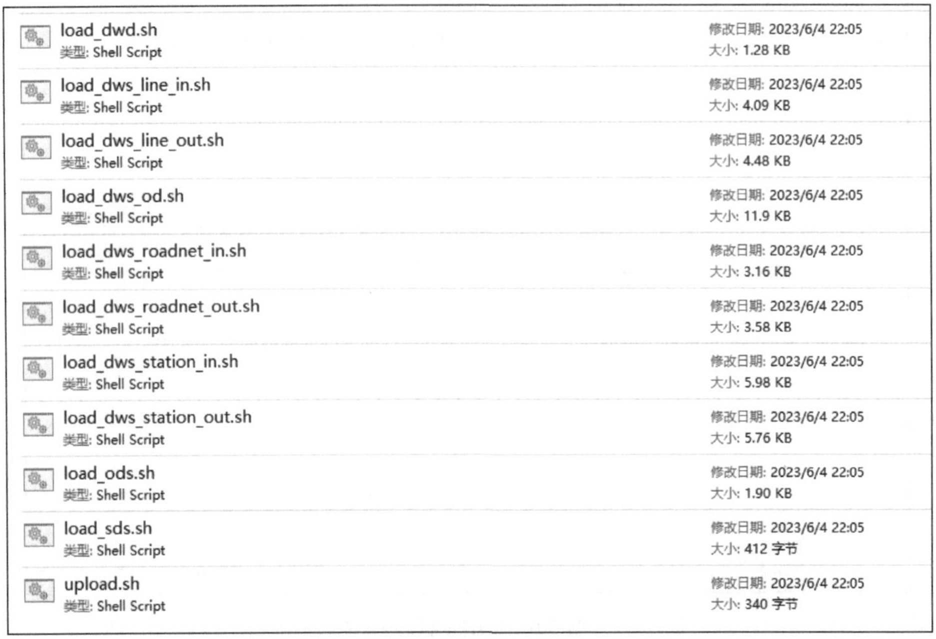

load_dwd.sh 类型: Shell Script	修改日期: 2023/6/4 22:05 大小: 1.28 KB	
load_dws_line_in.sh 类型: Shell Script	修改日期: 2023/6/4 22:05 大小: 4.09 KB	
load_dws_line_out.sh 类型: Shell Script	修改日期: 2023/6/4 22:05 大小: 4.48 KB	
load_dws_od.sh 类型: Shell Script	修改日期: 2023/6/4 22:05 大小: 11.9 KB	
load_dws_roadnet_in.sh 类型: Shell Script	修改日期: 2023/6/4 22:05 大小: 3.16 KB	
load_dws_roadnet_out.sh 类型: Shell Script	修改日期: 2023/6/4 22:05 大小: 3.58 KB	
load_dws_station_in.sh 类型: Shell Script	修改日期: 2023/6/4 22:05 大小: 5.98 KB	
load_dws_station_out.sh 类型: Shell Script	修改日期: 2023/6/4 22:05 大小: 5.76 KB	
load_ods.sh 类型: Shell Script	修改日期: 2023/6/4 22:05 大小: 1.90 KB	
load_sds.sh 类型: Shell Script	修改日期: 2023/6/4 22:05 大小: 412 字节	
upload.sh 类型: Shell Script	修改日期: 2023/6/4 22:05 大小: 340 字节	

图 5.8　ETL 脚本

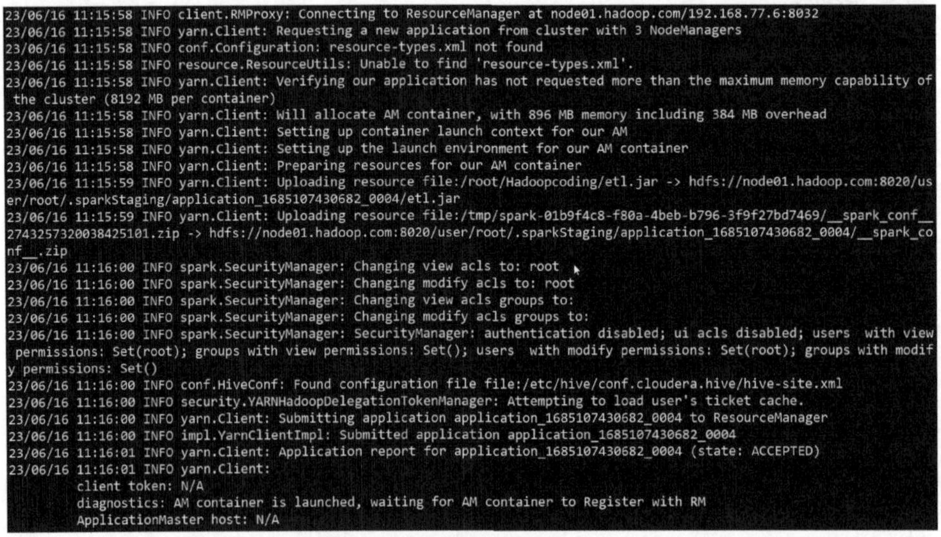

```
23/06/16 11:15:58 INFO client.RMProxy: Connecting to ResourceManager at node01.hadoop.com/192.168.77.6:8032
23/06/16 11:15:58 INFO yarn.Client: Requesting a new application from cluster with 3 NodeManagers
23/06/16 11:15:58 INFO conf.Configuration: resource-types.xml not found
23/06/16 11:15:58 INFO resource.ResourceUtils: Unable to find 'resource-types.xml'.
23/06/16 11:15:58 INFO yarn.Client: Verifying our application has not requested more than the maximum memory capability of
 the cluster (8192 MB per container)
23/06/16 11:15:58 INFO yarn.Client: Will allocate AM container, with 896 MB memory including 384 MB overhead
23/06/16 11:15:58 INFO yarn.Client: Setting up container launch context for our AM
23/06/16 11:15:58 INFO yarn.Client: Setting up the launch environment for our AM container
23/06/16 11:15:58 INFO yarn.Client: Preparing resources for our AM container
23/06/16 11:15:59 INFO yarn.Client: Uploading resource file:/root/Hadoopcoding/etl.jar -> hdfs://node01.hadoop.com:8020/us
er/root/.sparkStaging/application_1685107430682_0004/etl.jar
23/06/16 11:15:59 INFO yarn.Client: Uploading resource file:/tmp/spark-01b9f4c8-f80a-4beb-b796-3f9f27bd7469/__spark_conf__
274325732003842510l.zip -> hdfs://node01.hadoop.com:8020/user/root/.sparkStaging/application_1685107430682_0004/__spark_co
nf__.zip
23/06/16 11:16:00 INFO spark.SecurityManager: Changing view acls to: root
23/06/16 11:16:00 INFO spark.SecurityManager: Changing modify acls to: root
23/06/16 11:16:00 INFO spark.SecurityManager: Changing view acls groups to:
23/06/16 11:16:00 INFO spark.SecurityManager: Changing modify acls groups to:
23/06/16 11:16:00 INFO spark.SecurityManager: SecurityManager: authentication disabled; ui acls disabled; users  with view
 permissions: Set(root); groups with view permissions: Set(); users  with modify permissions: Set(root); groups with modif
y permissions: Set()
23/06/16 11:16:00 INFO conf.HiveConf: Found configuration file file:/etc/hive/conf.cloudera.hive/hive-site.xml
23/06/16 11:16:00 INFO security.YARNHadoopDelegationTokenManager: Attempting to load user's ticket cache.
23/06/16 11:16:00 INFO yarn.Client: Submitting application application_1685107430682_0004 to ResourceManager
23/06/16 11:16:00 INFO impl.YarnClientImpl: Submitted application application_1685107430682_0004
23/06/16 11:16:01 INFO yarn.Client: Application report for application_1685107430682_0004 (state: ACCEPTED)
23/06/16 11:16:01 INFO yarn.Client:
        client token: N/A
        diagnostics: AM container is launched, waiting for AM container to Register with RM
        ApplicationMaster host: N/A
```

图 5.9　ETL 脚本后台运行

3）大数据平台系统数据管理功能

大数据平台系统数据管理功能如图 5.10～图 5.11 所示。

图 5.10 大数据平台数据表

图 5.11 大数据平台历史作业功能界面

5.1.3 业务应用系统实现

1. 业务系统简介

公共交通客流大数据业务应用系统采用前后端分离模式开发，后端使用 Spring Cloud Alibaba 微服务框架，包括服务注册与发现 Nacos、负载均衡 LoadBalancer、服务调用 OpenFeign、路由控制 Gateway、服务熔断降级 Sentinel 等五大组件。前端使用 Vue3 框架，并配合 Element UI 和 Echarts 两大 UI 组件快速生成各种图表，在页面展示数据。

该系统实现了包括客流统计分析、清分结算、客流预测、列车运行优化、数据管理、系统管理等六大高可用、高性能、高扩展性的业务应用功能。

2. 业务应用示例

1) 公共交通客流大数据应用系统集成界面

公共交通客流大数据应用系统集成了大数据管理系统和业务应用系统。

大数据管理系统主要构成如下：

(1) 数据仓库基础设施资源及运营状态管理子系统。

(2) 数据资源管理子系统。

(3) 数据 ETL 作业管理子系统。

(4) 数据治理治理子系统。

(5) 数据分析挖掘子系统。

业务应用系统主要构成如下：

(1) 统计分析子系统。

(2) 清分结算子系统。

(3) 客流预测子系统。

(4) 运营优化子系统。

(5) 客流监测预警子系统。

部分系统功能展示如图 5.12～图 5.15 所示。

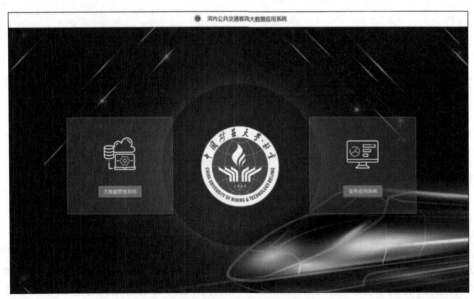

图 5.12　系统集成界面 1

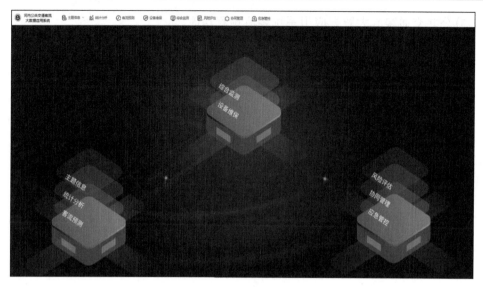

图 5.13　系统集成界面 2

2) 公共交通客流大数据应用系统统计分析功能

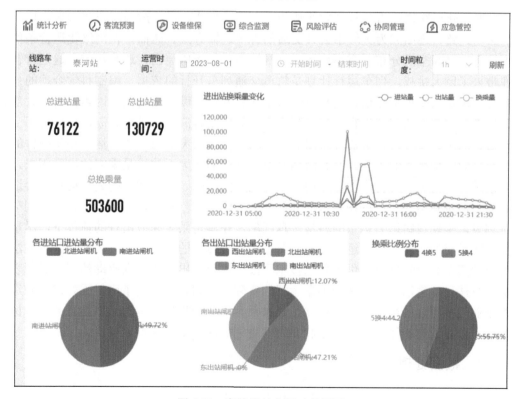

图 5.14　客流统计分析功能界面

3）公共交通客流大数据应用系统客流预测功能

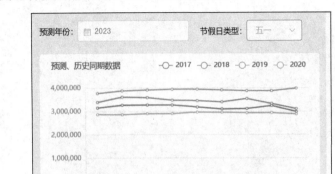

图 5.15　客流预测功能界面

5.2　数据驱动的列车运行优化方法

　　城市轨道交通作为一种高效便捷的公共交通形式，已经成为解决"大城市病"的必由之路，逐渐成为大城市公共交通的骨干运输方式。然而，在网络化运营条件下，客流时间空间分布严重不均衡，线网运力运量矛盾突出，这给轨道交通运营管理带来了巨大挑战，列车运行计划是轨道交通列车开行的依据，编制科学合理的列车时刻表是减少列车延误、提高运输效率、提升乘客满意度的决定因素。目前大部分城市轨道交通的列车运行计划是基于粗放的历史客流规律进行编制，仅区分了工作日、周末、节假日、节前等有限类特定场景，无法灵活适应各类运营场景条件的客流高效、均衡运输需求。在客流高峰期，列车的运力无法满足乘客的出行需求，导致乘客滞留和等待时间增加。而在平峰期，小间隔、低满载率的列车运行又会造成运力浪费和运营企业运输效益的降低。为了解决这一问题，需要制定合理的列车时刻表，实现线路运力运量的科学合理匹配，在满足乘客高效出行的前提下，尽量提高轨道交通运营企业的运输效益。随着大数据技术的快速发展，大数据分析方法为地铁列车时刻表优化提供了新的技术手段。本节提出一种数据驱动的列车时刻表优化方法，该方法考虑了多种列车运行的实际约束因素，构建了应对乘客需求和运营企业效率需要的数学模型，建立了兼顾乘客满意度指标和运营效率指标的多目标优化函数，设计智能启发式算法和非线性规划算法来求解模型。

5.2.1　数据处理

　　本节介绍数据驱动的列车运行优化方法的数据处理技术基础，本节要处理的核心数据是城市轨道交通自动售检票系统中产生的乘客刷卡交易数据和 OD 数据。当乘客乘坐地铁时，乘客刷卡交易信息会自动记录在 AFC 系统中，并生成相应的旅行数据集。数据集包括进站时间、进站站点、进站线路、出站时间、出站站点、进站线路等交易数据。以北京、上海为代表的超大城市，AFC 系统每天将生成超过一千万条交易记录，每条记录包含超过 30 个属性。为了保持可接受的数据处理速度，数据集被过滤，本节仅保留与列车运行优化直接相关的属性，如表 5.1 所示。

表 5.1　数据示例表

s_time	s_station	s_line	d_time	d_station	d_line
2020-08-19 18:47:09	268030	268	2020-08-19 19:10:05	268033	268
2020-08-19 20:11:09	241019	241	2020-08-19 20:31:29	241011	241
2020-08-20 07:01:09	258021	258	2020-08-20 07:41:09	258003	258

为了减少数据干扰和计算量，将原始数据进行数据清洗，使用数据库存储数据。然后对相关数据进行计算，以获取乘客到达率和下车率。基于交易数据，可以生成以下指标。

$C_{\mathrm{in\_station}}^{j}$ 表示在 t_1 期间，在同一线路的 j 站乘坐地铁的乘客数量，计算公式如下

$$C_{\mathrm{in\_station}}^{j} = (C | \mathrm{s\_time} \in t_1, \mathrm{s\_line} = \mathrm{lineid}, j \in \mathrm{s\_station}) \tag{5-1}$$

$C_{\mathrm{out\_station}}^{j}$ 表示在 t_2 期间离开同一线路的 j 站的乘客数量，计算公式如下

$$C_{\mathrm{out\_station}}^{j} = (C | \mathrm{d\_time} \in t_2, \mathrm{d\_line} = \mathrm{lineid}, j \in \mathrm{d\_station}) \tag{5-2}$$

C_i^j 表示在 t_2 期间从 i 站乘坐地铁并在 j 站下车的乘客数量，计算公式如下

$$C_i^j = (C | \mathrm{d\_time} \in t_2, \mathrm{s\_line} = \mathrm{lineid}, \mathrm{d\_line} = \mathrm{lineid}, \\ i \in \mathrm{s\_station}, \quad j \in \mathrm{d\_station}) \tag{5-3}$$

$\lambda_{t_1}^{j}$ 表示乘客在 j 站的到达率，可以通过 $C_{\mathrm{in\_station}}^{j}$ 除以 t_1 来计算

$$\lambda_{t_1}^{j} = \frac{C_{\mathrm{in\_station}}^{j}}{t_1}, \quad j \in \mathrm{in\_station} \tag{5-4}$$

ρ_i^j 表示乘客离开车站 i 的比例，可以通过 C_i^j 除以 $C_{\mathrm{in\_station}}^{j}$ 来计算

$$\rho_i^j = \frac{C_i^j}{C_{\mathrm{in\_station}}^{j}}, \quad i \in \mathrm{in\_station}, \quad j \in \mathrm{out\_station} \tag{5-5}$$

5.2.2　优化模型

为了提高城市轨道交通的运输效率和乘客满意度，需要综合考虑列车之间的运

行关系、列车与站点之间的停靠关系、列车与乘客之间的乘车下车关系，以及车站和乘客之间的进出站关系等因素来优化列车的运行计划。利用上一节处理过的数据，建立一个列车时刻表多目标优化模型以提高城市轨道交通运输效率。优化目标包括乘客站台等待时间、乘客站间时间、列车载客量与期望值之差以及列车运行均衡性。

考虑一条由 J 个车站组成的城市轨道交通运营线路，车站 1 是始发站，车站 J 是末站，如图 5.16 所示。

图 5.16 一条运营线路示意图

为了更好地公式化数学模型，简化后面的优化问题，做如下假设：

A1：每个车站一次只能容纳一辆列车，地铁线路的任何一点都不能超车。

A2：列车站站停假设，假设列车在每个车站都会停车，不存在跳停现象，以简化模型的复杂性，在 t_1 期间，乘客到达 j 站的到达率用变量 $\lambda_{t_1}^j$ 表示。

A3：所有旅客按照"先到先上车"的原则排队上车，上车人数不能超过列车的载客量。

假设 A1 通常适用于大多数城市交通系统，这确保了列车按顺序发车运行。假设 A2，乘客到达率随时间变化，可以使用大数据分析工具获得。对于假设 A3，当列车到站时，如果车上乘客人数超过列车的载客量，超过的乘客必须留在站台等待下一趟列车。

建立客流数据驱动的列车运行计划动态优化模型，从列车与乘客两个方面研究客流数据驱动的列车运行计划动态优化方法。

1. 列车行车模型

相邻列车 i 和列车 $i-1$ 之间的行车间隔可以车站 j 为基准来表示

$$h_{i,j} = d_{i,j} - d_{i-1,j} \tag{5-6}$$

其中，$d_{i,j}$ 为列车 i 离开车站 j 的时刻，$d_{i-1,j}$ 为列车 $i-1$ 离开车站 j 的时刻。$d_{i,j}$ 可以由列车 i 到达车站 j 的时刻 $a_{i,j}$ 和其在车站 j 的停站时间 $s_{i,j}$ 表示

$$d_{i,j} = a_{i,j} - s_{i,j} \tag{5-7}$$

列车到达 j 站的时刻 $a_{i,j}$ 可以由列车 i 在前一车站 $j-1$ 的离开时刻 $d_{i-1,j}$ 和其在车站 j 和 $j-1$ 之间的旅行时间 $r_{i,j-1}$ 表示

$$a_{i,j} = d_{i,j-1} - r_{i,j-1} \tag{5-8}$$

列车在车站 j 的停站时间 $s_{i,j}$ 可以表示为

$$s_{i,j} = s_{\min} + a\frac{U_{i,j}}{2N_{\mathrm{door}}} + b\frac{D_{i,j}}{N_{\mathrm{door}}} \tag{5-9}$$

其中，$s_{\min}$ 是最短停站时间，也就是列车在车站停车后，即便没有乘客上下车也要打开车门等待的时间。a、b 为一位乘客上车下车的时间，可以通过回归分析得到数值。N_{door} 为列车在车站开门的数量，这里假设上车乘客在车门口排成两队，下车乘客在车门内排成一队。$U_{i,j}$ 和 $D_{i,j}$ 分别表示列车 i 在车站 j 的上车人数和下车人数，这两个参数都是通过历史客流数据分析和深度学习模型预测得到的[1]。

2. 乘客候车模型

列车 i 在离开车站 j 时的车载乘客数 $P_{i,j}$ 可以由列车 i 离开车站 $j-1$ 时的车载乘客数 $P_{i,j-1}$、列车 i 在车站 j 下车的人数 $D_{i,j}$ 以及列车 i 在车站 j 上车的人数 $U_{i,j}$ 来表示

$$P_{i,j} = P_{i,j-1} - D_{i,j} + U_{i,j} \tag{5-10}$$

列车容纳乘客的能力是有限制的，在列车运行中，车载乘客数不允许超出最大列车载客量。尤其是在出行的高峰时段，可能会出现滞留乘客的情况。因此，列车 i 在车站 j 上车的人数 $U_{i,j}$ 可以由列车 i 在车站 j 的车内剩余载客数 $P_{i,j}^{\mathrm{remain}}$ 和在车站 j 等待列车 i 的等车乘客数 $W_{i,j}^{\mathrm{wait}}$ 表示

$$U_{i,j} = \min(P_{i,j}^{\mathrm{remain}}, W_{i,j}^{\mathrm{wait}}) \tag{5-11}$$

其中，列车 i 在车站 j 的车内剩余载客数 $P_{i,j}^{\mathrm{remain}}$ 可以由车载最大乘客数 $Q_{i,\max}$、载客乘客数 $P_{i,j-1}$ 以及下车乘客数 $D_{i,j}$ 来表示

$$P_{i,j}^{\mathrm{remain}} = Q_{i,\max} - (P_{i,j-1}, D_{i,j}) \tag{5-12}$$

在车站 j 等待列车 i 的乘客数 $W_{i,j}^{\mathrm{wait}}$ 可以由上一辆列车 $i-1$ 在车站 j 滞留的乘客数 $W_{i-1,j}^{\mathrm{remian}}$ 以及相邻列车 i 和列车 $i-1$ 两列车的行车间隔内到达的乘客数 $\lambda_j(d_{i,j} - d_{i-1,j})$ 表示

$$W_{i,j}^{\mathrm{wait}} = W_{i-1,j}^{\mathrm{remian}} + \lambda_j(d_{i,j} - d_{i-1,j}) \tag{5-13}$$

其中，λ_j 是在 $d_{i,j} - d_{i-1,j}$ 时段内的乘客到达速率。

同样，列车 i 在车站 j 因为车容量限制而滞留的乘客数 $W_{i,j}^{\mathrm{remian}}$ 表示如下

$$W_{i,j}^{\mathrm{wait}} = W_{i-1,j}^{\mathrm{remian}} - U_{i,j} \tag{5-14}$$

列车 i 内的乘客在车站 j 下车的乘客数 $D_{i,j}$ 可以由前几站上车的乘客数 $\displaystyle\sum_{k=1}^{j-1} U_{i,k}$ 以

及乘客上下车比例 OD 矩阵 $E_{k,j}$ 表示

$$D_{i,j} = \sum_{k=1}^{j-1} U_{i,k} E_{k,j} \tag{5-15}$$

上述模型中的客流参数都可以通过历史客流数据分析和深度学习方法预测获得。

3. 多目标优化函数

基于动态、不均衡客流的列车时刻表的优化主要包括列车运行优化和乘客满意度优化。列车运行优化主要包括：减少列车的实际载客量与期望载客量偏差，保证列车运行的均衡性。乘客满意度优化主要包括：降低乘客的站台等待时间和站间旅行时间。

乘客站台等待时间 J_1 可以由以下公式表示

$$J_1 = \sum_{i=2}^{N} \sum_{j=1}^{M} \left(\frac{1}{2} \lambda_j \left| d_{i,j} - d_{i-1,j} \right| + W_{i-1,j}^{\text{remain}} \left| d_{i,j} - d_{i-1,j} \right| \right) \tag{5-16}$$

乘客站间旅行时间 J_2 可以由以下公式表示

$$J_2 = \sum_{i=1}^{N} \sum_{j=1}^{M} \left((P_{i,j} - D_{i,j+1}) S_{i,j} + P_{i,j} r_{i,j} \right) \tag{5-17}$$

列车运行均衡性 J_3 可以由以下公式表示

$$J_3 = \sum_{i=2}^{N} \sum_{j=1}^{M} \left(\left| r_{i,j} - r_{i-1,j} \right| + \left| s_{i,j} - s_{i-1,j} \right| \right) \tag{5-18}$$

列车载客量与期望值之差 J_4 可以由以下公式表示

$$J_4 = \sum_{i=2}^{N} \sum_{j=1}^{M} \left| P_{i,j} - P_r \right| \tag{5-19}$$

本节要解决的优化问题并不是单一目标的优化问题，系统的性能由多项指标共同决定。因此，通过对优化目标进行加权求和，各个目标的权值可以根据不同的优化需求进行不同的设定。另外，约束条件主要从列车行车安全、线路条件和乘客的舒适度考虑，即列车的行车间隔必须满足最小和最大行车间隔的约束，停站时间必须满足最大和最小停站时间的约束，区间运行时间必须大于区间的最小运行时间，同时也必须小于区间的最长运行时间。当然，车载及站内乘客必须满足最小载客和最大载客量的约束。因此，多目标优化函数可以描述为

$$\min J = aJ_1 + bJ_2 + cJ_3 + dJ_4 \tag{5-20}$$

$$\text{s.t.}\begin{cases} r_{\min} \leqslant r_{i,j} \leqslant r_{\max} \\ s_{\min} \leqslant s_{i,j} \leqslant s_{\max} \\ h_{\min} \leqslant h_{i,j} \leqslant h_{\max} \\ P_{\min} \leqslant P_{i,j} \leqslant P_{\max} \\ \lambda_j \leqslant \dfrac{Z_j - W_{i-1,j}^{\text{remain}}}{d_{i,j} - d_{i-1,j}} \end{cases} \tag{5-21}$$

其中，a、b、c、d 表示每个目标的权重，$a+b+c+d=1$，每个权重的值根据不同的优化需要而设定。在客流高峰期，适当增加 a 和 b 的值是至关重要的，以便快速运送乘客，减少等待和旅行时间。在客流平峰期，应提高列车运行的稳定性，降低运营企业运营成本，因此需要适当提高 c 和 d 的值。在客流稳定期，考虑到列车运行的稳定性和乘客必须等待的时间长度，可以均衡地设置权重。总之，在为每个优化目标选择权重时，必须同时考虑到客流和优化要求，应在进行多次实验后选择合适的权重。此外，约束条件中 $r_{\min}$ 是区间最小运行时间；$r_{\max}$ 是区间最大运行时间；$s_{\min}$ 是最小停站时间；$s_{\max}$ 是最大停站时间；$h_{\min}$ 是最小行车间隔；$h_{\max}$ 是最大行车间隔；$P_{\min}$ 是最小载客量；$P_{\max}$ 是最大载客量；Z_j 是站台最大容纳的乘客数，λ_j 是车站的客流限制。

5.2.3　优化方法

上述列车运行计划优化模型是一个复杂的、多目标的优化问题，具有多个约束条件，从而增加了求解的难度。传统的数学方法难以有效地处理这类问题，而遗传算法的优势在于能够在解空间中快速寻找全局最优解或近似最优解，适用于上述问题的求解需求。

遗传算法(Genetic Algorithm，GA)是一种基于生物遗传和进化规律的优化算法[2]。其主要思想是通过模拟自然界中的生物遗传机制，不断地从当前的解集中选出优良的解进行组合和变异，产生新的解集，最终找到问题的最优解或次优解。

遗传算法将优良的解看成是染色体的基因，通过遗传操作，例如，交叉、变异、选择等操作，模拟了生物进化的过程。在遗传算法的迭代过程中，首先生成一定数量的随机解作为种群，并通过适应度函数来评价种群中每个个体的优劣程度。接着，根据适应度函数的值，按照一定的策略选取优良的个体，并进行交叉、变异等遗传操作，生成下一代种群。迭代过程会不断进行，直到达到预定的终止条件，例如，达到最大迭代次数或找到满足要求的解。

遗传算法是一种通用的优化算法，可以用于解决许多实际问题，例如，组合优化、函数优化、路径规划等。由于其具有全局搜索能力、并行性和自适应性等优点，在科研和工业实践中得到了广泛的应用和研究。

遗传算法通常包括以下步骤：

(1) 初始化：随机生成初始种群，每个个体都代表了问题的一个可能解。

(2) 选择：按照某种选择策略从种群中选出一部分个体，作为下一代种群的父代。选择策略的目的是使较优秀的个体有更大的生存和繁殖机会。

(3) 交叉：对选出的父代个体进行染色体交叉，生成一定数量的后代。交叉的方式有多种，如单点交叉、多点交叉、均匀交叉等。

(4) 变异：对交叉得到的后代进行基因变异，以增加种群的多样性。变异的方式也有多种，如随机变异、指定变异等。

(5) 评价：计算种群中每个个体的适应度，即解决问题的优劣程度。适应度函数的设计需要根据具体问题进行。

(6) 筛选：按照适应度从高到低的顺序，选出一部分个体作为下一代种群的子代。

(7) 终止条件：重复执行(2)～(6)步，直到达到一定的停止条件，如达到最大迭代次数、种群适应度达到某一值等。

遗传算法的算法流程图如图 5.17 所示。

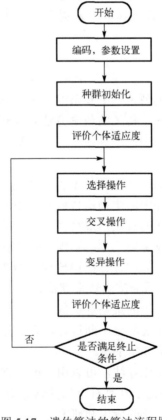

图 5.17　遗传算法的算法流程图

虽然遗传算法已经被证明在许多问题上具有较好的性能，但在实际解决列车时刻表优化问题中仍然存在一些需要改进的方面。

(1)多目标遗传算法：传统的遗传算法只考虑单个目标函数，但在列车时刻表优化问题中需考虑多个决策目标。

(2)遗传算法的收敛性和速度：遗传算法的收敛性和速度是限制其应用的主要因素之一。研究者们已经提出了许多方法来改进算法的收敛速度，如自适应遗传算法、种群大小的调整、并行计算等方法。

(3)优化问题的约束条件处理：在列车时刻表优化问题中，优化问题的解受到多个约束条件的限制。因此，需要研究更好的处理约束条件的方法，以提高算法的性能。

(4)遗传算法与其他算法的结合：遗传算法虽然具有一定的优化能力，但并不是解决所有问题的最优选择。因此，需要研究如何将遗传算法与其他优化算法结合，以提高算法的性能。例如，遗传算法和模拟退火算法结合的混合算法已经被广泛应用于解决复杂的优化问题。

基于以上描述，针对列车时刻表优化实际需要来改进遗传算法。

1)编码及种群初始化

遗传算法的编码是指如何将待优化的问题转化为基因型(genotype)表示形式。基因型是一个二进制或实数向量，其每个分量称为基因(gene)。基因型的选择要根据问题的特点来决定，例如，在求解函数最大值或最小值时，一般采用实数编码，每个基因对应实数解空间的一个变量。在初始化阶段，通常随机生成种群中的基因型，以确保多样性。对于实数编码，可以使用随机均匀分布或高斯分布来初始化种群中每个基因的值。在初始化时，种群大小也要考虑问题规模和计算资源等因素，以确保种群的多样性和可行性。

由于列车在列车自动控制系统模式控制下按照固定的时间间隔运行在各个车站及区间，只要知道每辆列车在始发站的出发时间和各个站点的停站时间，就能计算出其他站点的发车时间。因此，可以用列车在始发站的出发时间和站点停留时间组成的编码来表示解，该编码采用实数编码，单位为秒，其取值均在发车最小最大间隔约束和停站时间约束范围内生成。初始种群中的一个个体可以表示为$(h_1, h_2, \cdots, h_i, t_{11}, t_{12}, \cdots, t_{1j}, t_{2j}, \cdots, t_{i1}, t_{i2}, \cdots, t_{ij})$，其中$i$是列车数，$j$是站点数，$h_i$表示第$i$次列车在始发站与前一列车之间的发车时间间隔，$t_{ij}$表示列车$i$在站点$j$的停站时间。在初始种群满足列车发车间隔以及停站时间约束的前提下，生成的初始种群设计步骤如下。

(1)向量初始化。生成n个零元素的向量A，A中的每个元素代表距离前车的发车间隔。

(2)随机产生n个$[h_{min}, h_{max}]$区间的元素，h_{min}为最小发车间隔，h_{max}为最大发车间隔。并将随机生成的n个元素按顺序放入A中。

(3)随机产生$n \times m$个$[s_{min}, s_{max}]$区间的值构成停站时间，依次放入B中。

(4)将 A 中的元素和 B 中的元素依次放入 X^i 中，即为生成的一个满足约束的可行解。

(5)重复进行(1)～(4)N 次，即可生成含 N 个染色体的初始可行种群。

2)适应度函数构造

适应度函数的主要作用是衡量染色体的适应度，也就是染色体在解决问题时的优良程度。在设计适应度函数时，需要根据具体问题的特点来构造。通常情况下，适应度函数越优秀的染色体，被选中的概率就越高，从而更容易被遗传到下一代。同时，适应度函数的构造也需要考虑到评估染色体所需的时间，避免评估过程过于烦琐耗时。在构造适应度函数时，应该将问题的约束条件纳入考虑，避免得到不可行的解。由上一节可知模型有 5 个约束条件，其中列车发车间隔和停站时间在初始化种群和遗传操作的约束范围内生成，因此，仅需考虑运行时间约束、满载率约束以及站台限制约束。本节采用在原来的多目标函数 J 中加入外部惩罚函数的方式来满足约束条件，即可得到新的目标函数。此外由于遗传算法的适应度是求解最大值，而目标函数是求解最小值，所以适应度函数应该设置为目标函数的负值或倒数，使得目标函数的最小值对应适应度函数的最大值。

3)选择操作

在遗传算法中，选择操作是指根据适应度函数对种群中的个体进行筛选，保留适应度较高的个体，并将其用于下一代的交叉和变异操作。选择操作通常使用轮盘赌算法或竞赛选择算法来实现。轮盘赌算法根据个体适应度的大小将个体分配到一个轮盘上，然后通过旋转轮盘并随机选择个体来进行选择。而竞赛选择算法是将种群中的个体随机地两两组成竞赛，然后根据适应度函数选出适应度较高的个体。选择操作是遗传算法中最重要的操作之一，它对种群的收敛速度和结果质量具有重要影响。

遗传算法中的轮盘赌选择是一种基于适应度值比例的随机选择策略，但这种策略存在一定的缺陷，即适应度高的个体被选中的概率较高，适应度较低的个体被淘汰的可能性较大，这会导致算法陷入局部最优解或者过早收敛。为了避免这种情况，可以采用最优个体保留策略来改进轮盘赌选择。

最优个体保留策略是指在选择新一代个体时，将上一代中适应度最高的几个个体保留到新一代中，从而保证这些优秀的个体能够继续参与到后续的进化过程中，避免算法陷入局部最优解。具体实现上，可以先按照适应度从高到低对种群进行排序，然后将前几个个体复制到新一代个体中，剩下的个体采用轮盘赌选择。通过这种方式，遗传算法可以更好地探索空间，找到更优的解决方案。使用最优个体保留策略来改进遗传算法的轮盘赌选择操作可以采用以下步骤。

(1)计算所有个体的适应度，并找到当前种群中的最优个体，将其保留到下一代种群中。

(2)对于其他个体,根据适应度值计算选择概率。可以采用标准的轮盘赌选择策略,但要将最优个体的选择概率设为 0,以确保其被保留。

(3)根据计算出的选择概率从当前种群中选择个体,并进行交叉和变异操作以产生下一代种群。

(4)将保留的最优个体加入到下一代种群中,并重复上述步骤直到达到指定的迭代次数或收敛。

通过使用最优个体保留策略,可以确保每一代种群中都有最优个体的参与,从而加速收敛并提高算法的性能。

4)交叉操作

遗传算法的实数编码模拟交叉通常是通过随机选择两个个体,再根据概率交叉它们的某些特征值,从而得到两个新个体。具体来说,可以在两个个体的某些位置随机选择一个切点,然后将这些位置后面的特征值进行交换,从而得到两个新个体。这样的交叉操作能够有效地维持个体的多样性,并促进种群的进化。在实数编码的遗传算法中,模拟二进制交叉(Simulated Binary Crossover, SBX)是一种常用的交叉方式。它可以将两个个体的染色体进行交叉,并生成两个新的个体,它通过模拟二进制的方式实现染色体交叉,具有较好的性能和效果。

然而,在实数编码的遗传算法中,由于特征值是实数,所以直接进行交叉操作往往会使得交叉后的新个体不再满足约束条件,因此需要使用一些特殊的方法来处理。其中一种常用的方法是使用模拟退火算法[3],即在进行交叉操作之后,对新个体进行一定程度的扰动,使其满足约束条件,并保持尽可能多的优良特征。这种方法能够有效地提高交叉操作的效果,从而加速种群的进化。具体来说,可以在遗传算法的交叉操作后,对产生的子代应用模拟退火算法进行优化。首先,将交叉得到的子代作为初始解,在解空间中随机选取一个新的解,并计算出其适应度值。然后根据温度参数和接受概率来决定是否接受这个新的解,从而实现对子代解的优化。这样可以增加算法的多样性,避免陷入局部最优解,并提高算法的全局搜索能力。模拟退火算法可以作为一种辅助优化方法,它能够在搜索空间中跳出局部最优解,提高全局搜索的能力。

5)变异操作

实数编码多项式变异是遗传算法中的一种变异操作,用于随机扰动染色体上的连续值变量。该变异操作可以通过增加随机扰动程度来增加搜索空间,同时也可以保持解的连续性。具体来说,假设染色体 x 的某个连续值变量为 x_i,那么通过多项式变异操作,可以得到新的染色体 y

$$y_i = x_i + \Delta_i \tag{5-22}$$

其中, Δ_i 是一个随机生成的数值,其符号和大小由以下公式决定

$$\begin{cases} \Delta_i = u_i^{(q+1)} - 1, & r_i < 0.5 \\ \Delta_i = 1 - u_i^{(q+1)}, & r_i \geqslant 0.5 \end{cases} \tag{5-23}$$

其中，u_i 是在[0,1]均匀分布的随机数，r_i 是在[0,1]均匀分布的另一个随机数，q 是一个控制多项式变异强度的参数。

然而，固定的变异参数 q 可能会导致算法在搜索早期过于保守，在搜索后期又容易陷入局部最优解。为了解决这个问题，可以使用自适应遗传算子。自适应遗传算子可以根据当前种群的状态动态地调整变异强度和交叉概率，从而使得算法更具有自适应性。具体来说，如果当前种群中的解距离全局最优解较远，那么就增大变异强度和交叉概率，以加速搜索进程；如果当前种群已经接近全局最优解，那么就减小变异强度和交叉概率，以防止过早收敛到局部最优解。自适应遗传算子的实现方法有很多种，比如基于种群统计信息的方法和基于机器学习的方法。

6) 并行遗传算法

并行遗传算法的主要目的是加快遗传算法的计算速度和提高算法的搜索效率。在传统的遗传算法中，所有的个体都是串行地进行评估和进化的，当个体数量和进化代数较大时，算法的计算速度会受到限制，导致算法效率较低。而并行遗传算法能够将这些个体并行地进行评估和进化，充分利用计算资源，加快算法的收敛速度和搜索效率，从而提高算法的优化能力。此外，随着数据量的不断增大和数据处理需求的增加，利用并行遗传算法对数据进行处理和分析也成为了一种重要的数据分析方法。

基于 Hadoop 设计并行遗传算法可以加速遗传算法的运算，降低计算时间。

(1) 数据划分：将遗传算法中的种群划分为多个子种群，使每个子种群都能被单独处理。可以采用轮换法、哈希法等方式进行数据划分。

(2) Map 阶段：每个 Map 任务负责处理一个子种群，Map 阶段包括遗传算法中的选择、交叉、变异等操作。在 Map 阶段中，可以使用多线程来并行化处理。

(3) Reduce 阶段：将每个子种群的结果合并为一个种群，并进行排序和筛选。可以使用 Hadoop 的 Shuffle 和 Sort 过程进行数据合并和排序。

(4) 更新种群：在 Reduce 阶段完成后，得到一个新的种群，然后再将种群划分为多个子种群，进行下一轮的计算。

在基于 Hadoop 设计并行遗传算法时，需要注意以下问题。

(1) 数据划分的粒度：划分的粒度过大，会导致 Map 任务的数量过多，降低计算效率；划分的粒度过小，会导致每个 Map 任务的处理数据过少，浪费计算资源。

(2) 算法参数的设置：并行遗传算法的计算效率和结果质量受到算法参数的影响，需要根据数据规模、处理器性能等因素进行调整。

(3) 数据通信的开销：在 Map 和 Reduce 阶段之间需要进行数据通信，通信开销可能成为瓶颈。可以采用压缩、分块等技术来减少数据通信开销。

基于 Hadoop 设计并行遗传算法可以有效地提高计算效率和处理大规模数据的能力，适用于需要处理海量数据的优化问题。

5.3 大数据背景下的智慧城市轨道交通应用展望

5.3.1 城市轨道交通大数据技术发展面临的挑战

随着云计算、人工智能、物联网、5G 等新一代信息技术的普及，城市轨道交通行业进入了大数据时代。这些技术的广泛应用推动城市轨道交通行业实现了高效、安全和绿色发展，为未来智能化的可持续发展提供了源源不断的动力。

然而，城市轨道交通大数据应用中也存在一系列挑战和问题。首先，数据安全和隐私保护是其中的热点问题之一，需要采取科学合理的分类和加密策略，利用访问控制措施以及匿名化和脱敏技术等方法进行数据共享和开放。其次，数据质量和准确性也是关键问题，需要通过数据清洗和整合等手段提高数据质量，减少决策失误。此外，技术研究和创新是促进城市轨道交通大数据技术进步的关键，需要不断探索新的机器学习、深度学习、自然语言处理、区块链等领域中具有潜力的技术。在产业生态建设方面，需要与轨道交通相关产业进行深度融合，构建完善的产业生态，以促进相关技术和应用的发展。最后，人才培养和社会认知方面也需要加强，有关部门应该重视城市轨道交通大数据领域的人才培养和社会宣传教育，并积极推动社会各界对大数据应用的认知和理解。

1. 轨道交通数据安全和隐私保护问题

城市轨道交通大数据应用作为以城市轨道交通为场景的数据应用，涉及大量敏感信息和隐私数据。因此，保障城市轨道交通大数据的安全、加强隐私保护至关重要，可从六个方面对城市轨道交通大数据安全和隐私保护进行关注和探讨。

(1)需要对数据进行分类和加密，根据数据的敏感性等级进行分类，并采取相应的加密措施。针对涉及轨道交通运行安全控制相关的数据、乘客身份和财务类数据等，需要特别着重加密处理，以保证数据的安全性。

(2)需要采取严格的访问控制策略，将敏感数据存放在安全的位置，并对数据进行备份和恢复。在数据访问方面，需要按照安全清单、访问权限等设置相应的安全措施，确保只有授权人员才能访问相关数据。

(3)需要在实现数据共享和开放的情况下，避免敏感信息泄露。为此，需要采用匿名化技术和脱敏技术，将敏感信息进行替换或删除，使公开的数据不含个人隐私信息。

(4)需要依据国家法律法规和标准体系建立安全保障和隐私保护机制,对城市轨道交通大数据平台中的隐私信息进行保护。例如,针对不同的数据类型和共享需求,可以制定相关的技术标准、管理规范等。

(5)需要对城市轨道交通大数据应用进行安全审查和风险评估,识别可能存在的安全风险,并采取相应的措施予以防范和解决。

(6)需要加强对城市轨道交通数据安全和隐私保护方面的人才培养和社会宣传教育。这包括数据安全专业人才的培养和普及安全知识,让公众了解隐私泄露的风险和危害,提高其防范意识。

2. 轨道交通数据质量和准确性挑战

城市轨道交通大数据应用需要处理海量多源异构的城市轨道交通数据,当前存在着数据质量参差不齐、统计口径不一致和准确性等问题,而数据质量和准确性问题是影响城市轨道交通大数据应用效果的核心因素之一。针对这些问题,从数据来源、数据清洗和整合、数据质量评估和监控等角度探讨。

(1)需要审查和分析城市轨道交通数据来源,验证和校验数据源和数据集,排除无效数据和重复数据,保证数据的来源确定性、安全性和可靠性。

(2)由于城市轨道交通数据采集过程中可能存在格式不一致、缺失、冗余等问题,需要对数据进行清洗和整合,规范化、标准化处理,去除异常值和错误数据,提高数据精度和质量。

(3)建立数据质量评估和监控机制,通过建立数据质量指标体系、数据质量规则和数据质量监测系统等方式进行数据质量检查和监控,及时发现和纠正数据质量问题。

(4)在数据处理和分析过程中,要考虑数据的准确性和可靠性问题,避免因数据质量问题导致决策失误。此外,在数据共享和开放时,需要在共享之前对数据进行清洗、整合和评估等处理,避免因数据质量问题而影响共享效果。

(5)为了提高城市轨道交通数据的质量和准确性,可以采用一系列辅助措施。例如,实施数据治理、建立标准化的数据交换规范、培训和完善人员技术能力等。这些措施将有助于推动城市轨道交通大数据技术和应用的不断进步和发展。

3. 轨道交通大数据技术研究和创新

在轨道交通大数据技术研究和创新上面临的挑战包括以下几个方面。

1)数据存储和处理问题

轨道交通系统的大数据需要使用专门的设备和平台进行存储和处理,这需要高昂的成本,并且需要专业的技能来管理和维护。

2)数据挖掘和分析的挑战

现阶段城市轨道交通数据分析的难点包括以下几个方面。

（1）多数据来源：城市轨道交通系统涉及多个不同的子系统，如列车运营、车站客流、信号控制等，每个子系统都会产生各自的数据。这些不同来源的数据多数情况下是异构的，数据格式各异、质量参差不齐，因此需要对它们进行整合和清洗，以便进行有效的分析。

（2）多种类型数据：城市轨道交通涉及的数据类型非常多，例如，时间序列数据、地理信息数据、图像和视频数据等。这些数据类型的特点和处理方法存在差异，需要考虑如何有效地将它们结合起来，进行综合分析。

（3）数据分析挖掘：城市轨道交通系统的数据分析和挖掘模型建立是一个复杂而又关键的问题，涉及多种业务和数据类型，需要从大量异构的数据中提取有用的信息，并建立可靠的统计、分析、预测、评估、仿真等模型。同时，由于轨道交通系统是实时运行的，所以分析和建模方法需要高效并具有实时性。解决这些问题需要采用先进的数据处理技术和算法，例如，多元异构数据分析、机器学习、深度学习等，从而有效地处理和分析各个子系统产生的数据，并将它们综合起来建立模型。同时，需要结合专业领域知识和实际应用场景，不断优化分析方法和算法，提高模型的准确性和效率。在实现实时性方面，可以采用流计算、实时计算等技术手段，以保证分析和建模方法的高效性和实时性。综上，城市轨道交通数据的挖掘和模型建立需要结合先进的技术和专业领域知识，以实现对数据的高效分析和建模。

（4）可视化和应用场景：在城市轨道交通数据分析中，可视化技术扮演着至关重要的角色。通过将庞大的数据转化为易于理解的图表和图像，可以使使用者更加方便地理解数据，从而做出更加科学的决策。同时，交互式分析也是一个重要的可视化技术手段，它可以使用户快速地对数据进行探索和分析，并实现数据的实时更新和动态效果展示。此外，也需要结合实际的应用场景进行设计与开发，例如，列车调度、车站运营、客流管控、突发事件处置和维护维修等，以保证数据分析的实用性和价值。

3）跨领域合作问题

轨道交通大数据技术研究和创新涉及多个领域的专业知识和技能，例如，轨道交通、数学与系统科学、信息技术等，因此需要跨领域合作来解决相关问题。这需要多领域共同协作，充分发挥各自的优势和特长。

4）数据运用的问题

城市轨道交通系统的数据对于城市规划、客流管控、列车调度、安全监测预警、乘客服务等方面具有重要价值，但如何进行有效的数据分析和应用并转化为易用、实用、可靠、科学的决策支持系统，需要在需求分析、系统设计、模型设计、算法优化、可视化等方面进行深入研究。

5）技术创新和商业模式的问题

轨道交通大数据技术的发展需要不断进行技术创新，尤其是在引入新的技术手段上。例如，如何利用人工智能、大数据等先进技术来提高数据挖掘、分析、评估、预测的效率和准确性，如何运用物联网、工业互联网技术解决轨道交通态势精准感知和信息高可靠传输问题。此外，如何将技术创新与商业模式创新结合起来，探索公共服务与商业运营的结合方式，从商业模式方面，激发轨道交通大数据市场潜力。

6）人才短缺问题

随着轨道交通的不断发展，大数据理论与应用正在成为轨道交通领域中一个极为重要的研究方向。然而，目前我国轨道交通大数据人才仍然相对匮乏，这已经成为制约轨道交通大数据发展的一个瓶颈问题。

（1）轨道交通大数据人才的培养存在困难。由于轨道交通大数据应用人才需要系统掌握地铁技术和业务知识，才能够准确把握大数据应用的目标和方向，做到数据分析应用有的放矢，而这些技能、知识往往需要长时间的学习和实践积累。同时，当前各个高校在轨道交通大数据领域设置的相关专业相对较少，招收的学生数量也比较少，导致轨道交通大数据人才供给不足。

（2）大数据高端人才作为稀缺资源，各行业领域需求都比较大，有经验的高端人才引进难度较大。目前，轨道交通大数据领域高端人才数量较少，由于该领域的技术含量较高、应用难度较大，所以一些高端人才往往会选择留在国外、互联网、金融或者其他高收入行业，导致我国轨道交通大数据领域的高端人才供给不足。

（3）随着我国城市化进程的不断推进，轨道交通建设规模不断扩大，轨道交通网络化运营深入发展，轨道交通大数据在车站管理、客流管控、乘客服务、列车运行优化、智能维护维修等方面的应用会越来越广泛，人才需求量越来越大，这都需要大量的轨道交通大数据人才来支撑。

因此，轨道交通大数据人才短缺的问题需要引起重视，加大对轨道交通大数据领域的研究和人才培养投入，积极吸引高端人才回国发展，以满足我国轨道交通大数据领域发展的需求。

综上所述，轨道交通大数据技术研究和创新面临的问题涉及多个领域和层面，需要跨学科、跨行业地综合研究和探索。

4. 轨道交通大数据产业生态建设

在经济全球化和数字化的背景下，世界各国都存在着轨道交通领域的共性需求，例如，提高运营效率、改善服务质量、增强安全保障、优化城市职住规划和布局等，研究构建健康轨道交通大数据产业生态也成为了一个不可回避的问题，构建"政产学研用"的闭环产业生态是当前轨道交通大数据产业发展的重要趋势。

首先，在轨道交通领域，大数据可以帮助企业和政府更好地了解用户需求、行业动向，从而优化运营和提升服务质量。例如，通过对乘客出行数据和列车运行数据进行分析，可以实现智能调度、提高线路效率和降低拥堵程度等目标；同时，大数据还能够为轨道交通企业提供更精准的票务销售预测和市场营销策略，从而增强市场竞争力。

其次，在政治层面上，轨道交通大数据也有广泛应用。政府可以利用大数据分析工具对城市轨道交通的设施建设和运营管理进行监测和评估，以便制定更科学合理的城市发展规划和行业管理政策。另外，大数据还可以为轨道交通安全提供支持，例如，通过对列车和设施运行数据进行分析来预测和识别潜在的安全隐患，并及时采取措施进行处理和改善。

最后，在学术界方面，轨道交通大数据也为研究提供了新的机会和挑战。例如，研究人员可以利用大数据分析工具对轨道交通运行数据进行挖掘，并从中发现新的知识和规律，探索大数据新理论和新技术。此外，大数据还可以促进不同学科领域之间的交叉合作，从而推动轨道交通产业的创新发展。

总体来说，轨道交通大数据政产学研用产业生态系统的发展将为经济、政府和学术界带来丰富的机会和挑战。未来，随着技术的不断进步和应用场景的不断拓展，轨道交通大数据将在更广泛的业务领域上得到应用和发展。

5. 轨道交通大数据人才培养和社会认知

城市轨道交通大数据技术涉及众多领域的知识和技能，需要有复合型人才和团队进行研究和应用。同时，也需要加强对公众的科普和宣传，提高公众对城市轨道交通大数据技术的认知程度。

首先，针对轨道交通大数据人才培养，可以从以下几个方面进行考虑。

(1)教育机构应当根据轨道交通行业的需求，开设相关的专业课程，建立与企业合作的实践基地，提高学生的实践能力和适应能力。

(2)轨道交通企业应当积极参与人才培养工作，提供实习岗位、职业规划等支持。同时，加强内部培训，提升员工的专业技能和综合素质。

(3)政府应当加大对于轨道交通大数据人才培养的投入，鼓励企业与高校合作开展科研项目，推动产学研结合。

其次，针对轨道交通大数据的社会认知，可以从以下几个方面进行考虑。

(1)提高公众对于轨道交通大数据的认知和理解，让更多人了解轨道交通大数据在城市公共交通中的作用和重要性。例如，在车站、地铁列车等公共场所设置相关的宣传展示板，普及轨道交通大数据的相关知识。

(2)加强对于轨道交通大数据安全的保护和隐私的保护，确保数据的合法使用，避免数据被滥用、泄露等问题。同时，建立相关的监管机制和责任追究机制，加强对于数据的管理和控制。

(3)推动轨道交通大数据在城市公共交通中的应用，提升服务质量和效率，为市民提供更加便捷、舒适、可靠的出行体验。例如，基于轨道交通大数据实现智能调度、实时监测、信息推送等功能，提高运营效率和安全性。

综上所述，城市轨道交通大数据技术的发展面临多方面的挑战，需要政府、企业和学术界等各方的合作和努力，以推动城市轨道交通大数据技术的不断进步和发展。

5.3.2　城市轨道交通大数据技术发展方向探讨

1. 轨道交通感知技术持续向泛在化、动态性、精准化方向发展

轨道交通感知技术是通过各种传感装置获取轨道交通系统状态、环境信息和乘客行为等数据，并通过数据处理和分析来实现对轨道交通系统的监测、控制和管理的相关技术。网络化运营条件下，随着轨道交通系统规模和复杂程度不断增加，对于系统运行状态的实时感知越来越重要，轨道交通感知技术是保障轨道交通系统安全、稳定、高效运行的基础，在未来，该技术将朝着泛在化、动态性、精准化的方向发展。泛在化是指传感器设备需要在轨道交通系统及其周边区域内进行大规模部署，实现全面覆盖和无缝联接；动态化则要求采集的数据能够实时更新、变化和响应，以适应轨道交通系统复杂多变的运行环境和乘客需求；而精准化则强调数据处理和分析的精度和深度，旨在提高轨道交通系统的运营效率和安全性，同时为决策者提供可信的依据。

1) 轨道交通感知技术的泛在化

实现轨道交通感知技术的泛在化，需要从以下几个方面入手。

(1) 制定和完善相关技术标准和规范，包括传感器、数据采集、算法优化、数据分析、监控预警等多个方面，并由相关部门推动技术标准和规范的宣贯，以带动技术的推广应用和普及。

(2) 传感器技术是实现轨道交通感知的基础，未来将研发新型传感器技术，使其更小、更强、更智能，实现更全面、更精准的感知。

(3) 对传统轨道交通设备进行智能化升级，增加传感器装置，完善视频监控系统，提高城市轨道系统的感知能力。

(4) 通信信息基础设施也需要升级，建立全球覆盖的高速、高质量、高密度的通信网络，如 5G、6G 技术。泛在感知需要大规模、多源、高维度的数据支撑，因此需要采用云计算、大数据、数据挖掘等技术对泛在感知数据进行收集、整合、处理和挖掘。

(5) 政府、企业和科研机构的支持也十分重要，政府可以通过资金和政策扶持，企业可以通过投资和合作，加快技术的推广和落地，科研机构可以提供理论支持和创新技术。

(6) 轨道交通感知技术的泛在化也需要考虑安全和隐私问题，例如，如何保证感知设备的数据不被黑客攻击或滥用，如何保护个人信息和隐私，如何协调各方利益等。政府、企业和社会应共同努力，制定标准和规范来解决这些问题，以确保系统

的高效、稳定和安全。

综上所述,实现轨道交通感知技术的泛在化需要借助技术标准与规范、传感器技术、智能化升级、通信信息技术升级,政府、企业和科研机构的支持、合作伙伴的支持等多方面的合力,以确保系统的高效、稳定和安全。

2) 轨道交通感知技术的动态性

实现轨道交通感知技术的动态性需要结合以下几个方面的努力。

(1) 实时数据采集技术:轨道交通系统中的传感器需要实现高速、高精度的数据采集,及时反馈列车运行状态和轨道条件等数据。这需要应用先进的传感器技术、物联网技术和大数据技术,实现数据的实时采集和处理。

(2) 智能化管理决策:实现轨道交通感知技术的动态性需要将人工智能技术与传感技术结合,应用到轨道交通管理中。通过对大数据的挖掘和分析,可以实现轨道交通系统运营管理的智能化决策,包括自适应的调度、安全风险的实时监测和预警以及一些重要站点的动态管控等,并通过数据共享实现跨运营商和交通方式之间的高效协同管理。

(3) 模型预测和优化控制:通过对历史数据及动态数据进行大数据分析和建模,可以预测未来的列车运行状态,并实时做出相应的优化决策。例如,通过对列车行驶过程中涉及区间段的信号设备的损坏情况进行监测,进而实现设备优化更换策略和维护计划的快速制定。

(4) 链式合作和协调:轨道交通系统中各个环节的关联性较强,需要进行链式合作和协调。例如,在列车故障发生时,车辆与监控中心之间需要及时的信息沟通和协调,有序地进行紧急处置。此外,不同车站和区间之间的大客流拥挤状态也需要进行综合的协调和调度,保障列车运行的安全、高效和均衡。

(5) 政策法规支持:政府应该制定配套的政策法规,支持轨道交通实时感知技术的应用和发展。政策法规的支持可以使得相关技术得到更好的推广和应用,有效提升轨道交通运营效率和服务水平。

综上所述,实现轨道交通感知技术的动态性需要结合多种技术手段的协调和整合,并且需要政府的政策法规支持,在轨道交通系统的全生命周期内不断进行优化和改进,以实现轨道交通感知技术的可持续、稳定发展。

3) 轨道交通感知技术的精准化

轨道交通感知技术的精准化可以通过以下几个方面实现。

(1) 高精度传感器:为了提高轨道交通系统的感知精度,需要使用高精度的传感器进行数据采集。例如,可以使用高精度的车载位置传感器和地面轨道检测仪等设备来监测列车的位置、速度和加速度等信息。这些数据可以通过网络实时上传到中心服务器,用于制定精细化的运营计划和控制策略。

(2) 智能算法:利用人工智能技术和机器学习方法,可以对轨道交通系统的大量数据进行分析和处理，以提高系统的精度和准确性。例如，可以使用深度学习算法来精准识别和预测可能出现的故障和问题，从而提前采取相应的措施来避免故障和事故的发生。

（3）精细化管理：对轨道交通系统进行精细化管理，是提高系统感知精度的重要目的之一。例如，可以对不同时间段和不同区域的轨道交通系统进行差异化感知管理，以满足不同的运营需求和管理目标。同时，还可以借助物联网技术和云计算平台，实现对轨道交通系统的全面监测和数据分析，从而提高系统的感知精度和运营效率。

（4）协同管理：为了进一步提高轨道交通系统的精准性，需要将不同部门和机构之间的信息共享和协同管理。例如，可以通过建立联合控制中心、共享数据平台等措施，实现对轨道交通系统的协同监测、运营和维护，从而提高系统的整体性能和运营效率。

综上所述，轨道交通感知技术的精准化需要多个方面的协同努力来实现，包括使用高精度传感器、智能算法、精细化管理和协同管理等。只有这样，才能使轨道交通系统具备更加智能化和精准化的运营管理能力。

总之，泛在化、动态性、精准性感知技术将助力运营管理部门全面、实时、客观、真实了解 "乘客、车辆、设备、环境" 等关键要素的位置、状态情况，是轨道交通实现全面无人化、智能化和人性化的前提和基础。

2. 数据知识化、知识自动化是城市轨道交通大数据价值转换的迫切需要

城市轨道交通已成为支撑城市高效、安全和低碳发展的骨干交通方式，其运营和管理需要大量的可信数据支持。在中国城镇化和数字化浪潮的推动下，中国一线城市北京、上海、广州、深圳以及南京、武汉、天津、郑州、成都等区域中心城市，已经构建了城市轨道交通线网级大数据系统，并完成了数据整合，初步形成了运营监视、客流预测、突发事件应急决策、乘客信息服务等网络化运营管理信息化系统，为城市轨道交通高效管理提供了有效支撑。

然而，目前在大数据分析挖掘应用方面仍存在一些问题。首先，数据多而智能少，人工统计多而自动分析少；其次，静态模型多而自适应优化模型少，事后分析多而事前研判少，辅助决策多而精准管控少；此外，数据向知识转化的技术水平较低，知识自动学习、迭代和进化方面的研究也较少。因此，大数据在精准化管控、可预见性管理和智能化决策方面的价值有待进一步挖掘。数据知识化、知识自动化理论和技术是大数据推动城市轨道交通智能化的深度发展方面亟须解决的问题。

数据知识化是将原始数据转化为有用信息和知识的过程。在城市轨道交通领域，数据知识化的发展可以从以下几个方面考虑。

（1）数据知识化要以需求为导向，需要系统研究城市轨道交通精细化管理、精准化管控、可预见性管理和科学决策需要的知识体系，包括客流特征指标、关联规则、阈值体系等。

(2)实现数据知识化的关键是建立合理的数据模型，并定义适当的数据质量规则。正确和完整的数据模型是数据知识化的基础，一个好的数据模型应该具备准确、动态、可追溯等特点，能够提高数据模型的可重用性和兼容性。因此，需要加强对数据元素、模型架构和元模型等方面的研究，确保数据的规范化和一致性。另外，为了保证从原始数据到最终知识的转化质量，需要定义数据质量规则。数据质量规则应包含以下方面：数据的准确性、完整性、一致性、及时性、可靠性等。明确数据质量规则有助于筛选和清洗出质量较高的数据，提高数据知识化的精度和效率。

(3)选择合适的数据分析和挖掘技术，注重效率和准确性。不同的应用场景需要不同的分析和挖掘技术，需要根据实际情况选择最适合的算法和方法，在充分挖掘数据价值的同时，避免算法的误差和偏差。同时，应用机器学习、深度学习和自然语言处理等先进智能化技术，提高数据分析与处理的效率和精准度。

(4)加强数据自动化处理技术研发。2013 年 5 月，著名的 McKinsey 全球研究院在其发布的题为《展望 2025：决定未来经济的 12 大颠覆技术》的报告中将知识工作自动化(automation of knowledge work)列为第二顺位的颠覆技术[4]。目前，大多数数据知识化的处理步骤都需要人工参与，如数据分类、数据清洗、特征提取、模型构建等，存在效率低下和人力成本高的问题。因此，未来数据知识化应该加强对数据自动化处理方法和技术的研究开发，推动向人类引导、人机合作、以机器为主进行数据处理的模式演进，实现自动化的数据处理流程。工业机器人曾在工业自动化中发挥过重要作用，知识机器人的未来是知识自动化，将在智能产业中起关键和核心作用。

(5)可视化和可交互性是数据知识化的另一个方向。数据可视化可以将复杂多变的数据表征为直观的图形和图表，帮助用户快速识别关键信息。同时，结合交互技术，数据可视化可以为用户提供操作界面，轻松构建用户自定义查询和报告，促进数据利用效率和降低错误率。

综上所述，有效实现城市轨道交通领域数据知识化需要首先明确需求和目标，建立适当的数据模型和数据质量要求，选择合适的数据分析和挖掘技术，加强数据自动化处理技术，并注重可视化和可交互性。

3. 运营场景引导、模型驱动是未来可期的智能化方向

城市轨道交通大数据系统是一个庞大而复杂的系统，涉及列车运行数据、乘客出行数据、设备状态数据等多种类型的数据，这些数据具有海量、多源、异构的特点，数据间具有高度的时间空间相关性，未来的轨道交通智能化发展需要大数据、人工智能技术对数据进行分析和处理，为轨道交通业务精准赋能。

1)运营场景精细化管理是基础

城市轨道交通大数据技术可以帮助城市轨道交通运营管理者基于数据分析进行

运营场景的精细化分类管理，以便更好地满足乘客出行需求。具体而言，可从以下几个方面进行分类。

(1) 时间场景分类：大数据背景下，根据不同时期、时间段的客流特征进行聚类分析，可将出行场景精细化分类，如运营日可分为工作日、周末、节前、节假日等场景，工作日场景又可细分为早高峰、晚高峰、日常平峰等不同时间段场景，城市轨道交通运营机构可以根据不同时间段内的乘客需求、客流状态和出行规律来制定不同的服务策略。

(2) 线路场景分类：根据不同线路在城市的地理空间布局可将城市轨道交通的线路分为城区线路、市郊线路和联络线等，根据走向分为纵向线路、横向线路、环形线路等，根据乘客构成、出行特征和客流状态规律又可分为高运量线路、中等运量线路和低运量线路，大数据背景下，可进一步通过构建线路的基础特征、客流特征的指标体系，实现对不同的线路进行精细化管理和优化。

(3) 车站场景分类：根据乘客构成、出行特征和客流状态规律，通过聚类分析的方法，可将地铁车站进行精细化分类，如居住类车站、工作类车站、商圈类车站、交通枢纽类车站、旅游经典类、混合类车站等，可进一步将车站的地理位置、地理环境、附近商圈、周边人口规模、开通时间等基础信息与车站客流特征融合，构建车站特征档案系统，实现城市轨道交通的车站场景的分类和精细化管理，可以更好地实现自适应导流、列车调度等优化服务。

(4) 人群场景分类：根据不同的城市轨道交通乘车人群需求特征，将乘客人群进行场景分类，如上班族、差旅族、开车族、学生、老年人、残障人士等不同群体，以便提供个性化、差异化的服务。

(5) 事件场景分类：根据不同类型的特殊运营事件，如突发事件(系统设备故障、地震、火灾、水灾等)、大型活动、异常大客流、恶劣天气、尾号限行、交通拥堵等，将城市轨道交通的特殊事件场景进行分类，可根据各类事件形成电子化预案，根据预案准备各种决策支持信息，以便在出现各种事件后快速做出相应的应急处置。

2) 运营场景辨识、应对、管控的模型化和智能化是核心手段

运营场景辨识、应对和管控的模型化是城市轨道交通实现运营自动化的重要手段，模型化可以帮助管理者自动辨识运营状态，决策生成运营优化方案并启动管控流程，提高运营处置和优化效率。

(1) 基于城市轨道交通客流大数据资源，建立运营场景辨识模型是实现自动化和智能化的基础。通过分析城市轨道交通客流数据中的各种特征(如时间、地点、天气状况、客流状态、群体乘客构成、发展态势等)，建立运营场景辨识模型，动态判断运营态势和场景类型。除此之外，还可以通过关联其他交通方式的数据源，建立客流推演和预测模型，以精准推演和预测客流状态和趋势，辅助判断和预测运营场景，提升模型场景辨识能力。

(2)根据场景匹配、处置需要，基于大数据分析和人工智能技术，研究建立运营场景决策和行动管控模型，自动生成场景处置方案、评估优化并发起行动管控流程。例如，在客流高峰时段，根据大客流规模、时空状态、发展趋势具体场景，针对性地生成运力配置优化方案、客流引导管控方案，经过评估后，驱动运力配置对象和客流管控手段，自动调整运力、引导客流均衡分布。

(3)运营场景辨识、应对决策和行动管控模型的自学习能力、自优化能力和自适应匹配精准程度，是有效应对纷繁多变的复杂运营场景、实现智能化的关键，是城市轨道交通系统智能化的决定因素。

3)场景引导、模型驱动的智能化运营实施路径

在城市轨道交通客流大数据背景下，运营场景引导和模型驱动作为一种智能化运营管理的模式，需要建立闭环管控体系。

(1)需要构建一个完整的数据生态系统。

这个数据生态系统应该包括轨道交通线网轨道、桥梁、隧道等基础设施数据，供电、车辆、机电、售检票系统、通信等专业系统数据，车站、列车、客流等运营状态数据，环境和运营管理制度等各个方面的数据。通过对这些数据的收集、整合、治理和分析，形成全要素、全生命周期的城市轨道交通大数据生态系统，为运营场景的精细化管理、场景精准辨识和场景管控模型的自适应构建奠定基础。

(2)以业务为导向的场景分类和辨识模型构建。

①城市轨道交通进入网络化运营阶段后，运营场景比较复杂，需要对轨道交通系统的运营需求进行细致的分析，建立精细化的运营场景分类体系。

②对每一种细化场景，都要基于场景全量相关数据进行综合分析，确定场景构成要素、数据指标和特征标签，建立清晰、明确的场景辨识规则。

③通过大数据分析和人工智能技术，建立数据驱动的场景分析辨识模型，通过智能分析辨识模型对场景进行精准辨识。

(3)业务场景模型链的构建和智能模型驱动机制。

业务场景模型链的构建原理是基于物联网、大数据、人工智能、大模型等技术手段，将运营场景感知、业务场景辨识和业务管控等环节模型化，构建由"数据感知分析模型-运营场景辨识模型-运营优化决策模型-运营智能管控模型"节点组成的柔性模型驱动链条，链条不同模型节间具备标准接口和灵活适配的能力，每个模型节点均是具备自学习、自优化能力的智能体。

模型驱动机制如下：以轨道交通业务数据流为主线，业务前向模型节点驱动后续模型节点，后续模型节点执行效果可前向反馈，形成模型驱动的闭环，如图 5.18 所示。

具体来说，模型驱动机制的实现需要遵循以下步骤。

(1)需要针对特定业务建立一个业务感知智能体节点，该智能体节点的设计是基

于轨道交通特定业务场景的判识需求，可以根据业务需要实现数据感知、态势推演和预测，以便为后续模型节点提供准确的场景状态输入。

(2)需要建立多个后续模型智能体节点，如图5.18所示，这些节点应该能够根据业务前向模型节点提供的场景状态信息，生成相适应的业务模型链并依序付诸实施。

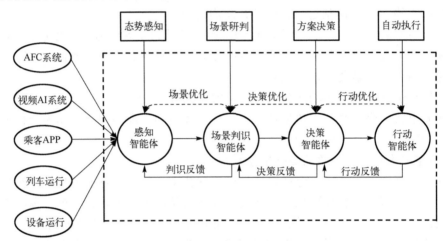

图 5.18　运营业务场景链和驱动机制示意

(3)模型智能体节点需要设置前向反馈机制，以便后续模型智能体节点可以实时地反馈其执行效果，业务前向模型节点根据反馈不断调整和优化自身的推演、决策和处置方案。

例如，在轨道交通车辆维护维修业务中，可构建"故障诊断-处置业务链"，通过对列车故障的海量历史数据分析挖掘和实时数据获取，构建"列车运行状态感知智能体-列车故障场景辨识智能体-列车故障诊断决策智能体-列车故障自适应处置智能体"模型链，通过"列车运行状态感知智能体模型"，捕获列车系统和环境实时状态信息，驱动"列车故障场景辨识智能体"对列车故障、故障先兆性信息进行辨识，实现故障预测和预警，驱动"列车故障诊断决策智能体"对列车故障进行定位和诊断，形成故障处置方案，驱动"列车故障自适应处置智能体"根据故障处置方案采取措施，修复列车故障。在模型链条前向驱动的同时，后向节点处理结果会持续反馈至前端，辅助前向节点分析决策，循环往复，达到使列车持续处于健康状态的目的。

4. 大数据背景下智慧城市轨道交通应用体系展望

随着大数据和人工智能技术进一步推广应用，以本节大数据技术新方向的探索为支撑，新一代的智慧城市轨道交通应用体系可包括三个层次：智能感知层、赋能平台层和智慧应用层，如图5.19所示。

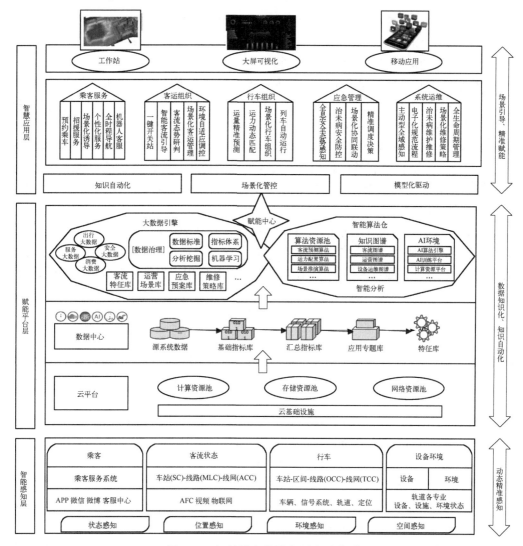

图 5.19　智慧城市轨道交通应用体系

1）智能感知层

与传统感知层相比，智能感知层重点解决城市轨道交通系统全要素动态精准感知的问题，实现轨道交通乘客状态、列车运行状态、设备/系统状态、环境状态、管理要素状态的泛在、精准和动态感知，是智慧城市轨道交通的感知器官。

2）赋能平台层

赋能平台层包括云平台、数据中心和赋能中心三个部分。

（1）云平台解决网络互通、存储和算力等信息基础设施资源问题，是赋能平台的信息基础设施（神经网络）。

（2）在云平台支撑下，数据中心解决海量多源异构数据的有序、安全、高效处理的需求，轨道交通大数据将在这里完成指标体系构造、特征指标体系构建、存储管理和数据服务功能，是赋能平台的心脏。

（3）赋能中心是赋能平台的大脑，面向城市轨道交通乘客出行和运营管理需求，该层负责各类智能化算法的训练、模型的研发和场景图谱的构建，在大数据引擎和智能算法仓的支撑下，大数据引擎将实现数据知识化、知识自动化和运营状态的动态精准分析。智能算法仓是业务链模型和智能体构建的容器和载体，动态研判运营场景，构建业务链模型和智能体模型，实现轨道交通业务的模型驱动和场景化管控。大数据引擎和智能算法仓高效协同、互相支撑，是轨道交通智能化的核心和关键。

3）智慧应用层

智慧应用层在赋能平台层的支撑下，通过场景精细化管理和智慧化应用组件的支撑，实现乘客服务、客运组织、行车组织、应急管理和系统维护维修等业务功能的智能化和无人化，通过大屏幕、工作站和移动终端向用户提供精准服务和管理赋能。

参 考 文 献

[1]　Wang Y G, Zhu L, Lin Q Q, et al. Leveraging big data analytics for train schedule optimization in urban rail transit systems//The 21st International Conference on Intelligent Transportation Systems, Maui, 2018.

[2]　Holland J H. Adaptation in Natural and Artificial Systems: An Introductory Analysis with Applications to Biology, Control, and Artificial Intelligence. Cambridge: MIT Press, 1992.

[3]　Kirkpatrick S, Gelatt Jr C D, Vecchi M P. Optimization by simulated annealing. Science, 1983, 220(4598): 671-680.

[4]　Manyika, Chui M, Bughin J, et al. Disruptive technologies: advances that will transform life, business, and the global economy. New York: Mckinsey Global Institute, 2013.

[5]　王飞跃. 机器人的未来发展: 从工业自动化到知识自动化. 自动化学报, 2015, 33(21): 39-44.

附录 A 本书缩略语

Adaptive Boosting，AdaBoost　　　　　　　　　自适应增强

AFC Clearing Center，ACC　　　　　　　　　　自动售检票清算系统

Artificial Intelligence，AI　　　　　　　　　　人工智能

Artificial Neural Networks，ANN　　　　　　　人工神经网络

Automatic Fare Collection，AFC　　　　　　　自动售检票系统

Automatic Train Control，ATC　　　　　　　　列车自动控制系统

Automatic Train Protection，ATP　　　　　　　列车自动防护子系统

Automatic Train Supervision，ATS　　　　　　列车自动监控系统

Autoregressive Conditional Heteroskedasticity model，　　自回归条件异方差模型
ARCH

Autoregressive Integrated Moving Average　　　差分整合移动平均自回归模型
model，ARIMA

Autoregressive model，AR　　　　　　　　　　自回归模型

Autoregressive Moving Average model，ARMA　自回归滑动平均模型

Batch Normalization，BN　　　　　　　　　　批规范化

Central Business District，CBD　　　　　　　　中央商务区

City Operation Coordination Center，COCC　　运营协调与应急指挥中心

Convolutional Block Attention Module，CBAM　注意力机制代表作之一

Convolutional Neural Networks，CNN　　　　　卷积神经网络

Deep Belief Networks，DBN　　　　　　　　　深度信念网络

Deep Neural Networks，DNN　　　　　　　　　深度神经网络

Deformable Part-Based Model，DPM　　　　　可变形部分模型，一种用于目标检
测和识别的计算机视觉模型

Density-Based Spatial Clustering of Applications　一个基于密度的聚类算法
with Noise，DBSCAN

Efficient Channel Attention，ECA　　　　　　一个注重通道信息的注意力机制
模块

Entity-Relationship Approach，ERA　　　　　实体-联系方法

Extract-Transform-Load，ETL　　　　　　　　数据抽取、转换、装载的过程

Extreme Gradient Boosting，XGBoost　　　　极端梯度提升模型

Feature Pyramid Networks，FPN	特征金字塔网络
Floor Field，FF	地场
Frames Per Second，FPS	每秒传输帧数
Frequent Pattern Growth，FP-growth	关联分析算法
Fully Connected，FC	完全连接
Generative Adversarial Networks，GAN	生成式对抗网络
Global Average Pooling，GAP	全局平均池化
Global Positioning System，GPS	全球定位系统
Gradient Boosting Decision Tree，GBDT	梯度提升树
Graph Convolutional Neural Networks，GCN	图卷积神经网络
Graphics Processing Unit，GPU	图形处理器
Grey Models，GM	灰色模型
Hadoop File System，HDFS	分布式文件系统，用于存储大规模数据集
Histogram of Oriented Gradient，HOG	方向梯度直方图
Hyper Text Markup Language，HTML	超文本标记语言
Intersection over Union，IoU	交并比
Least Squares Support Vector Machine，LSSVM	最小二乘支持向量机
Long Short Term Memory，LSTM	长短期记忆
Maximum Likelihood Estimate，MLE	网络最大似然估计
Mean Absolute Error，MAE	平均绝对误差
Mean Absolute Percentage Error，MAPE	平均绝对百分比误差
Mean Average Precision，MAP	平均精度均值
Mean Relative Error，RME	平均相对误差
Mean Squared Error，MSE	均方误差
Moving Average model，MA	滑动平均模型
Near Field Communication，NFC	近距离无线通信
Network Operations Command Center，NOCC	网络运营指挥中心
Neural Machine Translation，NMT	神经机器翻译
Neural Networks，NN	神经网络
Non-Maximum Suppression，NMS	非极大值抑制
Observation Orientation Decision Action，OODA	观察、判断、决策、执行
Ordinary Least Squares，OLS	普通最小二乘法
Recurrent Neural Networks，RNN	循环神经网络
Root Mean Square Error，RMSE	均方根差

Seasonal Autoregressive Integrated Moving
Average，SARIMA 　　　　　　　　　　　　　　季节性差分自回归滑动平均模型

Single Shot MultiBox Detector，SSD 　　　　　　　一种目标检测算法

Squeeze-and-Excitation，SE 　　　　　　　　　　一种注重通道信息的注意力机制模块

Statistics Learning Theory，SLT 　　　　　　　　统计学习理论

Structural Risk Minimization，SRM 　　　　　　结构化风险最小化

Subway Passenger Detection Networks，SPDNet 地铁乘客检测网络

Support Vector Machine，SVM 　　　　　　　　支持向量机

Traffic Control Centre，TCC 　　　　　　　　　线网指挥调度系统

附录 B 城市轨道交通客流大数据专业名词解释

1. 统计分析专业术语

(1)均值。

均值是反映数据集中趋势的指标，指一组数据中各个数值的总和除以数据个数所得的结果。

(2)中位数。

中位数是将一组数据按从小到大(或从大到小)排序后，位于中间位置的数。

(3)众数。

众数代表数据的一般水平，是一组数据中出现次数最多的数值。

(4)方差。

方差描述的是一个随机变量的离散程度，指的是随机变量与其总体均值或样本均值的离差的平方的期望值。

(5)标准差。

标准差是一组数据平均值分散程度的一种度量，指的是总体各单位标准值与其平均数离差平方的算术平均数的平方根。

(6)欧几里得距离。

欧几里得距离用于衡量两个空间位置之间的距离。在轨道交通行业中，欧几里得距离可以用来计算两个车站之间的距离差异。

(7)曼哈顿距离。

曼哈顿距离用于衡量两个点在网格状坐标系上的距离。在轨道交通行业中，可以使用曼哈顿距离来计算不同车站之间的距离差异。

(8)Jaccard 相似系数。

Jaccard 相似系数是一种用于衡量两个集合之间相似程度的指标。在轨道交通行业中，可以使用 Jaccard 相似系数来计算不同车站或线路之间的相似度。

(9)Pearson 相关系数。

Pearson 相似系数是用于衡量两个连续型变量之间线性相关程度的指标。在轨道交通行业中，Pearson 相关系数可以用来分析不同指标之间的相关程度。

(10)Spearman 相关系数。

Spearman 相关系数是一种用于衡量两个变量之间单调关系的指标，适用于连续型和序列型数据。在轨道交通行业中，Spearman 相关系数可以用来分析不同指标之间的关系，例如，分析客流量和车站等级、座位利用率和票价等变量之间的关系。

（11）克里金插值法。

克里金插值法是一种基于地理空间数据的预测和估计方法，通过对已知数据点间的统计关系建模，推导出未知位置处的数值，并在空间上进行插值处理。

（12）数据可视化。

数据可视化指将复杂的数据通过图表、地图等形式呈现出来，方便管理人员和乘客了解和分析数据。

2. 轨道交通常见指标定义

（1）进站量。

定义：统计期内，进入城市轨道交通付费区的乘客数量。

单位：人次。

维度：时间、空间、票种等。

粒度：

①时间粒度：5 分钟、15 分钟、30 分钟、60 分钟、日、周、月、年等。

②空间粒度：闸机、站口、车站、线路、线网、城市等。

（2）出站量。

定义：统计期内，从城市轨道交通付费区出站的乘客数量。

单位：人次。

维度：时间、空间、票种等。

粒度：

①时间粒度：5 分钟、15 分钟、30 分钟、60 分钟、日、周、月、年等。

②空间粒度：闸机、站口、车站、线路、线网、城市等。

（3）换乘量。

定义：统计期内，进入城市轨道交通的乘客在换乘站由一条线路换入另一条线路的数量。

单位：人次。

维度：时间、空间、票种等。

粒度：

①时间粒度：5 分钟、15 分钟、30 分钟、60 分钟、日、周、月、年等。

②空间粒度：车站、线路、线网、城市等。

（4）换乘系数。

定义：统计期内，乘客在线网内完成一次出行需乘坐的平均线路条数。

计算方法：换乘系数 $= \dfrac{客运量}{进站量}$。

车站集散量：

定义：统计期内，城市轨道交通指定车站进出站客流量和换乘量总和。

单位：人次。

维度：时间、空间、票种等。

粒度：

①时间粒度：5分钟、15分钟、30分钟、60分钟、日、周、月、年等。

②空间粒度：车站、线路、线网、城市等。

(5)客运量。

定义：统计期内，城市轨道交通运送乘客的数量，等于进站量和换乘量之和。

单位：人次。

维度：时间、空间、票种等。

粒度：

①时间粒度：5分钟、15分钟、30分钟、60分钟、日、周、月、年等。

②空间粒度：线路、线网、城市等。

(6)OD客流量。

定义：统计期内，在轨道交通起点、终点间的交通出行量。

单位：人次。

维度：时间、空间等。

粒度：

①时间粒度：5分钟、15分钟、30分钟、60分钟、日、周、月、年等。

②空间粒度：车站、线路、线网、城市等。

(7)断面客流量。

定义：统计期内，通过城市轨道交通某一断面(如车站进站口、出站口、线路区间等)的乘客数量。

单位：人次。

维度：时间、空间、方向等。

粒度：

①时间粒度：5分钟、15分钟、30分钟、60分钟等。

②空间粒度：线路、线网等。

(8)断面满载率。

定义：统计期内，通过城市轨道交通某一断面(如车站进站口、出站口、线路区间等)的乘客数量与相应断面运力的比值。

(9)列车定员。

定义：统计期末，城市轨道交通客运列车额定载客的能力。

单位：人。

(10)断面运力。

定义：统计期内，城市轨道交通某一断面(如车站进站口、出站口、线路区间等)在单位时间内能够承载或通过的额定人数。

单位：人次。

(11)线网运营长度。

定义：城市轨道交通各条线路长度总和的统计量。

单位：千米。

(12)平均运距。

定义：统计期内，城市轨道交通乘客平均一次出行的乘车距离。

单位：千米/次。

(13)客运周转量。

定义：统计期内，运送旅客数量与平均运距的乘积。

单位：人千米。

(14)线网运营时间。

定义：轨道交通线网每日向乘客开放运营的时间。

单位：分钟。

(15)旅行时间。

定义：统计期内，计算轨道交通路进站乘客完成一次出行所花费的时间。

单位：分钟。

(16)拥挤度。

定义：某一时段内车站或列车上承载人数与其最大容纳量的比值。

(17)负荷强度。

定义：统计期内，单位运营长度上平均承担的客运周转量。

单位：人次/千米。

(18)客运强度。

定义：统计期内，单位运营长度上平均承担的客运量。

单位：人次。

(19)方向不均衡系数。

定义：统计期内，在一条线路的高峰断面上，单向最大断面客流量与双向客流量平均值之比。

(20)区间不均衡系数。

定义：统计期内，在一条线路上，单向最大断面客流量与该时段该方向所有断面客流量平均值之比。

(21)时间不均衡系数。

定义：统计期内，在一条线路上，统计周期单向高峰断面客流量与该方向所有统计周期最大断面客流量平均值之比。

彩　　图

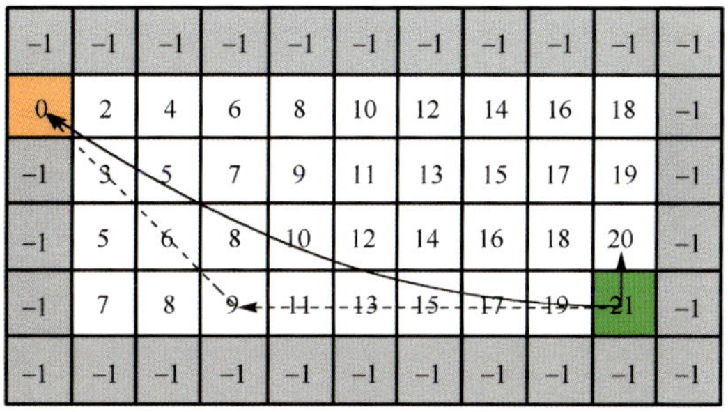

图 4.40　平滑静态地场中行人对四方向行走场景时的运动趋势图

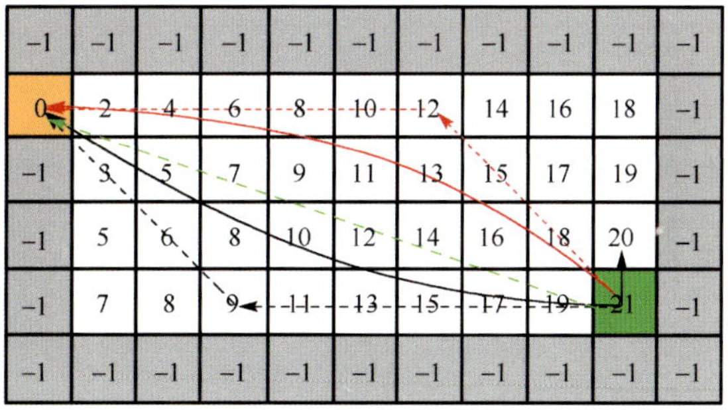

图 4.41　平滑静态地场中行人对八方向行走场景时的运动趋势图